La espiritualidad de la Diosa Oscura

Descubra el poder transformador de la feminidad divina

© Copyright 2025

Todos los derechos reservados. Ninguna parte de este libro puede ser reproducida de ninguna forma sin el permiso escrito del autor. Los revisores pueden citar breves pasajes en las reseñas.

Descargo de responsabilidad: Ninguna parte de esta publicación puede ser reproducida o transmitida de ninguna forma o por ningún medio, mecánico o electrónico, incluyendo fotocopias o grabaciones, o por ningún sistema de almacenamiento y recuperación de información, o transmitida por correo electrónico sin permiso escrito del editor.

Si bien se ha hecho todo lo posible por verificar la información proporcionada en esta publicación, ni el autor ni el editor asumen responsabilidad alguna por los errores, omisiones o interpretaciones contrarias al tema aquí tratado.

Este libro es solo para fines de entretenimiento. Las opiniones expresadas son únicamente las del autor y no deben tomarse como instrucciones u órdenes de expertos. El lector es responsable de sus propias acciones.

La adhesión a todas las leyes y regulaciones aplicables, incluyendo las leyes internacionales, federales, estatales y locales que rigen la concesión de licencias profesionales, las prácticas comerciales, la publicidad y todos los demás aspectos de la realización de negocios en los EE. UU., Canadá, Reino Unido o cualquier otra jurisdicción es responsabilidad exclusiva del comprador o del lector.

Ni el autor ni el editor asumen responsabilidad alguna en nombre del comprador o lector de estos materiales. Cualquier desaire percibido de cualquier individuo u organización es puramente involuntario.

Su regalo gratuito

¡Gracias por descargar este libro! Si desea aprender más acerca de varios temas de espiritualidad, entonces únase a la comunidad de Mari Silva y obtenga el MP3 de meditación guiada para despertar su tercer ojo. Este MP3 de meditación guiada está diseñado para abrir y fortalecer el tercer ojo para que pueda experimentar un estado superior de conciencia.

https://livetolearn.lpages.co/mari-silva-third-eye-meditation-mp3-spanish/

¡O escanee el código QR!

Índice de contenidos

PRIMERA PARTE: DIOSAS OSCURAS 1
   INTRODUCCIÓN 3
   CAPÍTULO 1: EL ARQUETIPO DE LAS DIOSAS OSCURAS 5
   CAPÍTULO 2: DIOSAS GRIEGAS 14
   CAPÍTULO 3: DIOSAS EGIPCIAS 24
   CAPÍTULO 4: DIOSAS MESOPOTÁMICAS 36
   CAPÍTULO 5: DIOSAS ESLAVAS 45
   CAPÍTULO 6: DIOSAS HINDÚES 54
   CAPÍTULO 7: DIOSAS AFRICANAS 67
   CAPÍTULO 8: DIOSAS CÉLTICAS E IRLANDESAS 78
   CAPÍTULO 9: DIOSAS NÓRDICAS 90
   CAPÍTULO 10: ABRAZAR A LA DIOSA OSCURA INTERIOR 101
   CAPÍTULO 11: HONRAR A LAS DIOSAS OSCURAS: RITUALES Y PRÁCTICAS 108
   TABLAS DE CORRESPONDENCIAS 115
   CONCLUSIÓN 140
SEGUNDA PARTE: VIRGEN NEGRA 143
   INTRODUCCIÓN 145
   CAPÍTULO 1: ¿QUIÉN ES LA VIRGEN NEGRA? 147
   CAPÍTULO 2: SU ARTE SAGRADO 156
   CAPÍTULO 3: SUS TEMAS Y SIMBOLISMO 162

- CAPÍTULO 4: SU PODER TRANSFORMADOR 169
- CAPÍTULO 5: SU RELACIÓN CON LAS DIOSAS MADRE 181
- CAPÍTULO 6: INTERPRETACIONES ESOTÉRICAS.................................... 191
- CAPÍTULO 7: CONECTANDO CON LA VIRGEN NEGRA 201
- CAPÍTULO 8: LA CURACIÓN A TRAVÉS DE LO DIVINO FEMENINO 211
- CAPÍTULO 9: HONRANDO A LA DIOSA MADRE 220
- CONCLUSIÓN 228
- APÉNDICE: LISTA DE VÍRGENES NEGRAS 230

VEA MÁS LIBROS ESCRITOS POR MARI SILVA.. 243
SU REGALO GRATUITO 244
REFERENCIAS 245
FUENTES DE IMÁGENES 259

Primera Parte: Diosas oscuras

Cómo liberar el poder de Hécate, Lilith, Morrigan, Baba Yaga, Kali, Oya, Perséfone, Hathor, Sekhmet y más

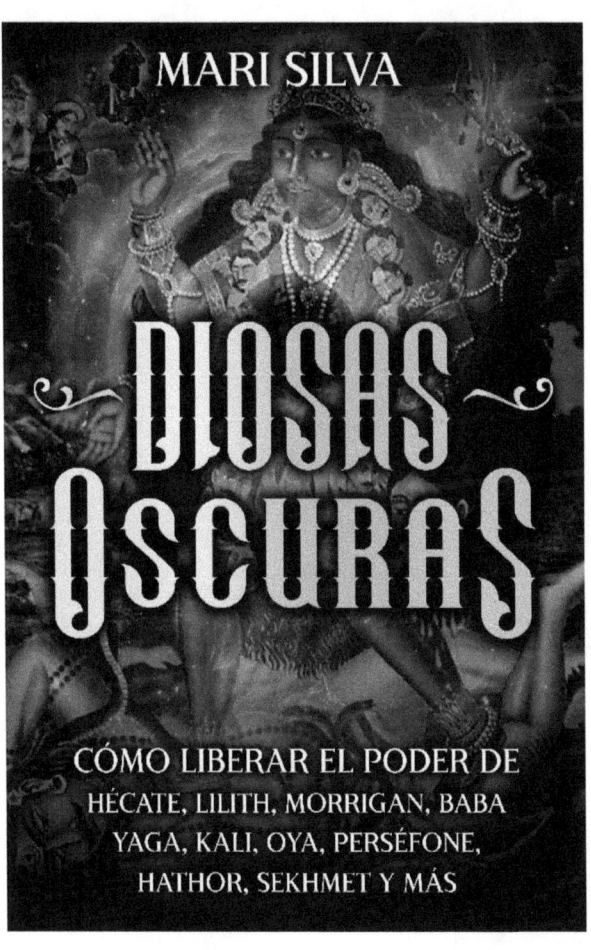

Introducción

Temidas por muchos y veneradas por otros, con sus orígenes, funciones y verdaderos poderes a menudo envueltos en el misterio, las Diosas oscuras son representaciones únicas de las fuerzas negativas en diferentes culturas. Todas las culturas las tenían en su panteón y, en algunas, eran incluso más respetadas que las deidades benévolas porque nadie se atrevía a enfurecerlas. Este libro explora el arquetipo de estas Diosas oscuras, desvelando lo que las hacía tan poderosas y significativas tanto para los seguidores antiguos como para los modernos. Aprenderá cómo se relacionan con la teoría de Jung sobre el yo en la sombra y cómo esto podría conducir a la exploración de la Diosas oscuras interiores de cada uno.

Este libro presenta una visión multidimensional de los papeles y atributos de las Diosas oscuras griegas, egipcias, mesopotámicas, eslavas, hindúes, africanas, celtas y nórdicas. A diferencia de otros libros de su categoría, que sólo se centran en los aspectos mitológicos de estas deidades, este libro también explora su historia y su significado espiritual para los buscadores espirituales modernos. Tanto si se está iniciando en las prácticas espirituales como si ya tiene experiencia en el trabajo de sombras, el culto a las diosas, el neopaganismo y otras prácticas alternativas, este libro le ayudará a descubrir el potencial transformador y la sabiduría interior que encarnan las Diosas oscuras.

El libro transmite información teórica y práctica de un modo fácil de entender para principiantes, lo que facilita que todo el mundo se relacione con él y enriquezca su viaje espiritual. Tanto si está abierto a explorar diferentes caminos espirituales y busca abrazar una gama diversa de tradiciones espirituales como si desea aprender sobre las deidades oscuras de una cultura específica, este libro será el trampolín perfecto para sus nuevas aventuras.

Si se relaciona con lo divino femenino y busca conocimiento e inspiración de poderosas deidades femeninas, esta guía le mostrará cómo obtenerlo todo de las fuentes adecuadas. A través de una exploración profunda y esotérica de los lados más oscuros de las Diosas, este libro le enseñará a reconocer la complejidad de su simbolismo, sus mitos y, lo que es más importante, el vasto empoderamiento que pueden otorgarle. Si está preparado para ampliar su sabiduría espiritual a través de una comprensión profunda y abrazando las energías divinas femeninas, no dude en seguir leyendo.

Capítulo 1: El arquetipo de las Diosas oscuras

Para ayudarle a comprender los orígenes, el simbolismo y el significado del término "Diosas oscuras", este capítulo explora el concepto de oscuridad en contextos polifacéticos de espiritualidad, psicología y mitología en una serie de culturas y tradiciones espirituales. Tras introducir el tema central del libro y el significado de la transformación a través de la oscuridad y la sombra, este capítulo esboza una perspectiva más profunda, incluyendo información primaria y esotérica sobre el arquetipo de las Diosas oscuras.

El concepto de las Diosas oscuras

El concepto de Diosas oscuras se basa en un arquetipo que representa papeles, atributos y funciones similares en diferentes culturas. Esotéricamente hablando, el arquetipo se define como una presencia causal de una energía causal o que vive en la parte causal del espíritu, conocida como psique. Se crea (naturalmente a través de pensamientos o actos mágicos) en la psique, y también puede morir allí, si su energía deja de existir. Esto indica que el arquetipo de las Diosas oscuras es un ser vivo que sólo se manifiesta en la psique de las personas. Una vez creado, el arquetipo sigue presente en el continuo causal, lo que significa que afecta a la vida de las personas porque creen en él.

Estas deidades femeninas se asociaron con la guerra y la destrucción[1]

A medida que la Nueva Era pagana y otras religiones alternativas ganaban popularidad, la idea de estos poderosos seres oscuros crecía junto con este renovado interés. La razón es sencilla. Aunque a menudo malinterpretadas, las Diosas oscuras son la máxima representación de la autenticidad y la diversidad. Trabajar con una Diosa oscura le permite arrojar luz sobre estos temas y muchos otros que son reprimidos por la sociedad moderna. Debido a que pueden ser apartadas, permanecen al acecho en las sombras, al igual que lo hacen las deidades femeninas oscuras en las leyendas. Pueden guiar al practicante hacia la curación, que a menudo se ve como un renacimiento, ya que le libera de las expectativas sociales y otras cargas que obstruyen su autenticidad. Debido a su energía prominente, el arquetipo es una verdadera potencia, capaz de reescribir las narrativas de las vidas de aquellos que buscan la libertad y el empoderamiento a través de la divinidad femenina.

Como arquetipo, la Diosa oscura es sólo una faceta de una deidad femenina. Muchos recurren al trabajo con Diosas antiguas porque prometen brillo y positividad. Sin embargo, a veces, la vida le obliga a explorar el otro lado de las Diosas porque a menudo contienen respuestas a experiencias, pensamientos y emociones negativas. De hecho, las deidades identificadas con este arquetipo sólo reciben el nombre de Diosas oscuras debido a su controvertida representación por parte de ciertas culturas que no comprendían sus funciones y orígenes. En las culturas patriarcales, estas deidades femeninas se asociaron con la guerra y la destrucción, y muchos patriarcas afirmaron que tenían un deseo inusual de derramar sangre. Por el contrario, en las culturas que abrazan y honran las energías femeninas oscuras, las Diosas oscuras son vistas como parte de un todo, la parte que se ocupa de las experiencias aterradoras y problemáticas pero necesarias de la vida. Mientras que los lados más claros nutren, curan y protegen, los más oscuros enseñan a luchar, a enfrentarse a los enemigos (tanto física como metafóricamente) y a superar los obstáculos más formidables de la vida. En muchas leyendas e historias, las Diosas oscuras eran invocadas para ahuyentar el verdadero mal y purificar el espacio/persona/objeto que habitaban.

El análisis junguiano y el yo en la sombra

Misterioso, destructivo, caótico, asociado a lo oculto: el arquetipo de las Diosas oscuras es todo eso. Sin embargo, también es transformador, ya que proporciona una visión holística de uno mismo y de la naturaleza. La naturaleza de estas deidades femeninas también es oscura, lo que, por un lado, es indicativo de la experiencia de empoderamiento femenino. Por otro lado, esta naturaleza es la encarnación perfecta de lo que el renombrado psicólogo Carl Jung llamó el "yo en la sombra".

En múltiples religiones, el arquetipo de las Diosas oscuras es la parte de la naturaleza que hay que evitar o impedir que florezca. A pesar de las diferencias en sus historias, las Diosas oscuras de las culturas orientales y occidentales eran vistas de forma similar. Una de las principales diferencias era que, en las culturas occidentales, el arquetipo se consideraba la proyección del patriarcado, de ahí su asociación con las intenciones hostiles y la guerra.

Al referirse a la naturaleza humana, la oscuridad también era algo de lo que se animaba a la gente a mantenerse alejada. Aunque es fácil entender por qué se querría disuadir a la gente de acercarse y abrazar su yo más oscuro, reprimirlo tampoco es recomendable, porque impide comprender su verdadera naturaleza, sus valores y sus necesidades espirituales. Dado que se trata de un tema muy debatido en las comunidades religiosas y entre los practicantes alternativos, comprender el significado del arquetipo para el empoderamiento personal requiere una exploración más profunda. Aquí es donde resulta útil profundizar en la psicodinámica de Jung y en el análisis teórico de la psique humana.

Aunque Gustav Jung se ocupaba principalmente de la psique humana, él y sus alumnos también investigaron a fondo el concepto de Diosa, trazando una línea divisoria entre el psicoanálisis y las prácticas esotéricas. Jung llamó a la Diosa anime, o animal mundi (que se traduce como alma del mundo), lo que implica no sólo que la gente vive en un mundo centrado en la Diosa, sino que la Diosa vive dentro de todos.

Según Jung, el arquetipo de las Diosas oscuras es la manifestación del "yo en la sombra", que se opone al "yo del ego". El yo representa la totalidad de la psique, combinando las partes subconsciente y consciente. Como núcleo más auténtico del ser, el yo da paso a rasgos y personajes, como la persona y el ánima/animus; estos últimos son partes del subconsciente colectivo relacionadas con el género. El ánima es cómo la psique masculina percibe lo femenino, y el ánimus es cómo la psique femenina interpreta lo masculino. La persona es la parte de uno mismo que transmite al mundo.

Jung consideraba que el ego es el núcleo y el motor principal de la persona, la parte de la que todo el mundo es consciente y controla a través de sus acciones. Sin embargo, Jung consideraba que el ego debe tener un equilibrio, en parte porque al tratar a pacientes descubrió que, en el fondo, las personas siempre son conscientes de su verdadera naturaleza y personalidad, aunque no lo muestren al mundo exterior. Llamó a esta parte oculta "la sombra" y argumentó que llegar a ella requiere un inmenso esfuerzo. Sin embargo, al tomar conciencia de su yo sombrío, puede identificar los aspectos más oscuros de su personalidad y reconocerlos como partes reales de su existencia. Para la mayoría de las personas, esto va en contra de todas sus creencias básicas, por lo que se resistirán de forma natural a admitir su yo en la sombra. La razón principal de la resistencia se encuentra en el concepto teológico patriarcal del mal, que dicta que la parte oscura de uno mismo es mala y, por tanto, debe reprimirse.

Jung denominó individuación al proceso de toma de conciencia de la propia naturaleza compleja. Según él, enfrentarse a la propia sombra es el primer paso en este viaje. En lugar de ver el lado oscuro como algo de lo que avergonzarse, Jung animaba a la gente a enfrentarse a la parte de sí mismos que les impulsa a hacer cosas malas. Afirmaba que, puesto que se trata de partes naturales de la personalidad de cada uno, es mejor conocerlas de cerca que evitarlas como si fueran a conducir a un camino de corrupción. Consideraba que ver la sombra como algo inherentemente defectuoso puede hacer más daño a la psique que abrazarla e intentar trabajar con ella.

La teoría de Jung sobre el arquetipo de las Diosas oscuras como epítome del yo en la sombra ofrece una forma fantástica de describir y experimentar las vivencias interiorizadas. Lo que es inefable para algunas personas, los seguidores de las Diosas oscuras pueden abrazarlo como una experiencia natural sin prejuicios, dudas ni preguntas. Independientemente de cuáles sean sus creencias, la Diosa le enseña la importancia de la experiencia, validando eficazmente las cuestiones que no puede explicar a través de pensamientos y conceptos racionales.

Las teorías de Jung proporcionan una fuente de poder intrínseca, empoderadora y genuina en las Diosas oscuras. Ya sea identificándola como una divinidad femenina individual en un vasto panteón de deidades o viéndola como el rostro de una Diosa polifacética, así es exactamente como se representa el arquetipo en varias religiones. Reforzando las afirmaciones de Jung sobre el esfuerzo que requiere enfrentarse a la oscuridad interior, muchos relatos describen el alto precio que pagan quienes se acercan a la Diosa. Conocidas por llevar a la gente al borde del agotamiento psicológico extremo, estas oscuras fuerzas femeninas exigen mucho. No se puede esperar lo mejor al enfrentarse a estas deidades, por lo que no es aconsejable interactuar con ellas a menos que se esté realmente preparado para manejar su poder.

En más de una ocasión, los practicantes describen haber experimentado un cambio negativo significativo al invocar a una Diosa oscura. Teniendo en cuenta las teorías de Jung, era de esperar. Al fin y al cabo, enfrentarse al yo oscuro también provoca muchas emociones negativas, como miedo, impotencia, ansiedad y debilidad. Sin embargo, sin experimentarlas, no puede aprender a ser fuerte. Si nunca se enfrenta a nada que le perturbe o asuste, ¿cómo sabe que tendrá el valor de superarlo? Sólo si se enfrenta a sus debilidades podrá entender lo que hace falta para reunir su fuerza. Es una lección poderosa y muy necesaria que enseña el arquetipo. Las Diosas también demuestran que, al igual que todo el mundo puede ser compasivo y cariñoso cuando tiene poder, su poder también puede surgir de la ira, el dolor y otras emociones y experiencias negativas (y utilizarlo para grandes fines).

Aunque enfrentarse a su yo oscuro a menudo conlleva la destrucción de creencias previas, esto es necesario para reconstruirse a uno mismo. Antes de trabajar con las Diosas oscuras, sólo vive impulsado por la parte consciente de sí mismo. Después, se volverá completo y encontrará su fuerza individual. Aquí es donde reside el verdadero poder del arquetipo de las Diosas oscuras.

Con el tiempo, las teorías de Jung que vinculaban el arquetipo a la personalidad y la psique de una persona se aceptaron ampliamente. Algunos estaban intrigados por este misterioso poder, mientras que otros se dieron cuenta de la importancia de seguir explorando este arquetipo tan olvidado. Curiosamente, Jung consideraba a las Diosas oscuras tanto como un yo femenino en la sombra (anima) como con un aspecto oscuro de la sombra masculina (animus). Esto último explica por qué tantas personas no quieren aceptar este aspecto de su psique. Va en contra del ego masculino, al que no le gusta pensar que tiene debilidades, miedos e inseguridades. Sin embargo, su sombra sabe que sí los tiene y, contrariamente a otras creencias populares, tampoco es malvada ni negativa. La sombra femenina capacita a la persona para reconocer esta parte de su psique, sus debilidades, sus defectos y todo lo demás.

La multitud de Diosas oscuras con las que puede trabajar tienen sus propios poderes particulares. Invocando a aquellas con las que se identifica o que realmente necesita, puede encontrar el camino a seguir en su viaje de empoderamiento. Por ejemplo, invocando a una Diosa que simbolice la libertad y la lujuria, puede aprender a reprimir su sentimiento de culpa por no seguir ciegamente las expectativas de la sociedad (prácticamente nadie lo hace porque es imposible, dadas las muchas que hay y lo desconcertantes que pueden llegar a ser). Del mismo modo, invocando a una Diosa de la transformación, puede curarse de traumas pasados y utilizarlos en su lugar para ilustrar el crecimiento.

Los que siguieron los pasos de Jung ayudaron a transformar la Diosa de un simple arquetipo en un movimiento en toda regla. Sacaron el arquetipo de la psique causal y lo llevaron al mundo real, demostrando su existencia. Esto ayudó a popularizar el concepto de lo divino femenino, tanto en su propia naturaleza trascendente (que ayuda a identificarlo en uno mismo) como en su significado como fuerza impulsora de las nuevas y reemergentes religiones que veneran a las Diosas oscuras como seres divinos trascendentes.

Representaciones del arquetipo de Diosas oscuras

En muchas culturas, la Diosa oscura es vista como una criatura femenina siniestra con orígenes en tradiciones antiguas, mucho más antiguas que los mitos de sus homólogas benévolas. Conocida como la Madre de la Sangre y la Señora de la Destrucción, entre otras, la definición contemporánea de este arquetipo suele estar ligada a cómo se representan estas deidades femeninas en las religiones y tradiciones populares. Éstas suelen ilustrar a las deidades femeninas oscuras como bellas mujeres en la flor de la vida, con ropas provocativas o incluso desnudas. También afirman que, en la antigüedad, a estas Diosas sólo se las podía apaciguar mediante sacrificios humanos y que nunca se las debía llamar por su nombre.

Sin embargo, en la misma línea, estas representaciones empoderan a las mujeres más allá de las formas en que se las representa en su forma de Diosa benévola y protectora. Si bien es cierto que este empoderamiento procede de la siniestra capacidad de la mujer divina para incursionar en lo oculto, no se puede negar que desempeñan papeles vitales en la vida, la evolución y el crecimiento colectivo de las personas. Puede que el empoderamiento femenino se oculte tras conceptos esotéricos y prácticas paganas misteriosas e incomprendidas, pero está claro que las mujeres pueden obtenerlo trabajando sobre sí mismas y desarrollando su capacidad para controlar todo su ser.

A diferencia de algunos practicantes paganos y wiccanos que ven lo divino femenino como un ethos tranquilo, sereno pero independiente, la representación del arquetipo de las Diosas oscuras no teme resaltar el principio femenino oscuro. Las mujeres no tienen por qué adoptar un comportamiento masculino para ser tan poderosas como los hombres. Pueden encontrar el poder en su interior para sentir, comportarse y crecer para ser iguales a los hombres. Al mismo tiempo, el arquetipo enseña a los hombres que reconocer sus debilidades no les hará parecer femeninos. Los seguidores de las Diosas oscuras aprenden que ambos géneros tienen mucho más que ofrecer que las cualidades que tradicionalmente se les atribuyen. A pesar de su mejor intención de no hacer daño a nadie, nadie encarna esta cualidad "perfecta". No es posible no cometer nunca un error ni hacer daño a nadie. *Si no, al final se hará daño a sí mismo.*

No es raro que se muestre a las Diosas oscuras como oportunistas y vengativas, sobre todo cuando se trata de castigar a los mortales. Sin embargo, los verdaderos seguidores saben que, aunque se enfadan con facilidad, la ira de una Diosa oscura nunca es inmerecida ni carece de causa. Algunas personas sólo necesitan un mayor empujón (o una poderosa lección) para aceptar y comprender su relación consigo mismas y con todos los demás seres del universo. Aunque de un modo inusual, las Diosas enseñan empatía por todo y todos los que le rodean, así como por uno mismo. La única forma de aprender la primera lección es empezar por la segunda. Tanto si se identifica con una Diosa que representa la transformación como con una hechicera guerrera, puede estar segura de que le enseñará a abrazar sus propios valores y carácter. La resonancia que sienta en su interior es clave para trabajar con cualquier arquetipo, y esto tampoco es diferente en el caso de las Diosas oscuras.

En algunas representaciones, el arquetipo de las Diosas oscuras es el resultado de la unificación de dos energías opuestas. Los seguidores de estos conceptos se basan en creencias similares al modelo de Jung: la persona es un todo formado por dos opuestos en su interior. Asimismo, los practicantes de estas tradiciones creen que, al unir los dos poderes divinos, nace una nueva energía divina más poderosa. A diferencia de otras culturas, donde el arquetipo se representa como algo que socava otras fuerzas (incluso las divinas benévolas), aquí la Diosa es empática y noble, capaz de reconocer la necesidad de equilibrio en la naturaleza. Este equilibrio dicta que donde hay luz, debe haber oscuridad. Por tanto, las fuerzas divinas opuestas son necesarias e iguales. Aunque se las representa como temibles e implacables, las Diosas oscuras muestran una excelencia de carácter personal: sólo es cuestión de reconocerlo. Son valientes y valerosas y están dispuestas a enfrentarse a quien haga falta con tal de ganar la batalla.

Los aficionados a la alquimia y otras prácticas alternativas similares creen que abrazar el arquetipo de la Diosa oscura conduce a una transformación radical, tras la cual la persona está mejor preparada para descubrir y cultivar la empatía, el amor y la fuerza. Aunque algunas de estas cualidades no suelen asociarse a las energías femeninas oscuras, las numerosas representaciones del arquetipo demuestran que evocar a las Diosas oscuras a menudo permite adquirirlas y lograr un crecimiento personal y espiritual. Al aprender empatía cuando se trabaja con una Diosa oscura, uno se vuelve más capaz de comprender no sólo sus propios defectos, sino también los de los demás. Después de todo, ¿quién mejor para enseñarle sobre la aceptación que alguien que se considera aterradora, mortal e inaccesible? Si puede aceptarlas tal y como son, podrá abrazar su verdadera personalidad y la de los demás, ya se perciban como terribles, asombrosas, relacionables, unánimes o de cualquier otro modo.

En la mayoría de las culturas, el arquetipo de la Diosa oscura representa algo inexplicable, intangible e incontrolable. Ésta es otra magnífica razón por la que trabajar con ellas beneficia potencialmente a todo buscador espiritual o incluso practicante avanzado. A menudo, lo que se puede atribuir a estas cualidades se considera malo o maligno (incluyendo partes de uno mismo). Tiene todos estos valores en su interior, recordándole su interconexión con todo en la naturaleza. Trabajar con una Diosa oscura hace que todo esto parezca más real y tangible. Muchos creen que los arquetipos pueden ayudar a lidiar con lo imprevisto. De hecho, muchas de las acciones de las Diosas oscuras fueron vistas como tales a través de los diferentes mitos y creencias.

Quienes antes temían el caos desconocido que yace en su interior aprendieron, tras trabajar con una Diosa oscura (o con el propio arquetipo), que el hecho de que haya algo que no sabían sobre sí mismos no significa que tengan que temerlo. En las representaciones contemporáneas, este arquetipo de poder femenino oscuro se convirtió en una herramienta indispensable para el autodesarrollo. Además de disuadir los miedos de las partes ocultas de uno mismo, las Diosas oscuras pueden mostrarle cómo integrarlas en su psique consciente.

El arquetipo de la Diosa oscura simboliza un lado más profundo pero desafiante de la existencia de las personas, fuerzas que moldearon vidas desde el principio de los tiempos. Aunque las interpretaciones y el simbolismo de estas energías divinas femeninas varían según las creencias, estas infinitas variaciones son la razón por la que las personas con necesidades individuales pueden identificarse con ellas. Puede encontrar su propia forma de trabajar con una o varias Diosas oscuras y embarcarse en un viaje lleno de acontecimientos y descubrimientos.

Capítulo 2: Diosas griegas

Aunque los nombres de Diosas como Hera, conocida por ser la reina de los dioses, y Atenea, la sabia y estratégica Diosa de la sabiduría y la guerra, están muy oídos, hay otras figuras intrigantes y menos conocidas en la mitología griega. Entre ellas se encuentran Perséfone, Nyx y Hecate. Estas Diosas oscuras suelen llevar la etiqueta de "oscuras" o "malvadas", pero conocer sus orígenes e historias puede arrojar luz sobre su verdadera naturaleza.

Perséfone, por ejemplo, está relacionada con el cambio de las estaciones. Su historia comienza cuando Hades se la lleva al Inframundo, donde se convierte en su esposa. Este mito simboliza el ciclo de la naturaleza, en el que la vida pasa por periodos de letargo y renovación. En primavera, Perséfone regresa a la superficie de la Tierra, trayendo consigo las flores y la belleza de la estación. Por tanto, no es realmente malvada. Es más bien un símbolo del ciclo perpetuo de la naturaleza.

Estas Diosas oscuras suelen llevar la etiqueta de "oscuras", pero comprender sus historias puede arrojar luz sobre su verdadera naturaleza"

Nyx, la Diosa de la noche, es una deidad mucho más antigua que los más famosos Dioses y Diosas del Olimpo. Es la madre de varios conceptos esenciales, como el Sueño y la Muerte. Nyx no es malvada. Encarna la tranquilidad y el descanso que proporciona la noche. Su abrazo oscuro es un momento de recarga y renovación.

Hecate, la diosa de las encrucijadas, la magia y la brujería, es otra figura incomprendida. En la antigua Grecia, la gente la invocaba en las encrucijadas para buscar guía y protección contra los malos espíritus. Su asociación con la magia hizo que a veces se la representara como una figura siniestra. Sin embargo, es un símbolo del conocimiento y el poder que se encuentran en lo desconocido y en las decisiones que se toman en la vida.

Estas Diosas no son realmente malvadas u oscuras en el sentido en que se podría pensar en los villanos. Representan distintas facetas de la vida, como el cambio, los misterios de la noche y la sabiduría oculta en el mundo. Añaden capas de significado a la mitología griega y, explorando sus historias, podrá apreciar más profundamente las complejidades de la vida y la naturaleza. Este capítulo le ayudará a explorar el mundo de estas Diosas griegas oscuras, especialmente desde una perspectiva esotérica.

Con tanta literatura disponible hoy en día, es difícil separar las historias originales de las modificadas. Sin embargo, aprender cómo se entendían realmente estas Diosas en su contexto antiguo explica su significado y su lugar. Así pues, siga leyendo para desentrañar las verdades ocultas y las historias no contadas de Perséfone, Nyx, Hecate y sus misteriosas contrapartes, arrojando luz sobre los enigmáticos y cautivadores aspectos de la mitología griega que han permanecido durante mucho tiempo en la sombra.

Hecate/Hekate

Hecate, la diosa de las encrucijadas, la magia y la brujería"

Hecate, la diosa de las encrucijadas, la magia y la brujería, tiene una historia antigua y misteriosa. Es una de los Titanes, un grupo de deidades primordiales anteriores a los Dioses y Diosas del Olimpo. Sus padres eran Perses y Asteria, y a menudo se la representaba como una Diosa triple, que representaba las tres fases de la luna: la doncella, la madre y la vieja. Este simbolismo la relaciona con los ciclos de la vida y los misterios del universo.

Una de las historias más famosas sobre Hecate se centra en su papel en la Titanomaquia, la épica batalla entre los Titanes y los dioses olímpicos. Hecate eligió permanecer neutral en este conflicto y, como resultado, fue una de las pocas Titanes que evitó ser encarcelada en el Inframundo tras la derrota de los Titanes. Su neutralidad y su habilidad para navegar por los espacios liminales entre la luz y la oscuridad, la vida y la muerte, la convirtieron en una figura única y enigmática.

La asociación de Hecate con las encrucijadas es un punto central de su mitología. En la antigua Grecia, los viajeros solían depositar ofrendas en las encrucijadas para buscar su protección y guía. Se creía que tenía el poder de abrir las puertas entre el mundo mortal y el reino de los espíritus. Esta conexión con las encrucijadas simboliza las elecciones y transiciones en la vida, enfatizando su papel como guía a través de las incertidumbres de la vida.

Hecate también está estrechamente vinculada a la magia y la brujería. En el mundo antiguo, se la invocaba a menudo en rituales y hechizos, sobre todo los relacionados con la luna y la noche. Sus antorchas iluminaban el camino en la oscuridad, tanto física como metafóricamente, guiando a quienes buscaban su sabiduría y protección. Se la consideraba guardiana de los misterios de lo oculto, y sus seguidores creían que podía otorgarles conocimiento y poder. Existen muchos mitos en torno a esta diosa mágica, algunos de los cuales son:

1. Hecate y el rapto de Perséfone

Uno de los mitos más conocidos relacionados con Hecate es su papel en el rapto de Perséfone por Hades, que dio lugar al cambio de estaciones. Según el mito, Hades, el dios del Inframundo, se enamoró de Perséfone, la hija de Deméter, la diosa de la agricultura (ampliamos la información más adelante). Cuando Hades raptó a Perséfone, Deméter, desconsolada, vagó por la Tierra en busca de su hija. Con sus antorchas, Hecate ayudó a Deméter en su búsqueda y desempeñó un papel crucial en el reencuentro de madre e hija. Este mito destaca la conexión de Hecate con el Inframundo y su papel como guía en el reino de los muertos.

2. El papel de Hecate en la guerra de Troya

Hecate también aparece en el contexto de la guerra de Troya. Se creía que había ayudado a los griegos proporcionándoles guía y protección durante su largo viaje a Troya. Se dice que la famosa hechicera Medea, sacerdotisa de Hecate, invocaba los poderes de la diosa en sus prácticas mágicas, lo que demuestra el papel de Hecate como deidad asociada a la magia y la brujería.

3. Encuentro de Hecate con Teseo

En otro mito, el héroe Teseo encontró a Hecate cuando se dirigía a luchar contra el Minotauro en el laberinto. Hecate guio y protegió a Teseo durante su peligroso viaje. Iluminó su camino con sus antorchas y le ofreció sabiduría, garantizando su regreso seguro del laberinto tras derrotar al Minotauro.

4. Hecate y los perros

Hecate aparece a menudo acompañada de perros y, en la mitología griega, se creía que el aullido de los perros era señal de su presencia. Los perros se consideraban sagrados para ella y a menudo se sacrificaban en sus rituales. Algunos mitos sugieren incluso que Hecate podía transformarse en perro, lo que acentúa aún más su estrecha relación con estos animales.

5. El papel de Hecate en el mito de Perseo y Medusa

Hecate desempeñó un papel importante en la historia de Perseo y Medusa. Ayudó a Perseo a matar a la gorgona Medusa. Hecate le proporcionó un escudo pulido para que lo usara como espejo, lo que le permitió acercarse a Medusa sin mirarla directamente y convertirse en piedra. Este mito subraya su asociación con poderosos artefactos mágicos y su voluntad de apoyar a los héroes en sus misiones.

6. Hecate y la protección de los recién nacidos

Hecate también era venerada como protectora de los recién nacidos y a menudo se la invocaba durante el parto. Se creía que podía alejar a los espíritus malignos y garantizar un parto seguro. Las madres invocaban a Hecate para que protegiera a sus hijos durante el vulnerable periodo del parto.

7. Paseos nocturnos de Hecate

Otra creencia intrigante sobre Hecate era que se sabía que vagaba por la Tierra de noche, sobre todo durante la luna oscura. Durante estos viajes nocturnos, se creía que la acompañaba una procesión de espíritus inquietos y el aullido de los perros. La gente dejaba ofrendas en los cruces de caminos para apaciguarla y pedir su bendición durante estas excursiones nocturnas.

8. Hecate y el Vellocino de Oro

En la búsqueda del Vellocino de Oro, Jasón y los argonautas buscaron la ayuda de Hecate. Se dice que les proporcionó conocimientos y orientación para navegar por las traicioneras aguas y los desafíos que encontraron en su épico viaje. Este mito destaca su papel como fuente de sabiduría y ayuda para los héroes.

9. La participación de Hecate en la búsqueda de Orfeo

En el mito de Orfeo y Eurídice, cuando Orfeo descendió al Inframundo para rescatar a su amada Eurídice, Hecate fue una de las deidades que encontró. Su presencia en el Inframundo significaba su influencia sobre el reino de los muertos y su papel como guía de las almas.

10. Asociación de Hecate con las Euménides

A menudo se relacionaba a Hecate con las Euménides, también conocidas como las Furias, espíritus vengativos asociados al castigo de los malhechores. Hecate actuaba como mediadora entre las Euménides y quienes trataban de apaciguarlas, reflejando su papel de intermediaria entre los reinos humano y divino.

Hecate, la diosa asociada a la noche, los muertos, las encrucijadas y la magia, suele considerarse una figura oscura y enigmática en la mitología griega. Su reino abarca muchos elementos que podrían interpretarse como misteriosos e incluso premonitorios, incluida su asociación con lo oculto, el mundo de los espíritus y las fuerzas invisibles del cosmos. Sin embargo, es esencial reconocer que Hecate nunca fue inherentemente malvada o malévola, como demuestran sus historias y hechos.

A lo largo de la mitología y la literatura griegas, Hecate aparece constantemente como guía, protectora y fuente de sabiduría. Desempeñó un papel fundamental en numerosas misiones heroicas, ayudando y ofreciendo sus conocimientos a aquellos que buscaban su ayuda. Ya fuera ayudando a Perseo a enfrentarse a Medusa, guiando a Jasón en la búsqueda del Vellocino de Oro o asistiendo a Eneas en su viaje al Inframundo, Hecate mostró su lado benévolo como diosa que ayudaba y protegía a los necesitados.

A menudo se malinterpreta la relación de Hecate con la magia. Aunque se la asocia con las artes místicas, es crucial recordar que la magia, como cualquier herramienta, no es intrínsecamente buena o mala; depende de las intenciones y acciones de quienes la practican. En su papel de guardiana de la magia, Hecate no es ni buena ni mala, sino una fuente de conocimiento y poder para aquellos que buscan su guía.

En esencia, Hecate es una diosa de la dualidad, que representa el equilibrio entre la luz y la oscuridad, la vida y la muerte, y lo conocido y lo desconocido. Sus misterios y su carácter polifacético revelan las complejidades de la existencia, en la que actúa como fuerza guía para quienes se encuentran en la encrucijada de la vida.

Perséfone

Perséfone, hija de Deméter, Diosa de la agricultura, y Zeus, rey de los dioses, era una joven Diosa radiante y alegre. Su nombre, que significa "portadora de destrucción" o "portadora de muerte", presagia su transformación final en una deidad oscura. A menudo se la describía como un símbolo de la Tierra generosa, que irradiaba vida y crecimiento allá donde iba.

Antes de su fatídico encuentro con Hades, Perséfone disfrutaba de una vida despreocupada e idílica con su madre, Deméter. Pasaba los días en los prados, cuidando el crecimiento de las flores y las cosechas, esparciendo belleza y abundancia por toda la tierra. Se decía que su risa y su alegría tenían el poder de hacer florecer las flores y germinar los campos.

Perséfone, la portadora de la destrucción'

El rapto de Perséfone por Hades fue un acontecimiento violento y repentino. La tierra se abrió literalmente y Hades, en su carro oscuro, emergió para apoderarse de ella. Los gritos de auxilio de Perséfone quedaron sin respuesta mientras Hades la llevaba a las profundidades del Iinframundo en contra de su voluntad. La crudeza de su historia radica en el contraste entre su vida anterior en un mundo luminoso e iluminado por el sol y su abrupto descenso al sombrío reino de la muerte.

La desesperación inicial de Perséfone en el Inframundo es evidente. Añoraba a su madre y el mundo de arriba. Sin embargo, con el paso del tiempo, asumió su papel de reina de los muertos. Se convirtió en una figura compasiva que ofrecía consuelo a las almas de ultratumba. Su presencia en el Inframundo es sinónimo de fortaleza y capacidad de adaptación, ya que asume su nuevo papel a pesar de las dificultades iniciales.

Cuando Perséfone fue llevada por Hades a las profundidades del Inframundo, el mundo de arriba lloró su ausencia. Su madre, Deméter, la diosa de la agricultura, estaba desconsolada. Consumida por la desesperación, Deméter permitió que la Tierra se marchitara y los cultivos murieran, y la hambruna amenazó el reino de los mortales.

1. Deméter en busca de su hija

Deméter, angustiada, se embarcó en una búsqueda incansable para encontrar a su amada hija. Buscó por todas partes y pidió ayuda a los demás dioses. Sin embargo, ninguno pudo revelarle el paradero de Perséfone, pues era un secreto que sólo conocía el señor del Inframundo.

2. Intervención de Zeus

Al ver el sufrimiento de los dioses y los mortales debido a la esterilidad de la Tierra, Zeus, el rey de los dioses, intervino. Instó a Hades a liberar a Perséfone, reconociendo que su regreso al mundo de la superficie era esencial para acabar con la hambruna.

3. El compromiso con las semillas de granada

Hades accedió a permitir el regreso de Perséfone, pero puso una única condición. Como había consumido seis semillas de granada en el Inframundo, se decretó que debía pasar seis meses al año con Hades. Estos meses coincidían con la estación invernal, durante la cual el mundo quedaba envuelto en el frío y la oscuridad.

4. El regreso de Perséfone y el cambio de estación

A su regreso al mundo de arriba, la alegre reunión de Perséfone con su madre, Deméter, marcó el comienzo de la primavera. La Tierra se llenó de vida con la llegada de las flores y el florecimiento de los cultivos. El mundo se deleitó con el renacimiento de la naturaleza y el regreso de Perséfone.

5. El ocaso de la vida en el Inframundo

Durante su ausencia del Inframundo, los espíritus de los muertos anhelaban el regreso de Perséfone. El reino de los muertos sintió una disminución de la vida y la vitalidad al echar de menos a la reina que les ofrecía consuelo y bienestar.

La historia de Perséfone se convirtió en un símbolo del ciclo eterno de las estaciones. Su estancia con Hades en el inframundo marcaba la llegada del invierno y el letargo de la tierra. Su reencuentro con Deméter en la superficie señalaba la renovación de la vida y el regreso de la primavera y el verano.

La historia de Perséfone refleja su doble naturaleza. Es la Diosa de la primavera y el crecimiento cuando está con su madre, Deméter, y la reina del inframundo cuando está con Hades. Esta dualidad encarna el ciclo de las estaciones: su descenso al inframundo marca la llegada del invierno y su regreso significa el renacimiento de la primavera.

Perséfone como Diosa oscura

La asociación de Perséfone con el Inframundo y su papel como reina de los muertos contribuyen a su reputación de Diosa oscura. No es malvada, pero su reino está lleno de sombras, muerte y misterio. Su transformación de doncella despreocupada en poderosa y enigmática reina del Inframundo subraya su aspecto oscuro. La historia de Perséfone también nos recuerda el delicado equilibrio entre la vida y la muerte en el mundo natural.

A pesar de sus oscuras asociaciones, Perséfone no es una deidad malévola. A menudo se la representa como una gobernante compasiva y justa en el Inframundo, que equilibra la balanza de la justicia y reconforta a las almas en el más allá. Su regreso anual a la superficie anuncia el renacimiento de la vida y la naturaleza, simbolizando el ciclo de renovación y crecimiento.

Nyx

Nyx, una Diosa tan antigua como el propio tiempo, surgió del Caos, el vacío primigenio del que surgió todo el cosmos. Era la encarnación de la noche, la personificación de la oscuridad y una de las deidades originales que precedieron incluso a los poderosos dioses olímpicos. Era una Diosa de gran profundidad, una figura de profunda belleza envuelta en un aura de oscuridad. Su dominio se extendía mucho más allá de la noche física. Gobernaba los conceptos abstractos asociados a la oscuridad, lo que la convertía en una deidad de inmensa influencia. En el reino de la noche, presidía el sueño, los sueños e incluso la muerte.

Uno de los aspectos más fascinantes de Nyx era su numerosa y diversa descendencia. Entre sus hijos más notables estaba Hipnos, el Dios del sueño, conocido por traer el descanso y los sueños a los mortales. Otro era Tánatos, la personificación de la muerte, que

Nyx surgió del Caos[6]

representaba la transición pacífica de la vida al más allá. Moros, el Dios de la fatalidad inminente, subrayaba el destino ineludible que aguardaba a todos los seres. Eris, la Diosa de la lucha, prosperaba en las sombras, sembrando la discordia y el conflicto, a menudo ocultos bajo el manto de la oscuridad. Apate, la deidad del engaño, y Geras, que representaba la marcha inevitable de la vejez, eran otros vástagos de Nyx. Esta diversidad de sus hijos ponía de relieve la complejidad de las fuerzas que Nyx presidía.

La presencia de Nyx en la mitología griega era omnipresente, aunque no ocupara un lugar tan destacado como otras deidades. A menudo se la invocaba durante los rituales nocturnos, cuando el mundo estaba envuelto en los misterios de la oscuridad. Nyx ejercía un inmenso poder en su dominio de las transiciones, presidiendo el paso de la vigilia al sueño, de la vida a la muerte y de la conciencia al mundo etéreo de los sueños. Su influencia no se limitaba a la noche física, sino que se extendía a las profundidades del subconsciente, al reino de los sueños y a las fuerzas enigmáticas que gobernaban la existencia. Era la verdadera representación de una Diosa oscura.

En la mitología griega, hay algunas Diosas muy conocidas y poderosas, como Atenea y Afrodita, pero no se habla mucho de las Diosas más oscuras, como Nyx, Perséfone y Hecate. Estas figuras suelen asociarse con el misterio y la oscuridad, lo que podría hacer pensar que son malvadas. Sin embargo, al explorar sus historias en este capítulo, queda claro que no son necesariamente malvadas. Estas Diosas oscuras son más complejas que ser consideradas malvadas. Sus historias revelan la profundidad y complejidad de la mitología griega y demuestran que etiquetas como "oscura" o "malvada" pueden ser demasiado simplistas para describir a estas Diosas polifacéticas.

Capítulo 3: Diosas egipcias

Cuando uno piensa en las deidades del antiguo Egipto, sólo le vienen a la mente unas pocas, como Cleopatra, Nefertiti y Tutankamón. Sin embargo, hay muchos otros Dioses y Diosas con poderes fascinantes e historias intrigantes de los que probablemente nunca haya oído hablar, como Sekhmet, Neftis, Hathor y Nut, la antigua Diosa oscura egipcia.

Diosa Oscura del Antiguo Egipto[6]

Sekhmet

Sekhmet significa "La que tiene el control" o "La que es poderosa". Es un nombre apropiado para una de las Diosas más poderosas de la mitología del antiguo Egipto. Se la conoce como la Diosa Madre y es en parte humana y en parte animal. Se la representa como una mujer con cara de león. Hay muchas esculturas, amuletos y otros monumentos de Sekhmet que muestran su importancia en el antiguo Egipto.

Sekhmet es una Diosa esotérica olvidada. Las deidades esotéricas tienen habilidades extraordinarias. Entonces, ¿por qué está olvidada? Lamentablemente, no se sabe mucho de ella y no se la menciona tanto en la mitología como a otras deidades. Sigue siendo un enigma. Sin embargo, los pocos recursos encontrados sobre ella alaban sus grandes pero contradictorias habilidades. Puede traer la enfermedad, el caos y la muerte, pero también la curación y la protección.

Mitología

Sekhmet era hija del Dios del sol Ra, creador del universo. Según una leyenda, era una encarnación de la Diosa del cielo Hathor. Después de crear a la

Sekhmet significa "la que tiene el control"[7]

humanidad, Ra la observó desde el cielo. Tenía grandes esperanzas puestas en su nueva creación, pero se sintió decepcionado al ver que se apartaban del camino correcto y dejaban de seguir sus reglas de justicia y orden. Decidió castigarlos por su desobediencia. Creó a Sekhmet a partir del fuego de sus ojos, por lo que se la conoce como "El Ojo de Ra". Era un arma y una manifestación vengativa de su poder que podía exhalar un fuego más ardiente que el sol del desierto.

Ra envió a Sekhmet a la Tierra para castigar a la humanidad. Causó plagas por todas partes. Utilizando su aliento de fuego, Sekhmet prendió fuego a todo lo que encontraba a su paso, matando a casi toda la humanidad. Su sed de sangre estaba fuera de control y nadie podía detenerla. Ra se arrepintió de su decisión cuando vio lo que su hija le hizo a su creación. No era cruel ni despiadado. Sólo quería castigarlos y no tenía intención de matarlos. Si toda la humanidad era destruida, ¿quién aprendería la lección?

Ra ordenó a algunos de sus sacerdotes que consiguieran ocre rojo y lo molieran con cerveza. Luego lo vertieron por toda la tierra por la noche mientras Sekhmet dormía.

Sekhmet, que estaba sedienta de sangre, confundió la cerveza roja con sangre y se la bebió toda. Se embriagó y se quedó dormida. Cuando despertó, volvió con Ra. Según una leyenda, fue entonces cuando él la convirtió en la Diosa de la guerra y el caos.

Atributos

Sekhmet es la Diosa de la guerra, el caos, la curación, la enfermedad y el ardiente sol del desierto. En el Libro de los Muertos se la describe como una fuerza destructiva y creadora. Tiene el poder de traer plagas a la humanidad. Como Diosa de la curación, puede ser invocada para proteger contra las enfermedades. No hay problema que Sekhmet no pueda solucionar. Es la patrona de los curanderos y los médicos. Durante las guerras, Sekhmet era la protectora de los faraones y los llevaba a la victoria.

Sekhmet tiene unos 4.000 nombres que reflejan su personalidad y sus atributos.

- Vigilante y guardiana del Oeste.
- Dama de las montañas.
- Dama del Fuego (porque respira fuego y protege al Dios del sol, Ra).
- Dama del lino rojo brillante (que refleja su sed de sangre).
- Señora de Ankh Tawy (otro nombre de Menfis, la capital del antiguo Egipto).
- Señora de las tumbas (reflejo de su papel como Diosa oscura).
- Señora del terror (por casi destruir a la humanidad).
- La sanguinaria.
- Señora de la vida (por sus poderes curativos).
- Dama roja (por enviar plagas a la humanidad).

Funciones

Sekhmet es la responsable del calor en los desiertos y recibe el nombre de "Nesert", que significa llama. Provoca sufrimiento y enfermedad, pero sólo a aquellos que la enfurecen. Protege a Ra y también a Maat, la Diosa del equilibrio y la justicia. Debido a su naturaleza feroz y aterradora, Sekhmet es llamada la "Dama del Terror".

Símbolos

- Leona.
- Lino rojo.
- Disco solar.
- Gatos.

Sekhmet, la Diosa oscura

En la antigüedad, todos temían a Sekhmet, pues era la Diosa de la guerra. No obstante, sólo resultaba amenazadora para aquellos que le faltaban al respeto. Protegía a los antiguos egipcios exhalando fuego y matando a sus enemigos. Sin embargo, en la batalla, Sekhmet se cegaba de rabia y destruía todo a su paso. Sólo bebiendo sangre podía calmar su ardiente ira.

Rituales/Veneración

Si quiere apaciguar a Sekhmet, queme incienso, toque música u ofrézcale comida y bebida.

Ritual de meditación

Instrucciones:

1. Construya un altar para Sekhmet y coloque sus imágenes o símbolos en su superficie.
2. Encienda una o varias velas.
3. Siéntese junto al altar en una posición cómoda y cierre los ojos.
4. Respire hondo varias veces y visualice a Sekhmet.
5. Dé tiempo hasta que se le aparezca o vea alguno de sus símbolos.
6. Pídale que le guíe.

Neftis

Neftis es una de las primeras Diosas egipcias. Nació de la unión entre el Cielo y la Tierra después de que Ra creara el universo. Neftis es su nombre latino, y su nombre egipcio es *Nebthwt*, que significa "Señora de la Casa" o "La Señora del Templo".

Mitología

Osiris era el Dios de la agricultura y la fertilidad, y su esposa, Isis, la Diosa de la magia y la luz. Gobernaban juntos a la humanidad y eran justos y bondadosos. Su hermana, Neftis, estaba casada con su hermano Set, el Dios de la guerra. Sin embargo, Neftis sentía algo por Osiris. Un día, se transformó en Isis, lo sedujo y se acostaron. Cuando Set se enteró, pensó que Osiris había seducido y engañado a Neftis. Set ya odiaba a su hermano y estaba muy celoso de él, pero después de este incidente, planeó asesinarlo. Set tuvo éxito en su plan y mató a su hermano. Tomó su lugar como rey con Neftis a su lado.

Neftis es una de las primeras Diosas egipcias*

Isis estaba desconsolada por la pérdida de su marido y buscaba su cuerpo por todas partes. Quería devolverle la vida para tener un hijo suyo. Cuando por fin lo encontró, le pidió a Neftis que lo protegiera del malvado hermano de ambos, Set. Sin embargo, Set descubrió su plan y se enfrentó a Neftis, que le dijo dónde habían escondido el cuerpo. Set cogió el cuerpo de Osiris, lo cortó en pedacitos y los arrojó por toda la tierra.

Cuando Isis regresó, Neftis se sintió culpable por haber traicionado su confianza. Prometió hacer todo lo que estuviera en su mano para reparar su error. Las hermanas consiguieron encontrar las partes de Osiris y lo recompusieron. Le devolvieron la vida e Isis quedó embarazada y tuvo un hijo llamado Horus.

Lo mantuvo oculto de Set. Neftis, que aprendió de su error, no reveló a nadie el secreto de su hermana. Amamantó a Horus y ayudó a Isis a criarlo. Cuando Horus creció y recuperó su trono, hizo de Neftis la cabeza de su familia y su principal consejera. Debido a este mito, muchos egipcios consideran a Neftis una madre lactante y un símbolo de guía y protección.

Atributos

A Neftis se la representa como una mujer con el símbolo de su nombre sobre la cabeza. Sus ilustraciones estaban presentes en muchas tumbas antiguas porque protegía a los muertos y asistía a la momificación de Osiris.

Funciones

Se la asocia con la oscuridad, el crepúsculo y la puesta de sol. Es la Diosa del aire, el cielo y el infierno. Protege a los muertos de los malos espíritus transformándose en cometa y llora a los difuntos. Guardaba los ataúdes y los tarros canopos donde se almacenaban los órganos de los difuntos. Originalmente protegía los tarros de Hapi, Dios del Nilo, pero más tarde se convirtió en protectora de todos los recipientes.

Símbolos

- Sicomoros.
- Templos.
- Halcones.
- Glacones.
- Mujer con alas.
- Cometas.
- Cerveza.

Neftis, la Diosa oscura

Neftis es la Diosa de la muerte y está asociada con la decadencia. Ayuda a las almas de los difuntos a pasar al otro lado. Cuida de estos espíritus incluso después de escoltarlos al más allá. Consuela a las familias durante el luto y les hace saber que sus seres queridos están a salvo y en un buen lugar. Por eso se la llama "Amiga de los Muertos". De hecho, es la única Diosa que se preocupa por los muertos y los trata con amor y amabilidad.

Sus seguidores suelen invocarla tras la muerte de un ser querido, por lo que está presente en los funerales para velar a los difuntos. Neftis tiene habilidades mágicas que la asemejan a Isis, la diosa de la magia y la curación. Isis es una fuerza de luz, y Neftis es una fuerza de oscuridad, por lo que se equilibran mutuamente.

Neftis también se convirtió en la Diosa del nacimiento tras dar a luz a Anubis, el Dios de la muerte.

Rituales/Veneración

Invoque a Neftis con su técnica de visualización.

1. Busque una habitación tranquila y siéntese en una postura cómoda.
2. Cierre los ojos, junte las manos y colóquelas sobre el corazón.
3. Respire hondo y visualice la luz de Neftis fluyendo por todo su cuerpo.
4. Espire y sienta su luz bajo sus pies.
5. Respire hondo y sienta su luz llenando su corazón.
6. Vibre su nombre, luego abra lentamente las manos y deje que su luz llene su espacio.
7. Si siente su presencia, pregúntele lo que quiera.
8. Cuando haya terminado, exprésele su gratitud.

Hathor

Hathor está asociada a Sekhmet, y algunos historiadores creen que Sekhmet deriva de ella. Se la representa como una vaca o como una mujer con cabeza de vaca. Hathor es la hija de Ra y era muy venerada entre los antiguos egipcios. Su nombre significa "Templo de Horus", en referencia a cómo Horus (el Dios del sol) entra en su boca cada noche para dormir y se despierta a la mañana siguiente para iluminar el cielo. Este mito explica cómo el sol brilla y se pone cada día.

Mitología

Hathor era una imagen del amor y la bondad. Sin embargo, antes tenía un lado mucho más oscuro. En algunas leyendas, Ra envió a Hathor para castigar a la humanidad por su desobediencia. Después de desatar su venganza y destruir todo y a todos, como resultado de sus maldades, se transformó en Sekhmet. Cuando despertó de esta intoxicación, volvió a ser Hathor. Sin embargo, había cambiado y se había convertido en una versión mejor, más amable y tranquila de sí misma.

La Diosa que quería aniquilar el mundo se convirtió en aliada de la humanidad. Los bendijo con

El nombre de Hathor significa "Templo de Horus"

muchos dones y ayudó a los menos afortunados. Siempre que le rezaban, ella les ayudaba. Se convirtió en la Diosa madre, y se cree que todas las demás Diosas son sus avatares.

En otro mito, cuando Horus creció, quiso reclamar el trono a su tío Set. Como Set era astuto y poco de fiar, Horus llevó su caso al consejo de los Dioses, liderados por Ra. Sin embargo, Ra no estaba de acuerdo con uno de los Dioses. Así que se enfadó y se negó a participar en el juicio.

Hathor sabía que la ira de su padre podría traer el fin del mundo. Así que lo visitó, y en un movimiento inesperado, reveló sus genitales. Él se divirtió y se excitó, y su ira se calmó. Volvió a la corte para ocuparse del caso de Horus.

Esta historia pone de relieve la importancia de la masculinidad y la feminidad. Cuando ambas están en armonía, aportan equilibrio al universo.

Atributos

Hathor es la Diosa del amor, la celebración, la música, la danza, la maternidad, la gratitud, la embriaguez y la alegría, similar a Venus y Afrodita de la mitología romana y griega. También es la patrona de las mujeres y su salud.

También es la soberana de los partos, Oriente, Occidente, la fertilidad, la agricultura, la luna, el sol y el cielo.

Funciones

Hathor tiene muchas funciones diferentes. Es responsable de renovar el cosmos, ayudar a las mujeres a dar a luz y resucitar a los muertos. También es una deidad lunar y guía a los barcos por la noche hasta que llegan sanos y salvos a la orilla. En el antiguo Egipto, la noche era una metáfora de la muerte. Por eso se cree que ilumina el camino de los difuntos hasta su última morada.

Símbolos

- Vaca.
- Orejas de vaca.
- Cuernos de vaca.
- Disco solar.
- Papiro.
- Sicomoro.

- Serpiente.
- Leona.

Hathor, la diosa oscura

Hathor ostenta el gran honor de ser la Diosa del más allá en El Campo de los Juncos. Es un lugar similar al concepto de paraíso donde los muertos pasan su eternidad con sus seres queridos sin ningún dolor ni sufrimiento.

Cuando una buena mujer o niña muere, asume la semejanza de Hathor antes de cruzar al Campo de los Juncos.

Rituales/Veneración

Conecte con Hathor realizando cualquiera de estas ofrendas:

- Rosas.
- Cedro.
- Canela.
- Mirra.
- Vino.
- Cerveza.
- Mantequilla.
- Queso.
- Pan.
- Dátiles.
- Higos.
- Agua dulce.
- Aceite de jazmín, manzanilla o rosa.
- Perfumes.
- Oro.
- Cobre.

También puede poner un altar en su honor. La decoración debe ser sencilla: basta con una foto o estatua suya y una vela roja o blanca.

Nut

Nut es hija de Shu, Dios del aire, y Tenfut, Diosa de la lluvia y la humedad. Es nieta de Ra y está casada con Geb, el Dios de la tierra. Nut es la Diosa del cielo y una de las deidades más importantes de la mitología antigua.

El nombre "Nut" significa agua, y se la representa con una vasija de agua en la cabeza.

Mitología

Cuando Ra creó a Nut (el cielo) y Geb (la tierra), estaban muy unidos y tenían sexo sin parar. Eran incapaces de dejarse ir. Aunque su amor era tan fuerte, esta cercanía impidió que Nut tuviera hijos. El padre de Geb y Nut, Shu, quería que ella diera a luz a sus nietos. También estaba celoso de la estrecha relación de Geb y Nut, así que los obligó a separarse. Así se explicaba la separación del cielo y la Tierra en la antigua mitología egipcia.

En otro mito, Ra amaba a Nut y quería casarse con ella. Sin embargo, ella estaba enamorada de Geb y se acostaban. Cuando Ra se enteró, la maldijo para que nunca pudiera tener hijos en ningún mes del año.

Nut, la Diosa del cielo[10]

Nut acudió a Thoth, el dios de la sabiduría, y le pidió ayuda. Él la apreciaba, así que ideó un plan para ayudarla a romper la maldición. Retó a Koshnu, la Diosa de la Luna, a una partida de damas. Fueron haciendo apuestas y apostando en cada partida. Thoth ganó la partida, y Koahnu le dio una parte de su iluminación. Thoth la utilizó para añadir cinco días más al año. Como no pertenecían a ningún mes, Nut pudo burlar la maldición de Ra. Dio a luz a Osiris, Isis, Seth y Neftis.

Nut también ayudó a Ra a ascender al cielo. Ra decidió abdicar de su trono y retirarse a los cielos. Sin embargo, era muy viejo y débil y no podía hacer el viaje por sí solo. Nun le pidió a Nut que cargara a Ra sobre su espalda y lo llevara a los cielos. Sin embargo, Ra era muy grande y Nut no creía que pudiera llevarlo ella sola. Así que Nun la transformó en una vaca que Ra montó y llegó a los cielos.

Atributos

Nut es representada como una hermosa mujer desnuda con alas que se alza en los cielos y está cubierta de dibujos de estrellas.

Funciones

Nut protege el mundo de Nun, el agua de la creación. También dio a luz a cuatro miembros de las Grandes Enéadas. Eran los nueve primeros Dioses de la mitología egipcia antigua: Ra, Shu, Tefnut, Geb, Nut, Osiris, Isis, Seth y Neftis.

Solía ser la Diosa del cielo nocturno y se la asociaba con la Vía Láctea. Con el tiempo, su papel cambió y se convirtió en la Diosa de todos los cielos.

Símbolos

- Cielo.
- Vaca.
- Estrellas.
- Libertad.
- Omnipotencia.
- Sabiduría.
- Abundancia.
- Eternidad.
- Inmortalidad.
- Ranas.
- Conejos.
- Abejas.
- Flores de loto.
- Ópalo.
- Topacio azul.
- Turmalina.
- Zafiro.
- Azul.
- Negro.

Aspecto de la Diosa oscura

Nut es la Diosa de los sarcófagos y los ataúdes. Vela por los muertos hasta su renacimiento en el más allá.

Rituales/Veneración

Practique este ritual si quiere invocar a Nut.

1. Elija un lugar al aire libre bajo el cielo nocturno, o puede montar un altar interior con símbolos nocturnos como estrellas, constelaciones o la luna.
2. Encienda una vela blanca o azul.
3. Coloque en el altar cualquiera de los símbolos de Nut.
4. Haga una ofrenda a Nut.
5. Medite junto al altar cerrando los ojos y concentrándose en la respiración.
6. Despeje su mente y visualice a Nut.
7. Pídale que le guíe y prepárese para recibir su sabiduría.

Nut y la espiritualidad kemética

La espiritualidad kemética es una creencia inspirada en la antigua religión egipcia que se centra en la conexión entre la humanidad y lo divino y en la creencia de que el universo es una extensión de uno mismo.

Esta antigua religión se basa en el círculo de la vida que representa Nut. Cada noche, se traga al Dios Sol y lo da a luz a la mañana siguiente. También se traga a la luna cada mañana y la da a luz por la noche.

Las antiguas Diosas oscuras egipcias encarnan una serie de características. Pueden ser sanguinarias y una fuerza de destrucción y también guías y protectoras. Representan la naturaleza compleja y polifacética de la mitología del antiguo Egipto, donde la luz y la oscuridad y la creación y la destrucción se entrelazan en un complejo tapiz cósmico.

Capítulo 4: Diosas mesopotámicas

En este capítulo, encontrará una exploración en profundidad de las Diosas oscuras mesopotámicas, Ereshkigal, Lilith e Inanna. Además de examinar los diferentes aspectos de lo divino femenino, tal y como se expresa a través de su mitología, roles y cualidades, también aprenderá sobre su símbolo como Diosas oscuras.

Lilith

Lilith aparece en numerosas culturas y tradiciones[11]

También conocida como Lillake, Lilitu, Belili y Baalat, Lilith aparece en numerosas culturas y tradiciones. Su papel más destacado está ligado a la mitología judía, que afirma que fue la primera esposa de Adán. Según el relato, Lilith se negó a someterse a los deseos de su marido porque creía que debían ser iguales. Como consecuencia, abandonó a Adán, pero fue maldecida a engendrar demonios en lugar de hijos. Algunos afirman que más tarde regresó al paraíso que abandonó, se convirtió en serpiente y provocó que Adán y su nueva esposa, Eva, también fueran expulsados. Sin embargo, los orígenes de este mito se remontan a la diosa sumerio-babilónica que tenía las mismas cualidades oscuras y frívolas que se le atribuyen en los relatos rabínicos. Aquí también se describe a Lilith como un demonio chillón, acompañado de un búho o convertido en uno, que acecha durante la noche y ataca a hombres y niños desprevenidos. Como no puede tener hijos propios, descarga su furia en otros matándolos. Los cananeos, en cambio, la tenían en gran estima y se dirigían a ella como la "Dama Divina". Quizás fue la combinación de todos estos mitos lo que llevó a la aparición de Lilith como Diosa de la rebelión, la independencia y la sexualidad innata.

Una de sus primeras menciones se encuentra en una tablilla de arcilla de Ur, que data del año 2000 a. C., pero, según la mitología, sus raíces se remontan a Sumeria, en el año 3000 a. C. El folclore posterior sitúa sus orígenes en una fecha mucho más temprana, en el año 700 a. C., cuando se la llamó por primera vez Lilith, nombre con el que se la conoce hoy en día. En algunas leyendas babilónicas, Lilith es conocida como la Doncella de la Desolación o Doncella Oscura. Trabaja con las criaturas de la noche, aterrorizando a la gente, o es una de ellas (como vampiro o demonio). A pesar de sus rasgos demoníacos, sus garras y sus patas de pájaro, es tan bella y encantadora que ningún hombre que la encuentre puede resistirse a ella. En los rituales, Lilith puede representarse con jaspe rojo, granate, cornalina o cualquier otro cristal naranja o rojo que transmita pasión y sensualidad.

Según una leyenda sumeria, Lilith estaba celosa de Inanna, la Diosa de la guerra y el amor. Cuando Inanna plantó un árbol sagrado que quería convertir en su trono, Lilith voló sobre el árbol en forma de pájaro, impidiendo que Inanna se instalara. Algunos afirman que las acciones de Lilith fueron intentos deliberados de impedir que Inanna alcanzara todo su poder (Inanna tenía miedo a los pájaros, y Lilith sabía que no se atrevería a subirse a un árbol ocupado por un pájaro). Sin embargo, el héroe Gilgamesh acude al rescate de Inanna, expulsando a Lilith y permitiendo que Inanna ocupe el lugar que le corresponde.

Debido a su simbolismo sexual, en la cultura de la antigua Mesopotamia, Lilith también se asocia con los pechos. Al ser un poderoso demonio femenino, se dice que Lilith causa enfermedades que afectan a las mujeres, impidiéndoles amamantar a sus hijos y causándoles la muerte. Es probable que esto esté relacionado con su incapacidad para dar a luz y amamantar a sus hijos, lo que puede haberla llevado a querer impedir que otras mujeres hicieran lo mismo.

Como arquetipo de una Diosa oscura empoderadora, Lilith es vista como la Diosa de la Libertad Salvaje. Enseña a sus seguidores que deben estar dispuestos a aceptar lo que realmente son y confiar en que aquellos que están destinados a aceptarlos llegarán a su debido tiempo. Aunque reconoce que a veces es más fácil decirlo que hacerlo, anima a todo el mundo a mantener la soberanía sobre sí mismo incluso cuando se sienten avergonzados y apartados por sus pensamientos, sentimientos o acciones. Ninguna validación externa merece que sacrifique lo que es por dentro o que abandone el amor que se tiene a sí mismo.

Además, Lilith enseña a sus seguidores que, en lugar de someterse a la voluntad y las necesidades de los demás, se conviertan en los que sostienen y ensalcen a los que son apartados por la sociedad. Los anima a entregarse a una pasión feroz que apoye su tierna cualidad en lugar de sofocarla. En cierto sentido, Lilith es una de las Diosas oscuras más gratificantes con las que trabajar, ya que ayuda a los adoradores a acercarse al arquetipo femenino divino con el que se identifican.

Al mismo tiempo, Lilith no disuade a nadie de desatender por completo las necesidades de sus seres queridos. Ella fomenta, en cambio, la elevación del propio nivel de exigencia y la búsqueda de una forma de apreciar estas exigencias al tiempo que se atienden las propias necesidades. Enseña cómo hacer florecer la semilla de la sabiduría interior y los valores de una mujer, encontrando el equilibrio en este mundo lleno de diversidad. Lilith reconoce que los sentimientos ambivalentes hacia la satisfacción de las propias necesidades nacen de un oscuro vacío interior.

Este aspecto oscuro de Lilith parece peligroso e intenso, pero no tiene por qué serlo. Si bien es cierto que seguir este poder femenino oscuro puede generar muchas experiencias negativas, es necesario para encontrar un equilibrio en la vida. Lilith puede llevarle a buscar conflictos sin una razón válida (aparte de buscar atención), irritarle con todos los que expresan puntos de vista diferentes, volverle dominante, egoísta y fanfarrón, y desatender las necesidades de los demás. En términos modernos, es como un vampiro psíquico (un nombre apropiado dada su representación en la mitología), que drena a las personas de energía y ganas de vivir. Hay que extremar las precauciones para no caer en la trampa de ignorar sus lecciones positivas y utilizar su poder por motivos egoístas.

Ya sea vista como una mezcla de luz y oscuridad o completamente oscura, en todas las culturas en las que apareció, Lilith parecía proporcionar una forma de liberación a aquellos con los que se encontraba. Por ejemplo, al seducir a los hombres, como se describe en la mitología mesopotámica, les daba una sensación de libertad desinhibida de las restricciones morales. Aunque algunos pueden argumentar que sus métodos eran excesivamente radicales, se ha demostrado que eran necesarios para hacer que la gente se enfrentara a las consecuencias que no estaban preparados o dispuestos a manejar.

Inanna

Inanna es conocida por los sumerios como "la señora de los cielos"[13]

Conocida por los sumerios como "la dama de los cielos", Inanna es una de las deidades oscuras más complejas y misteriosas. Se cree que es hija de Ningal y Anu y hermana gemela de Ereshkigal, otra Diosa oscura de la mitología mesopotámica. En algunos mitos, Inanna es empujada a un matrimonio concertado con Dumuzi, mientras que, en otros, ella no está casada, y Dumuzi es sólo su consorte. En cualquier caso, quiso mantener sus límites con él, lo que iba en contra de su aura de tentadora en la Epopeya de Gilgamesh, donde quiso tomar como amante al héroe que la salvó, pero fue rechazada por él.

Los rasgos de Inanna son tan contradictorios como los relatos sobre sus acciones y funciones. Conocida por muchos como una Diosa influyente, ambiciosa y empoderadora, también parece ser una tímida doncella cuyo potencial y libertad se ven restringidos por la sociedad patriarcal en la que vive. Sin embargo, hay un punto central en todas sus historias: su sexualidad. Su naturaleza sensual es evidente en varios poemas y relatos mesopotámicos, en los que la gente le rezaba cuando necesitaba ayuda contra la impotencia o el amor no correspondido. Algunos llegaron incluso a afirmar que era la patrona de las damas de la noche.

Inanna también se asocia con el arte y a menudo se la ilustra en obras de arte desnuda o con una capa que deja ver ligeramente su figura desnuda por debajo. En cambio, en otras representaciones lleva una túnica recortada y asoman armas por debajo de sus hombros, lo que indica su pasión por la guerra. También puede llevar un arma en las manos e incluso aparecer con barba para enfatizar su masculinidad, ya que se creía que para ser un líder de éxito en una batalla había que ser varón.

La preferencia de Inanna por las funciones militares no era evidente antes del periodo acadio antiguo, cuando los guiones se centraban principalmente en su feminidad. Algunos teorizan que los aspectos masculinos y bélicos se utilizaban como palanca adicional para ejercer el poder político cuando su naturaleza femenina no era suficiente para convencer a la gente.

A menudo se representa a Innana con un haz de juncos delante de dos postes. También se la puede ver a lomos de un león. Se la asocia con los colores rojo y azul y con las piedras cornalina y lapislázuli. Algunos afirman que el rojo y el azul representan su naturaleza femenina y masculina, respectivamente. A veces se utiliza una estrella de ocho puntas para simbolizar la naturaleza trascendente de la Diosa.

Según un mito, Inanna fue atacada por un jardinero mientras dormía bajo un árbol. Enfurecida, emprendió un largo viaje para encontrar al jardinero, que se escondió. Su viaje suele compararse con el camino astral de Venus.

En otra historia, Inanna viaja al Inframundo y regresa. Allí se sienta en el trono de Ereshkigal, lo que enfurece a las demás deidades del panteón, que la matan por su insolencia. Después de que su ayudante, Ninsubur, pidiera ayuda a Enki, ambos trajeron a Inanna de vuelta al mundo. Debido a sus idas y venidas del mundo de los muertos, Inanna se asoció con el viaje al más allá en la mitología asiria.

Sin embargo, como en la mitología las cosas nunca son tan sencillas, otros relatos afirman que Inanna sólo quería arreglar las cosas con su hermana distanciada y pagó un alto precio por ello. En el momento en que se le ocurrió visitar a Ereshkigal en el Inframundo, Inanna ya era una célebre gobernante y una célebre diosa. Había sido bendecida con belleza, poder e influencia, y parecía tenerlo todo. Sin embargo, después de estar en desacuerdo con su gemela durante tanto tiempo, se vio obligada a dejar atrás sus diferencias. Sentía que estaba negando partes de sí misma y necesitaba reclamarlas. En su viaje al Inframundo, Inanna fue detenida en cada una de las siete puertas del Inframundo. En cada parada, la despojaban cada vez más de sus posesiones, poderes y partes de su identidad. Cuando por fin se reunió con su hermana, Inanna no fue bien recibida. Tras haber perdido a su marido, Ereshkigal no estaba de humor para arreglar las cosas con su hermana (aunque algunos relatos afirman que la muerte del marido de Ereshkigal fue causada por las acciones de Inanna). Como quería que Inanna la dejara en paz, Ereshkigal dejó morir a su hermana colgándola de un gancho mortal. Sin embargo, los guías de Inanna viajaron al Inframundo y, tras consolar a Ereshkigal mientras lloraba a su marido, la convencieron de que les devolviera el cuerpo de Inanna para que pudieran llevarla de vuelta al mundo de los vivos.

Según otra versión de la historia, Inanna fue revivida por las aguas rojas de la vida, emergiendo del Inframundo con aún más poder e influencia. No está claro si este poder le fue otorgado deliberadamente por su gemela o si fue el resultado de su resurrección de entre los muertos. Esta versión del viaje de Inanna al Inframundo se relaciona más estrechamente con su arquetipo de Diosa oscura. Como femenino oscuro, enseña a sus seguidores que existe un deseo oculto de explorar las partes reprimidas del yo en cada persona. A veces, la gente no entiende qué impulsa a los demás a buscar las partes más oscuras de sí mismos o a actuar de un modo que provoca lo mismo.

Como Diosa oscura, Inanna anima a emprender el propio "Viaje al Inframundo", explorando las partes más profundas y ocultas que el ego no quiere reconocer. En lugar de capas de proyección, comprensión y satisfacción con verdades generales sobre los rasgos más oscuros de uno mismo, ella fomenta la búsqueda de los mismos, incluso si conducen al dolor causado por la muerte del ego. Al igual que Inanna fue despojada de todo lo que mantenía vivo su ego, lo mismo le ocurrirá a todo aquel que se enfrente a su yo sombrío. Sin embargo, como estas zonas ocultas suelen estar llenas de dolor reprimido, explorarlas puede sentar las bases de una curación saludable.

Hace falta ser verdaderamente valiente para entregarse más plenamente a la oscuridad sin saber lo que se va a encontrar. Sin embargo, al iluminar estos espacios oscuros, se pueden desentrañar emociones negativas causadas por traumas pasados, como la vergüenza, la culpa, la negación y el delirio de separación, y finalmente desenterrar la compasión que da poder. Al abrazar el lado más oscuro que se vio obligada a explorar, Inanna pudo reclamar su título entre los vivos y emerger como una reina y Diosa aún más poderosa de lo que era antes. Y del mismo modo que ella fue capaz de ganar poder reclamando todo lo que llevaba dentro, también pueden hacerlo todos aquellos que elijan trabajar con ella como Diosa oscura.

Ereshkigal

Ereshkigal es la Diosa del Inframundo en la mitología mesopotámica. Al ser la soberana de la tierra de los muertos, Ereshkigal se asocia con la muerte, la transformación y los misterios del más allá. "Ereshkigal" se traduce como "Reina del Gran Lugar/Inferior". Según la leyenda, mientras las almas que iban a parar a su reino comían polvo y bebían barro, Ereshkigal residía en un palacio construido con lapislázuli, atrayendo a las almas muertas para que acudieran a ella. Una vez en su reino, Ereshkigal retenía a las almas y se negaba a liberarlas. Algunos afirman que impedía que los mortales conocieran el Inframundo y el más allá y les impedía entrar en su reino. Su palacio, Ganzir, tiene siete puertas y está situado cerca de las puertas del país de los muertos. Ereshkigal fue la única reina del Inframundo hasta que tomó a la deidad Nergal, que se convirtió en su confidente y consorte y la ayudó a gobernar el Inframundo.

Tan temida como por su papel de guardiana de los muertos y reina del Inframundo, Ereshkigal también era muy estimada y respetada por sus seguidores. Aparece en el mito del Descenso de Inanna, que concluye celebrando a Ereshkigal.

Al igual que su hermana, Ereshkigal también estaba asociada a la sensualidad oscura, como atestigua su representación como mujer desnuda y alada en antiguos grabados de terracota. La mujer porta símbolos de poder omnímodo con las alas hacia abajo. De pie, con dos búhos a cada lado, sus pies tienen forma de garras y se alza sobre dos leones que yacen en lo alto de las montañas. Según otras ilustraciones, Ereshkigal reinaba sobre las vastas tierras salvajes del Inframundo, razón por la que se la asociaba con criaturas salvajes. Además de leones y búhos, también se la representa sosteniendo plumas, serpientes y piedras preciosas como el lapislázuli. Sin embargo, sus ilustraciones son raras, ya que los mesopotámicos sólo creaban representaciones de algo sobre lo que querían llamar la atención, lo que no era el caso de una Diosa a la que temían.

Al ser la Reina del Inframundo, es fácil entender por qué Ereshkigal encaja en el arquetipo de la Diosa oscura. Es la encarnación perfecta del viaje a través y hacia la sombra. Al mismo tiempo que atraía hacia sí a las almas difuntas, también podía convocar el valor, el poder y la luz que uno necesita para dejar atrás la pena y el dolor. Quienes escuchan su llamada o sienten curiosidad por trabajar con ella también afirman que Ereshkigal es una excelente fuente de empoderamiento durante las prácticas ancestrales de sanación o culto.

Ereshkigal anima a todo el mundo a tener la mente y el corazón abiertos, incluso hacia el dolor, lo que inevitablemente conlleva mirar al pasado. Recuerda a todos que, aunque encontrarse con su dolor más profundo sea un reto, no significa que tengan que buscar soluciones para disipar este sentimiento de inmediato. De hecho, en estos casos, las soluciones rápidas no sirven de nada, sino que pueden retrasar el proceso de curación. Lo que realmente necesitan es compasión, amor, comprensión y estar presentes en la emoción para procesarla. Ereshkigal también afirma que cuando aceptan que abrazar el dolor forma parte del proceso de renacimiento, resurgen con más claridad. Algunos afirman que cuando Ereshkigal abrazó plenamente su dolor, experimentó este renacimiento, que devolvió la vida a su hermana. Al mismo tiempo, también le permitió sanar tras la muerte de su marido.

Ereshkigal enseña a sus seguidores a alimentar el dolor de su sombra para que puedan convertirlo en poder y capacidad para compartir sus dones con el mundo. Cualquier demonio (malos pensamientos, emociones o comportamientos) que una persona proyecta hacia el exterior es un espejo del dolor que aún no ha abrazado en su interior.

Poseedora de la llave de la liberación, Ereshkigal exige enfrentarse a todas las inquietudes, una a una, como medio para aprender a sobrellevar la incertidumbre, la desesperación y la pena que pueden acompañarlas. Una vez hecho esto, la persona se libera del dolor y de todo lo que ha mantenido oculto y que le impide vivir plenamente.

Han abrazado la oscuridad que llevan dentro y su capacidad para explorar las sombras y enfrentarse a la oscuridad que ocultan. Como Diosa oscura, Ereshkigal enseña que el miedo a lo que digan los demás cuando decide abrazar su sombra y su dolor le atenaza mucho más que el propio dolor. Cuanto más permite una persona el dolor, más fácil le resulta aceptar que no la matará. Incluso si parece que muere mil veces mientras trabaja con el dolor, al final revivirá y resurgirá sin dolor.

Las lecciones de esta Diosa oscura para abrazar el dolor ponen de relieve la importancia de reclamar la soberanía desde el interior. Ereshkigal incita a quienes están dispuestos a aprender de ella a reclamar su oscuridad interior con el mismo respeto con el que verían sus aspectos positivos. Al proporcionar el poder para el auto empoderamiento, ayuda a fortalecer la relación con los demás y con uno mismo.

Capítulo 5: Diosas eslavas

La antigua tradición eslava plantea muchos retos a los historiadores que desean explorarla, ya que no existen registros escritos originales de sus deidades, rituales, celebraciones, cuentos u oraciones. La mayor parte de los conocimientos que poseen en la actualidad proceden de fuentes secundarias registradas por monjes durante la cristianización de la región.

Los orígenes de la mitología eslava se remontan a la época protoindoeuropea. Según algunos investigadores, estas historias podrían remontarse incluso al Neolítico. Los eslavos de antaño estaban divididos en tribus locales, cada una con su propia mitología, dioses y creencias. Incluso las historias y costumbres de los que vivían en Oriente eran similares a las de los iraníes de la época.

La narración oral y las prácticas religiosas indígenas fueron sustituidas por el cristianismo a finales del siglo XII, cuando el obispo Absalon y sus tropas danesas invadieron la región. La destrucción de la estatua de Svantevit, Dios de la guerra y la abundancia, marcó el fin del antiguo paganismo eslavo.

Existen numerosas deidades notables en el panteón eslavo. Sin embargo, este capítulo se centrará en dos de las figuras femeninas oscuras más famosas y a la vez más incomprendidas de la mitología eslava, Baba Yaga y Marzanna, junto con sus aspectos. Al leer este capítulo, comprenderá la etimología de sus nombres, conocerá sus características y el simbolismo que las acompaña, explorará los papeles que desempeñan en el folclore y descubrirá los rituales y celebraciones asociados a ellas.

Baba Yaga

Baba Yaga es una famosa bruja del folclore eslavo [18]

Originaria del folclore eslavo, Baba Yaga es una bruja famosa y la antigua deidad de los huesos viejos que habitaba una guarida mística en el vasto bosque. Aunque se la temía por comer y encarcelar a la gente, sobre todo a los niños, la criatura mitológica también servía como símbolo de empoderamiento femenino. Según el folclore, la bruja también custodiaba el agua de la vida, un poderoso líquido capaz de resucitar a los muertos.

Aunque generalmente se entiende a Baba Yaga o Jaga como la "Abuela Bruja", hay mucha incertidumbre en torno a la verdadera etimología y significado del término. "Baba" es una palabra balbuceante que se traduce como "anciana". La misma palabra se sigue utilizando en Bulgaria, Serbia, Croacia y otros países cercanos de la región para referirse a la "abuela". Derivados del término, que conllevan en su mayoría connotaciones negativas, también se utilizan hoy en Ucrania y Polonia.

Etimología

Sin embargo, el término "Yaga" sigue suscitando muchas dudas, ya que no apunta a una etimología clara. Dicho esto, otras lenguas eslavas poseen un vocabulario de sonoridad similar, como los términos "jeza", que significa "horror" o "ira" en croata y esloveno, y "jedza", que significa "bruja" en polaco. La mención más antigua de Baba Yaga aparece en 1755 en el libro de Mijaíl V. Lomonósov sobre gramática rusa. Sin embargo, se cree que ya existía mucho antes en la tradición oral del folclore eslavo. En el libro se menciona a la abuela bruja junto a otras divinidades eslavas. Aunque los dioses eslavos se mencionaban con sus equivalentes del panteón romano, Baba Yaga aparecía sin equivalente.

Características y simbolismo

Baba Yaga aparece con dientes de hierro de bordes afilados, una nariz muy larga y piernas largas y delgadas de arcilla. La bruja tiene un cuerpo delgado y huesudo y realiza actividades que no son convencionalmente propias de una mujer. Esto le quita todo elemento de feminidad. En lugar de volar en una escoba, la bruja se transporta en un mortero, lo remueve con un palo y utiliza la escoba para barrer sus huellas.

El mortero y la maja son mucho más que medios de transporte, pero se cree que encierran un fuerte simbolismo. Utilizar estos instrumentos para moler lino, que luego se usaba para hilar tela, era un oficio popular entre las mujeres y constituía un medio de transporte irónico para Baba Yaga, teniendo en cuenta que conllevaba fuertes connotaciones femeninas. El mortero y la maja también simbolizan tradicionalmente el nacimiento, la creación, la crianza y la muerte.

Baba Yaga es un personaje muy complejo e intrigante. Aunque aparece en muchos cuentos y desempeña un papel fundamental en ellos, las verdaderas intenciones, motivaciones y deseos de la vieja bruja siguen siendo desconocidos. Es servicial pero caótica y a menudo muy despiadada, lo que hace que los protagonistas deseen no haber recurrido a su ayuda, aunque hayan conseguido lo que querían. También se cree que se come a quien no supera sus pruebas y tareas. La gente puede sentir la presencia de Baba Yaga antes de que aparezca, ya que viene acompañada de vientos salvajes que hacen crujir los árboles.

Baba Yaga vive en una cabaña en lo profundo del bosque místico, como la mayoría de las brujas. Sin embargo, la cabaña de la abuela bruja destaca porque se sostiene sobre su propio par de enormes patas de pollo, lo que le permite deambular por el bosque y buscar a aquellos que necesitan la ayuda de Baba Yaga. La casa gime y chilla con cada movimiento, lo que indica su terrible estado y su sensación ominosa. Según el folclore, la cabaña es una entidad viva con personalidad propia.

La cabaña está rodeada de huesos y cráneos humanos. Hay piernas y manos humanas como postes de madera y una boca con dientes afilados como cerradura. Peligrosos perros carnívoros protegen la cabaña de los intrusos. Lo que mucha gente no sabe es que Baba Yaga tiene dos hermanas, que también son Baba Yagas. En cierto sentido, las Baba Yagas se convierten juntas en el arquetipo de la triple Diosa. La abuela bruja simboliza la muerte y representa el aspecto de la arpía en el arquetipo de la deidad triple, mientras que sus hermanas representan los aspectos de la virgen y la madre.

Baba Yaga posee un poder sin igual como guardiana del Agua de la Vida y de la Muerte. Si alguien muere en batalla, por ejemplo, Baba Yaga puede utilizar el Agua de la Muerte para curar todas las heridas antes de utilizar el Agua de la Vida para devolverle la vida. En muchas de las historias en las que aparece Baba Yaga, un horno mágico desempeña un papel importante. El horno se ha considerado un símbolo del útero, que representa la vida y el nacimiento, desde el principio de los tiempos. El horno también se asocia con el pan, que simboliza la Tierra. La Tierra es el lugar donde se entierra el cuerpo, que suele ser el paso previo al renacimiento o la reencarnación, según las creencias espirituales de cada persona.

A pesar de su crueldad, la bruja nunca persigue a la gente a menos que ésta la busque o la provoque. La mayoría de los villanos de los cuentos y el folclore son intrínsecamente malvados y se alimentan de la crueldad o tienen motivos elevados, como el dominio del mundo, mientras que los protagonistas son totalmente buenos y tienen intenciones heroicas.

En cambio, Baba Yaga se presenta bajo una luz neutra, lo cual es mucho más realista. La bruja no tiene una brújula moral que la guíe por la vida, y sus motivos no están claros, por lo que no siente la necesidad de participar en actividades buenas o malas. Cuando alguien le tiende la mano, está dispuesta a ayudarle si demuestra que merece su ayuda. Si no lo hacen, les hará cosas horribles porque no tiene sentido de la moralidad.

Características folclóricas

Baba Yaga suele ser la villana de todos los cuentos en los que aparece. Sin embargo, cuanto más se profundiza en el folclore, más se aprecia cómo se presenta como una embaucadora que evoca el cambio y la transformación en lugar de ser una vieja bruja estereotipadamente malvada. Su aparición más famosa es en el cuento *Vasilissa la Bella*, donde la madrastra de Vasilissa la envía a Baba Yaga en busca de su fuego. Al visitar a la bruja, Vasilissa se somete a una serie de pruebas y misiones que consigue completar. Baba Yaga le concede el fuego. Sin embargo, cuando Vasilissa regresa a casa, el fuego acaba quemando y matando a su familia como consecuencia de su crueldad.

También aparece en *La princesa rana y Baba Yaga*, donde un príncipe se casa con una rana de la que descubre que en realidad es una hermosa mujer. Sin embargo, ella acaba abandonándole cuando él traiciona su confianza. El príncipe emprende entonces una misión para demostrar que es digno de ella y así ganarse su perdón. En su búsqueda, el príncipe se encuentra varias veces con Baba Yaga, que instiga transformaciones y ayuda a avanzar en la trama.

Marzanna

Marzanna, la Diosa del invierno y de la muerte[14]

Marzanna, Diosa del invierno y la muerte y patrona del Inframundo, recibe muchos nombres, como Morana, Marzena y Morena. Ceres, la Diosa romana de la agricultura y la fertilidad, y Hécate, la Diosa griega de la brujería, la nigromancia y la noche, son equivalentes de Marzanna. Está emparentada con Zhiva, la Diosa del verano, y Lada, la Diosa de la primavera. También es la madre de Triglav, el Dios de la guerra.

Uno de los cuentos populares más populares sobre el ciclo de las estaciones es el matrimonio de Marzanna y Jarylo, Dios de la primavera, la guerra y la agricultura. Según este cuento, Marzanna, hija de Mokosz, la gran madre, y Perun, el Dios del trueno, fue en otro tiempo la Diosa de la naturaleza. Cuando era joven, Jarylo, que resultó ser su hermano, fue secuestrado por otra deidad y llevado al Inframundo. A su regreso, ni Marzanna ni Jarylo sabían que eran gemelos. Los hermanos acabaron enamorándose y casándose.

Nada restablecía el equilibrio en el mundo como su matrimonio. Eran las deidades de la naturaleza y la agricultura. Sin embargo, esta paz duró poco. Marzanna mató a Jarylo cuando éste la engañó, lo que la convirtió en la fría y temible deidad de la muerte y la naturaleza. La muerte de Jarylo durante el otoño y el fin de su matrimonio fueron lo que inició la llegada del invierno.

Dziewanna, la Diosa de la primavera, y Jarylo volvieron entonces para matar a Marzanna durante la primavera, desencadenando la llegada del verano. Según la tradición, este ciclo se repite cada año, creando el ciclo del cambio de estaciones. Ni Jarylo, que simboliza el verano, ni Mazanna, que representa el invierno, pueden existir o sobrevivir al mismo tiempo.

Etimología

El nombre de Marzanna deriva del término protoindoeuropeo "mar", que significa muerte. Muchos investigadores y folcloristas creen que la deidad está asociada a Marte, la deidad romana de la guerra, ya que su nombre también evolucionó a partir del término latino "mors", que también se traduce como muerte. Su nombre también podría estar ligado a la palabra rusa "more", que significa "pestilencia". Marzanna está vinculada a Marte porque la deidad de la guerra era originalmente el Dios de la agricultura en el panteón romano.

Otros folcloristas sugieren que Marzanna está relacionada con "Mare", un espíritu maligno de la mitología eslava y germánica. Al igual que Marzanna, también se creía que Mare creaba pesadillas y acompañaba la parálisis del sueño. El término ucraniano "mara" se traduce como "sueño" y significa "alucinaciones" en algunas lenguas eslavas.

Características y simbolismo

Los investigadores sugieren que Marzanna es un vestigio de arquetipos de deidades más amplios de panteones regionales, como la deidad monstruosa Merihem y Marah, la Diosa cananea de la guerra. En la mitología eslava, Marzanna es muy temida porque se cree que atrae la muerte. Su aparición también simboliza el comienzo de la estación invernal. La deidad representa la naturaleza dura y gélida de la estación. Su asociación con la muerte y el comienzo del invierno simboliza el fin del ciclo natural de los humanos, las estaciones y las prácticas agrícolas.

El invierno también suele representar el letargo y la muerte, ya que las plantas se marchitan, los árboles pierden sus hojas y el entorno en general, antes vibrante, parece sin vida. En muchas sociedades, especialmente las que dependen de la agricultura, el invierno es la época del año más temida. La gente espera con impaciencia la primavera, cuando vuelve la temporada de crecimiento.

Antes de que el cristianismo se popularizara en la región eslava, la gente rezaba y veneraba a Marzanna para que les bendijera con abundantes cosechas. Había varios rituales y ceremonias dedicados a la deidad. También utilizaban símbolos como el hielo, la nieve y muñecos de madera o de paja y materiales naturales similares para representar a la Diosa. Se creía que Marzanna moría al final del invierno, señalando también el renacimiento de la Diosa de la primavera, Lada, y la llegada de la primavera.

A veces, Marzanna aparece en una de sus diferentes formas, como Mora, que es la personificación del destino. Esta cara de la deidad es una bruja malévola que a menudo se considera una encarnación del espíritu maligno. Deja sin aliento a sus víctimas y se alimenta de la sangre de los hombres. Se la describe como una torturadora que cambia de forma. Puede transformarse en cualquier cosa, desde un caballo grande y majestuoso hasta un simple mechón de pelo.

Un relato cuenta la historia de un hombre que sintió tal repulsión por Marzanna que acabó huyendo de su casa. Se marchó furioso en su caballo, pero no sabía que la deidad le seguía a todas partes porque se disfrazaba de su caballo. Acabó cansándose y decidió descansar en una posada. Cuando oyó al hombre gemir por la noche, el posadero decidió entrar en su habitación. Pensó que el hombre estaba teniendo una pesadilla, pero en su lugar lo encontró asfixiado por un largo mechón de pelo blanco. El anfitrión cortó el mechón por la mitad con unas tijeras. Por la mañana, encontró muerto al caballo blanco del hombre.

Marui, conocida como el demonio de la cocina, es otra faceta de Marzanna. Cuando percibe peligro, la deidad se esconde detrás de los fogones de la persona que debe alarmarse. Da vueltas a su alrededor, haciendo ruidos espeluznantes. Se transforma en mariposa y entra en el dormitorio, atrayendo pesadillas. Las mujeres solían rezar cuando necesitaban hacer girar algo. De lo contrario, creían que la deidad las visitaría por la noche y arruinaría todo su trabajo.

Rituales y celebraciones

Los eslavos que aún abrazan las fiestas populares y religiosas celebran la llegada de la primavera con la fiesta de la Maslenitsa. Esta fiesta también se celebra en conmemoración de los difuntos, y anima a las familias a reunirse, participar en actividades como paseos en trineos y calesas, y degustar deliciosas comidas y bebidas. Tortitas, crepes, queso y mantequilla son algunas de las comidas más populares que se toman en Maslenitsa, el día antes de que comience la Cuaresma, que implica abstenerse de consumir productos lácteos durante 40 días.

Durante la fiesta, una figura de tamaño natural de una doncella se hace de paja y se viste con harapos. La muñeca, representación simbólica de la Diosa Marzanna, es llevada por los campos y quemada o ahogada en el agua. Quemar a la doncella de paja representa el acto de deshacerse del invierno, y ahogar a la muñeca significa el viaje de la Diosa al Inframundo.

Folclore

Aunque el cuento de Jarylo y Marzanna explica perfectamente la razón de ser de los cambios de estación, al menos otros dos relatos folclóricos explican la naturaleza cíclica de las estaciones. Una de estas historias gira en torno a su relación, como Morana, con Dazbog, el Dios del sol, que es muy similar a su historia con Jarylo.

Al principio, Morana y Dazbog fueron amantes y establecieron el equilibrio y la armonía en el mundo. Sin embargo, Dazbog la dejó por otra, lo que hizo que Morana abandonara su deber como Diosa del invierno. Los días se hicieron más cortos y cálidos, con lo que llegó la primavera. Morana, sin embargo, buscó venganza y envenenó a Dazbog, y el invierno volvió más crudo que nunca. Dazbog desterró entonces a Morana al Inframundo, un acontecimiento asociado con el letargo del invierno. Esto provocó el regreso de la primavera y, finalmente, del verano.

Marzanna y la llegada del invierno también se asocian al cuento popular del *Cazador Encantado*. Este cuento es muy similar al de Perséfone y Deméter, lo que explica también el cambio de estaciones. Mientras Perséfone, la hija de Deméter (Diosa de la agricultura), recogía flores, Hades, el Dios del Inframundo, quedó asombrado por su belleza y la raptó. Deméter entró en un oscuro estado de dolor, ante el cual abandonó sus obligaciones, y la Tierra se marchitó. Como compromiso, Hades aceptó enviar a Perséfone fuera del Inframundo durante una parte de cada año. Cuando Perséfone sale, tienen lugar la primavera y el verano, y cuando está en el Inframundo, el otoño y el invierno se apoderan de la Tierra.

Marzanna, bajo el aspecto de Morana, sedujo al cazador, que resultó ser el Dios del sol. Éste quedó seducido por su belleza y se enamoró de ella. Como Hades hizo con Perséfone, Morana atrapó el alma del cazador, que simboliza la luz, el calor y el verano, en un espejo mágico que representaba el Inframundo. Esto acortó los días y provocó la aparición del invierno y sus duras condiciones climáticas. Según esta tradición, la primavera sólo surge cuando la hermana de Morana, Zhiva, la Diosa del verano, llega tras los rituales simbólicos de quema y ahogamiento de Morana durante el Maslenista. Este tema recurrente, ya sea con Jarylo y Marzanna, Perséfone y Deméter, Morana y Dazbog, o Morana y el cazador, muestra cómo los pueblos de todo el mundo siempre han intentado explicar los fenómenos mundanos a través de arquetipos comunes.

Baba Yaga y Marzanna son dos mujeres muy temidas, oscuras y poderosas en la mitología eslava. Leyendo su mitología, cualquiera pensaría que son villanas intrínsecamente malvadas. Sin embargo, cuando se aprende más sobre ellas, se descubre que son profundamente incomprendidas. Ambas figuras abren una ventana a la cultura eslava y muestran cómo la gente de aquella época y lugar intentaba dar sentido al mundo que les rodeaba.

Capítulo 6: Diosas hindúes

Los hindúes creen en un Dios supremo llamado Brahman. También son politeístas y creen en la existencia de múltiples Dioses y Diosas que reflejan aspectos de las características de Brahman.

Este capítulo ofrece un análisis exhaustivo y profundo de las Diosas oscuras hindúes Kali/Kaalika, Durga, Chinnamasta y Chamunda.

Diosas hindúes[16]

Kali

Kali es representada como una figura aterradora de piel negra o azul y cuatro brazos, que lleva una falda hecha de brazos y un collar de calaveras, con la lengua fuera, y sostiene un cuchillo cubierto de sangre.

Mitología

Kali era la hija de la Diosa de la guerra Durga, que era una guerrera feroz y una fuerza destructiva. Durga tenía diez brazos y portaba un arma en cada uno de ellos. En una batalla, luchaba contra el demonio búfalo Mahishasura. Llegó montada en un león para asustar a sus enemigos. Sin embargo, no funcionó, ya que el demonio era

Kali suele representarse con la piel azul[16]

invencible. Durga estaba furiosa por no haber podido derrotarlo. De repente, algo brotó de su frente. Era Kali, creada a partir de la ira de su madre, llena de sed de sangre y naturaleza destructiva. Devoró a todos los demonios del campo de batalla y llevó sus cabezas como collar.

Sin embargo, la violencia de Kali no se detuvo ahí. Atacaba a cualquier deidad o humano que pecara o cometiera un error. Estaba fuera de control, y ni los dioses ni la humanidad sabían qué hacer con ella. Shiva, que también era su marido, no tuvo más remedio que intervenir. Se tumbó en su camino, y sólo cuando ella lo pisó se avergonzó de repente por no haber reconocido a su marido y pudo entonces calmarse.

En otro mito de nacimiento, Parvati, la diosa del amor, mudó de piel y se transformó en Kali.

En otra versión de la historia de su nacimiento, el poderoso demonio llamado Daruka aterrorizaba a la humanidad y a las deidades. Según la leyenda, sólo una mujer podía matarlo. Los dioses pidieron a Parvati que los salvara y matara al demonio. Ella se transformó en Kali y acabó con Daruka.

En un último mito, un demonio llamado Raktabija causaba problemas en la Tierra. Incluso los dioses se sentían impotentes y no sabían qué hacer con él. Era diferente a cualquier otro demonio que conocieran porque era capaz de crear nuevos demonios con cada gota de su sangre. Así que atacarlo era imposible.

Los dioses acordaron trabajar juntos y crear un gran ser para derrotar a Raktabija, y este ser fue Kali. Ella devoró a todos los demonios sin derramar una sola gota de sangre.

Kali no era una asesina irreflexiva y despiadada. En un mito, un grupo de ladrones secuestró a un monje y planeaba matarlo cerca de su estatua. Kali se enfureció porque se atrevían a hacer daño a un monje. De repente, su estatua cobró vida y castigó a los ladrones.

Características clave

Si observa estas historias, se dará cuenta de que Kali es una figura materna. Sólo mataba demonios para mantener a salvo a su pueblo; no es una asesina, sino una protectora.

Aunque se la relata de forma poco atractiva, en muchos poemas se la describe como voluptuosa, joven y atractiva, con una sonrisa muy bonita, que muchos hombres encuentran irresistible. Es una fuerza creadora y se la asocia con rasgos de creatividad tántrica.

Formas populares

- **Dhumavati:** Encarnación de Kali en forma de viuda.
- **Kamala Kali:** Diosa de la prosperidad y la riqueza.
- **Shodoshi:** Una forma seductora de Kali.
- **Tara:** Conocida por su violencia y su color azul.
- **Bhairavi Kali:** Figura maternal y portadora de la muerte.
- **Shamsana Kali:** Una versión más humana de Kali, con sólo dos brazos y sin lengua saliente.

Simbolismo

Probablemente piense que Kali es una asesina despiadada. Sin embargo, la Diosa sólo mata demonios. Rara vez hace daño a un ser humano o a otra deidad. De hecho, liberó las almas de muchos inocentes y les ayudó a vivir mejor. Como también se la representa desnuda, se ha convertido en símbolo de sexualidad, crianza y pureza. A veces también se la representa con tres ojos para simbolizar la omnisciencia.

Aunque la mayoría de los mitos sobre Kali la describen como sanguinaria, es muy venerada y popular entre su pueblo, sobre todo por su papel de Diosa tántrica. Las deidades tántricas son un conjunto de Diosas que siguen las reglas y principios del hinduismo.

Dualidad

Kali representa el aspecto destructivo de la oscuridad femenina, derribando las ilusiones y el ego para allanar el camino a la transformación espiritual. Aunque se la asocia con la violencia, Kali es una figura materna amorosa que representa la fertilidad, la creatividad y la energía femenina. Su dualidad desempeña un papel importante en su simbolismo. Es una figura aterradora que puede matar sin piedad, pero también representa los asuntos metafísicos asociados a la muerte.

Sus cuatro brazos reflejan perfectamente su dualidad. Sostiene la cabeza de un demonio y una espada en dos manos y bendice a sus seguidores con las otras.

Femenina oscuridad

El aspecto de Kali es diferente al de cualquier otra deidad. Sus rasgos son feroces y aterradores. Domina la muerte, el juicio final, la destrucción y el tiempo. También es la Diosa de la violencia, la sexualidad y el amor maternal. Se cree que Kali es la encarnación de Parvati, la esposa del Dios hindú Shiva. "Kali" significa "la que es la muerte" o "la que es negra".

Arquetipo

Kali simboliza la protección y el amor. Ella conecta a sus adoradores con sus emociones, fuerza y poder. Ella los motiva a estar comprometidos, apasionados y vivos. Es el arquetipo de las mujeres salvajes que están en contacto con sus instintos y emociones.

Culto/Rituales

Instrucciones:

1. Busque una imagen de Kali.
2. Siéntese en un lugar tranquilo y sin distracciones.
3. Encienda una vela blanca y respire hondo varias veces.
4. Repita tres veces "Estoy a salvo y protegido".
5. Piense en todo lo que le ha estado molestando últimamente y concéntrese en ello de dos a cinco minutos.
6. Abra los ojos y concéntrese en las imágenes de Kali.

7. Observe cada detalle y diga lo que nota en su mente o en voz alta.
8. Concéntrese sólo en Kali y repita su nombre en voz alta durante tres minutos.
9. Cierre los ojos e invoque a Kali. Pida a su energía que fluya a través de usted.
10. Pase unos minutos con ella y luego dele las gracias.

Durga

Durga también recibe el nombre de Devi o Shakti. Es la madre del universo y protectora de todos los hombres y deidades. Es una de las Diosas más importantes y populares del hinduismo. Representa la armonía y todo lo bueno del universo.

Mitología

El demonio búfalo, Mahishasura, aterrorizaba al mundo, y los dioses intentaron capturarlo, pero fracasaron. Entonces Shiva, el Ser Supremo y destructor, Brahma, el creador, y Vishnu, el Dios de la protección, crearon a Durga para matar al demonio. Era una guerrera hermosa, fuerte, valiente y feroz. Nadie podía derrotarla. Fue creada como una mujer adulta lista para luchar. Luchó ferozmente contra Mahishasura y lo mató mientras se transformaba en búfalo.

Durga también recibe el nombre de Devi o Shakti [17]

Durga luchó contra muchos demonios y protegió al mundo de la destrucción y el derramamiento de sangre en múltiples ocasiones. Muchos de estos demonios representaban cualidades negativas como la ira, la arrogancia, la hipocresía, el orgullo y la codicia. Así que Durga también protegía el alma humana y luchaba contra las fuerzas del mal para que la gente viviera en armonía.

Características principales

Durga es una palabra sánscrita que significa "fortaleza". Su nombre refleja su naturaleza militante y protectora. También se la llama "Durgatinashini", que significa "la que elimina todos los sufrimientos". Se la muestra como una mujer con ocho brazos, por lo que siempre está preparada para luchar contra sus enemigos desde cualquier dirección.

Se la llama Tryambake, que significa "la Diosa de los tres ojos". Su ojo derecho es el sol y representa la acción. Su ojo izquierdo es la luna y simboliza el deseo. El ojo del medio es fuego y representa el conocimiento.

Es la Diosa de la fuerza y la guerra, y se la representa montada en un león y empuñando armas.

Formas populares

Durga tiene múltiples encarnaciones:

- Kali.
- Bhagvati.
- Bhavani.
- Ambika.
- Lalita.
- Gauri.
- Kundalini.
- Java.
- Rajeswari.

Cuando aparecía como ella misma, se manifestaba en cualquiera de estas nueve deidades:

- Skandamata.
- Kusumanda.
- Shailaputri.
- Kaalratri.
- Brahmacharini.
- Maha Gauri.
- Katyayani.

- Chandraghanta.
- Siddhidatri.
- **Simbolismo**
- Durga tiene múltiples armas, y cada una simboliza un aspecto de su personalidad.
- **Espada:** Símbolo de la verdad y el conocimiento.
- **Tridente:** Curación del sufrimiento espiritual, mental y físico.
- **Una flor de loto en germinación:** Triunfo no logrado, ya que la batalla del bien contra el mal es eterna.
- **Rayo:** Firmeza en las convicciones de una persona.
- **Arco y flecha:** Sus habilidades protectoras y su poder.
- **Caracola:** Su conexión con lo Divino.

Dualidad

Dugra puede parecer más un arma destructiva que una Diosa. Sin embargo, tiene un lado compasivo oculto tras su duro y temible exterior. Su único propósito es proteger a la humanidad de los demonios que quieren acabar con ella.

Femenina oscuridad

Durga es una Diosa madre con una poderosa feminidad divina. Es creativa, nutritiva y protectora. Aunque es una guerrera feroz, no se deja llevar por la sed de sangre. Libra sus batallas con concentración, dominio y serenidad. Se enfrenta con valentía a los demonios y sale victoriosa.

Arquetipo

Durga representa el arquetipo femenino del poder interior y exterior. Anima a poner límites para proteger su energía de las personas negativas.

Culto/Rituales

- Ofrézcale flores para demostrarle su devoción.
- Encienda una vela cerca de su ídolo.
- Cante "Om Aim Hreem Kleem Chamundaye Vichche" para librarse de la mala suerte, los problemas de salud y la energía negativa.

Chinnamasta

Chinnamasta es una Diosa tántrica[18]

Chinnamasta es una Diosa tántrica. Es una encarnación de la Diosa del amor Parvati. Su nombre deriva de dos palabras sánscritas: "Chhinna", que significa cortada, y "Masta", que significa cabeza. Así que el nombre significa "la de la cabeza cortada".

Mitología

Un día, Parvati y sus ayudantes fueron a bañarse al río Mandakini. De repente, por alguna razón misteriosa, Parvati se excitó y su color cambió a negro. Al mismo tiempo, por razones desconocidas, sus ayudantes también sintieron mucha hambre y exigieron que se les diera de comer de inmediato. Como era una figura maternal, no podía verlos sufrir. Hizo el último sacrificio y se cortó la cabeza con una espada.

De su cuello salían chorros de sangre que utilizaba para alimentar a sus ayudantes. Una vez saciados, volvió a colocar su cabeza en su lugar.

Otro mito sobre el nacimiento de Chinnamasta es similar a la historia de Kali y Durga. Hubo una guerra entre demonios y dioses. Los dioses les superaban en número y los demonios eran demasiado fuertes para ellos. Así que pidieron ayuda a la Diosa Mahashakti. Ella luchó contra los demonios y los mató, luego les cortó la cabeza para beber su sangre.

Características principales

Chinnamasta aparece con la cabeza cortada en la mano izquierda y una espada en la derecha. En otras ilustraciones se la representa con cuatro brazos, desnuda, con adornos y una guirnalda de calaveras. La cabeza cortada suele beber sangre que sale de su cuello.

Representa los deseos sexuales, la vida, la muerte y el autocontrol, y es la Diosa suprema, la madre del universo y la Diosa de la transformación y la energía femenina.

Formas populares

- Indrani: Diosa de la ira y los celos.
- Bhairavi: Diosa de la decadencia.
- Varnini: Una sirvienta.
- Dhakini: La habitante del cielo.
- Vajravairochani: Es otro nombre de Chinnamasta.
- Chanda Prachandi Devi: La destructora de demonios.

Simbolismo

- Chinnamasta lleva una serpiente alrededor del cuello, que representa el poder.
- Su cuerpo desnudo simboliza las cosas mundanas y el abandono.
- Su cabeza cortada simboliza el abandono de su ego.
- Se la representa de pie sobre dos cadáveres, lo que refleja el control que ejerce sobre sus deseos sexuales.

Dualidad

La imagen aterradora de Chinnamasta es completamente distinta de su naturaleza bondadosa y compasiva. Cortarse la cabeza puede parecer psicótico para algunos, pero lo hizo por amor y devoción para alimentar a sus ayudantes. Sólo lucha contra los demonios para proteger a la humanidad.

Femenina oscuridad

Chinnamasta es un símbolo de sacrificio, valor y poder femenino.

Arquetipo

Chinnamasta es un arquetipo del subconsciente, y aprovecha para llegar a ideas que cambian el amor.

Culto/Rituales

Adoración a Chinnamasta.

Instrucciones:

1. Consiga una estatua de Chinnamasta.
2. Encienda una vela perfumada como ofrenda a la diosa.
3. Pídale perdón, luego haga una ofrenda y colóquela a sus pies.
4. Llene de agua una caracola.
5. Rocíese con ella para obtener su bendición.

Chamunda

Chamunda está asociada a Shiva[19]

Antes de que Chamunda se uniera al panteón hindú, era venerada por diferentes tribus. Chamunda está asociada a Shiva. Es la única Diosa surgida de la energía de la Diosa suprema, ya que todos los dioses que la precedieron eran varones. Destaca por tener un aspecto y unas armas diferentes.

Mitología

Había una vez dos hermanos demonios llamados Shumbha y Nishumbha. Eran muy ambiciosos y querían dominar el mundo. Así que se escondieron en un templo y se torturaron durante miles de años. Sus acciones impresionaron a Brahma, el creador, que les dijo que podían tener la recompensa que quisieran. Pidieron que ningún hombre ni dios masculino tuviera poder sobre ellos. Esto los hizo inmortales, ya que nadie podría herirlos ni matarlos.

Se volvieron lo bastante poderosos como para ejecutar su plan y conquistar el mundo. Los dioses no estaban contentos con el creciente poder de los demonios, así que la Diosa Devi Parvati decidió acabar con ellos. Se instaló en un lugar cercano a los demonios, con la esperanza de que ellos o sus ayudantes se percataran de su presencia. Su plan funcionó y, gracias a su exquisita belleza, llamó la atención de uno de los demonios.

Le habló de ella a Shumbha, quien pidió que la llevaran a su corte de inmediato. Sin embargo, Devi Parvati se negó, lo que enfureció a los hermanos demonios. Ordenaron a sus ayudantes que la trajeran por la fuerza. Les preocupaba que alguien la apoyara y la pusiera en su contra.

Sus ayudantes intentaron por última vez pedirle amablemente que se uniera a los demonios, pero ella siguió negándose. Cansados de ella, decidieron secuestrarla y llevarla a Shumbha. Cuando intentaron atraparla, ella les rugió tan fuerte que se convirtieron en cenizas. Envió a su león tras su ejército de demonios, y éstos los devoraron.

Shumbha y Nishumbha se enfurecieron y enviaron un enorme ejército tras ella, liderado por los demonios Chanda y Munda. Cuando Devi Parvati vio acercarse al ejército, Chandika Jayasundara emergió de su frente y los derrotó, matando a Chanda y Munda. Devi Parvati bebió entonces su sangre y bailó para celebrar su victoria. La llamó Chamunda, una contracción de Chanda y Munda, por su valiente e intrépida victoria.

Características principales

Chamunda es la Diosa de la naturaleza, la guerra, el hambre y los desastres, y es la principal yoguini, un grupo de dioses tántricos que actúan como asistentes de devi Pavarti. Se la representa con tres ojos, cuatro brazos, piel roja y espesa cabellera pelirroja decorada con una luna creciente y calaveras.

Formas populares

Chamunda tiene ocho formas diferentes. Es una de las Saptamatrikas, siete Diosas madres.

Simbolismo

Los rasgos feroces de Chamunda reflejan su fuerza y poder contra sus enemigos y cómo protege a sus adoradores del mal. El collar de calaveras representa el ciclo de la vida, que termina con la muerte.

Dualidad

Chamunda puede ser una de las deidades más temibles del hinduismo, pero es compasiva, cariñosa, una figura materna y protectora para todos sus adoradores. La gente le reza para que les proteja, luche contra los demonios y los poderes malignos, y también para que les proporcione guía y fuerza.

Femenina oscuridad

Chamunda es la energía femenina del Dios de la muerte, Yama. Es una figura aterradora que provoca hambrunas, desastres y epidemias.

Arquetipo

El arquetipo de Chamunda es también la mente subconsciente, ya que ayuda a acceder a esta parte de uno mismo para descubrir quién es realmente.

Culto/Rituales

Instrucciones:

1. Busque una habitación sin distracciones.
2. Coloque cristales como el cuarzo rosa y el citrino en el suelo para formar un círculo.
3. Siéntese en una posición cómoda dentro del círculo.
4. Pida ayuda a sus antepasados, guías espirituales o ángeles de la guarda.
5. Haga cinco respiraciones largas y profundas.
6. Haga una ofrenda a la Diosa, como vino.
7. Concéntrese en lo que siente en este momento.
8. Fije la intención de soltar todo lo que le retiene, ya sea pensando en ello o cantando: "Déjalo ir".
9. Repita el mantra de Chamunda en una cuenta: "Om Eim Hrim Kilm Chamundayei Vechei Namaha", que significa "Om y

saludos al radiante que tiene sabiduría y poder".
10. Túmbese y respire hondo varias veces para absorber la energía.
11. Exprese su gratitud a Chamunda y a todos los espíritus que le han ayudado en el ritual.

Mirar las fotos de cualquiera de estas diosas hindúes puede provocar pesadillas. Sin embargo, no hay que juzgarlas por su aspecto. Pueden ser asesinas, y a veces su ira se descontrola, pero nunca hacen daño a un ser humano, y su instinto es siempre proteger. Todas son figuras maternas dispuestas a hacer cualquier cosa para mantener a salvo a sus hijos (adoradores).

Recuerde ser respetuoso cuando las invoque y expresarles su gratitud después de cada ritual. No querrá caerles mal. Viva según la moral que representan y sea amable, atento y compasivo. No tenga prisa por establecer una conexión con ellas y comprenda que estas cosas llevan su tiempo.

Capítulo 7: Diosas africanas

Mucha gente conoce la mitología nórdica, griega y egipcia. Sus dioses y diosas suelen aparecer en películas, programas de televisión y literatura. ¿Quién no conoce al Dios nórdico Thor, a la Diosa griega Afrodita o a la Diosa egipcia Cleopatra? Sin embargo, existe una mitología igualmente fascinante y encantadora que no recibe la misma atención: la antigua mitología africana. Muchos dioses y diosas de África merecen el mismo reconocimiento que sus homólogos occidentales.

Este capítulo se centra en las Diosas oscuras de la mitología africana.

Diosas africanas[30]

Oya

Oya, la Diosa de la magia y los cementerios[21]

Oya es una Diosa venerada en muchas tradiciones africanas, como la yoruba y la santería. Sin embargo, no se la suele llamar Diosa, sino Orisha. Éste es un término que describe a seres sobrenaturales o deidades que ayudan a la humanidad y actúan como intermediarios entre ésta y el Dios supremo, Oldumare.

Oya es una Diosa feroz que gobierna los vientos y las tormentas. Puede traer una suave brisa en un caluroso día de verano o un huracán que destruya todo a su paso. Sin embargo, Oya tiene un lado mucho más oscuro como guardiana de los cementerios y los muertos. Vela por los cementerios y protege a los espíritus. Vive en el reino de los vivos y los muertos y puede viajar fácilmente entre ambos mundos. Oya comparte un vínculo único con los espíritus de los difuntos y los acompaña al otro mundo, donde pasarán su eternidad.

Origen

Oya procede de la religión africana yoruba. Su nombre deriva de la frase africana "O Ya", que significa "ella desgarró", en referencia a su naturaleza explosiva. Es hija de Obatala, el Orisha de la humanidad y la compasión, y de Yemaya, la madre de todos los Orishas.

Mitología

En la mitología yoruba, Oya era un ser humano con grandes poderes. Era una guerrera feroz que protegía a los débiles, especialmente a las mujeres. También liberó a muchas personas esclavizadas en la revolución yoruba. Como Oya no vivió una vida ordinaria, al morir se le concedió un destino extraordinario y se convirtió en Orisha.

Estaba casada con el Orisha del trueno, Shango. También estaba casado con otras dos Orishas, Oba y Oshun, que además eran hermanas de Oya. Curiosamente, Shango también era su hermano. Oya era su esposa favorita y mantenían una relación apasionada. Estaban locamente enamorados y eran una de las deidades de pareja más fuertes del yoruba.

Por desgracia, Oya no tuvo hijos engendrados por su marido. Se quedó embarazada nueve veces, pero ninguno de sus hijos sobrevivió al parto. Mantuvo vivo su recuerdo llevando pañuelos de nueve colores alrededor de la cintura. Según otra leyenda, hizo un sacrificio ofreciendo un trozo de tela sagrada y fue bendecida con cuatro pares de gemelos y un noveno hijo. Por eso se la llama "La madre de los nueve".

Atributos

Oya es una guerrera valiente y poderosa. Se la muestra como una hermosa y fuerte mujer negra que lleva una espada en una mano para traer el cambio y atravesar cualquier obstáculo al que se enfrenten sus seguidores. En la otra mano, sostiene un abanico para controlar las tormentas y los vientos.

Oya se asocia con la destrucción, la transformación y el cambio. Puede controlar terremotos, tornados, vientos, tormentas y rayos. También es la Orisha de la clarividencia, la intuición y el renacimiento. Es muy sabia y las mujeres la invocan cuando se enfrentan a un conflicto que no pueden resolver por sí solas.

La gente ama y teme a Oya. Es una protectora feroz y una madre cariñosa para todos sus seguidores. Sin embargo, cuando se enfada, destruye hogares y tierras, causando mucho sufrimiento a su pueblo. Aprecia la honestidad y la justicia y no tolera la mentira y el engaño.

Oya también puede curar. La gente la invoca cuando su vida está desequilibrada o tras la muerte de un ser querido. También es la Diosa de la fertilidad y protectora de las cosechas.

Oya tiene una danza muy famosa que puede traer un viento suave o violencia y caos. Depende de su estado de ánimo.

También gobierna el mercado y vigila a los estafadores y ladrones. Los comerciantes suelen rezarle antes de emprender un negocio.

Importancia cultural

Aunque Oya tiene su origen en la religión yoruba, su significado cultural se extiende a otras culturas y tradiciones. En el Candomblé brasileño, Oya representa la compasión y es la protectora de todas las mujeres. En la religión cubana, la santería, representa a la mujer moderna que desafía las normas sociales. Esto demuestra que Oya es una Orisha universal que encarna varios aspectos que repercuten en personas de diferentes culturas.

La importancia cultural de Oya se refleja en la literatura, la música y el arte. Por ejemplo, aparece en los poemas del escritor nigeriano Chinua Achebe.

Símbolos

En una leyenda africana, Oya tenía un carnero negro que era un amigo leal y de confianza. Sin embargo, se volvió contra ella e intentó matarla. La traición le rompió el corazón y juró no volver a confiar en un carnero. Desde entonces, las cabras se han convertido en uno de sus símbolos.

Otros símbolos:

- Iruke.
- Machete.
- Mercado.
- Cementerio.
- Fuego.
- Rayo.
- Viento.
- Río Níger.
- Número nueve.
- Gallina de Guinea.
- Búfalo.

- Ciruelas.
- Ámbar.
- Violeta.
- Almizcle.
- Chocolate negro.
- Rubí.
- Piedra de luna.
- Ámbar.
- Borgoña.
- Púrpura.
- Marrón.

Oya, la Diosa oscura

Orisha de la nueva vida y el renacimiento, Oya es considerada una Diosa oscura por su relación con la muerte y los cementerios. Guía a la gente lejos de la oscuridad y hacia la luz, dándoles esperanza después de la confusión. Oya viaja entre los reinos de los vivos y los muertos. Tiene el poder de la vida y la muerte. Puede mantener a los muertos en la Tierra si tienen asuntos pendientes. También puede traerlos a ella cuando lo desee. Por eso se la llama la "Gran Madre de las Brujas (Ancianas de la Noche)".

Cuando una persona muere, Oya debe llevarse su espíritu inmediatamente al más allá para mantener ambos reinos en orden y evitar que los muertos vaguen sin rumbo entre los vivos. En cierto modo, también protege a los vivos del miedo a ver espíritus caminando a su alrededor.

Rituales/Veneración

Para venerar a cualquier Diosa hay que hacerle ofrendas. A Oya le encantan las berenjenas, las ciruelas, la carne de cabra hembra, la carne de gallina de Guinea, la carne de paloma, la carne de gallina negra, el chocolate negro y el vino tinto.

También puede rezarle cuando experimente cambios. Si su vida da un vuelco, pídale que le bendiga con estabilidad y seguridad. Ella puede alejar la energía negativa que perturba su vida.

Si quiere comunicarse con sus antepasados, invoque a Oya. Como está entre el reino de los vivos y el de los muertos, puede transmitir sus mensajes a sus seres queridos.

Si usted o alguien necesitáis curaros, sostened un huevo y rezad a Oya para que elimine la energía negativa que os enferma. A continuación, rompa el huevo en un vaso de agua para liberar la negatividad.

Si Oya le invoca, traerá cambios repentinos a su vida para empujarle hacia el crecimiento y la transformación. También puede aparecérsele en sueños o enviarle uno de sus símbolos, como tormentas o luces. Está intentando comunicarse con usted si se siente atraído por su mitología o sus símbolos.

Invocar a Oya:

1. Prepare un altar durante una tormenta de viento, relámpagos, lluvia o tormenta.
2. Añada alguno de sus símbolos o su imagen al altar.
3. Encienda una vela morada o de color oscuro.
4. Haga una ofrenda.
5. Escriba su intención en un papel.

6. Siéntese cerca del altar en una posición cómoda y cierre los ojos.
7. Despeje su mente y concéntrese en su respiración.
8. Visualice a Oya y pídale que le guíe o que le comunique con un ser querido fallecido.
9. Preste atención a lo que vea o sienta durante la meditación.
10. Cuando termine, exprésele su gratitud.

Yewa

Yewa es una de las Orishas más misteriosas. Es la hermana de Oya y vive con ella en los cementerios, entre los muertos. También gobierna los cementerios e impide que los espíritus vaguen entre los vivos. Es la Orisha de la muerte, la soledad, la castidad, las vírgenes y la fertilidad. Sin embargo, ella no causa la muerte. Sólo ayuda a los espíritus a llegar a su última morada. Recibe a los espíritus de los muertos y se los lleva a Oya, que los escolta al más allá.

Orígenes

Yewa tiene su origen en la religión yoruba. Su nombre deriva de las palabras "Yeye", que significa madre, y "Awa", que significa nuestra, por lo que a menudo se la conoce como "Nuestra madre". Solía ser la patrona de las mujeres y las madres. Su historia es confusa. Según una versión, nunca fue madre porque nunca se casó y era virgen. Sin embargo, se convirtió en la protectora y Diosa de todas las vírgenes.

Mitología

Yewa no siempre fue una Orisha oscura que vivía en las tumbas. Su vida fue completamente distinta. Era una joven e ingenua virgen conocida por su belleza y castidad. Todos los Orishas masculinos le echaban el ojo y querían poseerla. Uno de estos Orishas era Shango, un famoso mujeriego que sedujo a muchas Orishas femeninas. Cuando vio a Yewa, se encaprichó de ella y empezó a perseguirla.

La sedujo, y la inocente muchacha no tenía ni idea de las intenciones de Shango. Se quedó embarazada y esperaba que él estuviera a su lado y la apoyara. Sin embargo, él desapareció, dejándola sola. Yewa se sintió humillada, utilizada, desesperada y asustada. Luego perdió a su hijo y lo enterró bajo un árbol. Esta experiencia la dejó traumatizada y se retiró a los cementerios a vivir con su hermana.

Cuando Olokun, el Orisha del fondo del océano, se enteró de lo que le había ocurrido, fue al árbol y devolvió la vida a su hijo nonato. Lo llamó Borosia y se convirtió en el guardián de Olokun.

El resto de la historia sigue siendo confusa. Según una versión, se casó con Boromu, el Orisha del desierto y guardián del cementerio y de los huesos humanos. Boromu estaba enamorado de ella, pero es posible que también quisiera proteger su honor. En otra versión, ella siguió viviendo en el cementerio.

Hay otra versión menos trágica de la historia de Yewa. Yewa hizo voto de castidad y se escondió de la tentación en el castillo de Obatala, propiedad de su padre. Cuando Shango oyó hablar de la bella virgen, decidió que debía poseerla. Cuando llegó al castillo y la vio, quedó hipnotizado por su belleza. Yewa también sintió una fuerte atracción por Shango, y sus sentimientos la confundieron y asustaron.

Acudió a su padre y buscó su consejo. Obatala amaba a su hija, pero comprendió que había que protegerla de esos sentimientos lujuriosos. Así que la envió al reino de los muertos para vigilar los cementerios. Ningún hombre u Orisha podía acercarse a ese reino, así que nadie podía tentarla o distraerla de su voto.

Atributos

Yewa es representada como una mujer hermosa y delgada vestida de rosa que puede transformarse en búho. Originalmente era un espíritu del agua, pero luego se convirtió en una Diosa virgen del decoro, la reclusión y la moralidad. Es la guardiana de los inocentes, pero si se le falta al respeto, traerá sufrimiento y dolor.

Es muy diligente, sabia, inteligente, de carácter fuerte, dulce e instruida. Yewa es una figura maternal y un arquetipo de la castidad. Orula, el Orisha de los oráculos y la sabiduría, le otorgó el poder de la clarividencia. Yewa gobierna el cosmos y los cielos nocturnos. Puede transformar el agua en gas para crear nubes y lluvia. Se la asocia con la oscuridad, donde se encuentran los espíritus cuando abandonan su forma humana.

Importancia cultural

Yewa es originaria de Nigeria. Es muy venerada en África y era la Orisha del río Yewa. En yoruba, candomblé y santería, Yewa es la Orisha de la muerte. Primero fue Orisha del nacimiento, la fertilidad y el agua. Después, se convirtió en la responsable de separar el reino de los muertos de los vivos. Este cambio se produjo durante la trata de esclavos. Cuando los esclavos llegaron a Sudamérica, establecieron una religión derivada del yoruba llamada santería, en la que Yewa era la Orisha de la muerte. Tras su matrimonio con Boromu, se asoció a la muerte como su marido.

En Cuba, también es la Orisha de la muerte y rige los cementerios, además de representar la pureza y la virginidad.

Símbolos

- Cualquier masa de agua como estanques, lagos o ríos.
- Velos rosas.
- Lápidas.
- Viernes.
- Búhos.
- Caracolas.
- Delfines.
- Peces.
- Loto blanco (representa la inocencia y la pureza).
- Reina de los prados.
- Orquídeas.
- Crisantemos.
- Lirios.
- Flores.
- Aromas como albaricoque, nenúfar, bergamota, vainilla, rosa, naranja y menta.
- Perlas.
- Rosa.
- Número 11.

Yewa, la Diosa oscura

Yewa es la guardiana de los cementerios. Baila sobre las tumbas de la gente para traer la paz a sus almas y hacerles saber que está aquí vigilándolas y protegiéndolas. Sin embargo, sigue protegiendo a los inocentes, los puros y las vírgenes. Si alguien intenta hacerles daño, les hace sufrir.

Yewa cree que hay que respetar a los muertos. Por eso, si alguien se burla de ellos o profana sus tumbas, hará caer su ira sobre ellos.

Rituales/Veneración

Para venerar correctamente a Yewa y evitar su ira, nunca diga palabrotas delante de su altar o imagen. Como es virgen, no la ofenda hablando de sexo, practicando sexo o haciendo insinuaciones sexuales cerca de su altar. Respete a todas las personas y nunca empiece una pelea con nadie.

Si Yewa le está llamando, experimentará pureza espiritual y un deseo de estar solo. También estará más interesado en la introspección o la meditación. Yewa también puede aparecer en sueños, ya sea como ella misma o enviándole uno de sus símbolos, como un cementerio o una calavera.

Haga ofrendas a Yewa como carne de pavo blanca, carne de paloma blanca, carne de gallina blanca, carne de cabra y hierbas como hinojo, ciprés y tua.

Invocar a Yewa:

1. Busque un lugar tranquilo.
2. Construya un altar y añada cualquier símbolo de ella o sus fotos.
3. Encienda velas negras o burdeos.
4. Haga una ofrenda, como flores o pescado.
5. Escriba su intención en un papel y colóquelo en el altar.
6. Siéntese en una postura cómoda y cierre los ojos.
7. Respire hondo varias veces.
8. Visualice a Yewa y pídale que le guíe.
9. Exprese su gratitud al terminar.

Ala

Ala es una Diosa de la tradición Odinala, originaria del sur de Nigeria. Odinala tiene en muy alta estima a las mujeres e incluso las sitúa por delante de los hombres. Ala se llama "la madre de todas las cosas" y está presente al principio y al final de la vida.

Orígenes

Ala es una palabra igbo que significa "tierra". Su madre es la Diosa de la fertilidad para animales y humanos, guardiana de la cosecha, gobernante del Inframundo y Diosa de la tierra, y su padre es el gran Dios

Chuku.

Mitología

En las regiones ibo, Ala es venerada en casas de forma cuadrada llamadas "Mbari". En su interior hay grandes estatuas de Ala de colores brillantes. Suele enviar un nido de abejas o una serpiente al lugar donde quiere que sus seguidores construyan un Mbari. Los hombres y mujeres que ayudan a construir esta estructura sagrada se sienten honrados y conectados con la Diosa.

Atributos

Es la Diosa de la muerte, la limpieza, la alegría, la suerte, la creatividad y la moralidad. Es la madre Tierra, guardiana de la fertilidad, soberana del Inframundo y guardiana de la cosecha.

Tiene el poder de hacer crecer a un niño en el vientre de su madre. Después del nacimiento, se queda con el niño para guiarlo y protegerlo hasta que alcanza la edad adulta. También representa las cuatro estaciones.

Ala enseña a la gente a vivir honradamente haciendo hincapié en valores como el honor y la lealtad. Está asociada a la moralidad, dicta leyes para que los igbo vivan y juzga sus acciones. Estas leyes se llaman Omenala, y si alguien las incumple, es un gran insulto para Ala.

Se la suele representar con un niño pequeño en brazos, ya que es la protectora de los niños y las mujeres.

Importancia cultural

Ala es muy venerada entre los igbo. Es una de sus principales deidades y viven según sus reglas.

Símbolos

- Ñame.
- Luna creciente.
- Hormigas.
- Pitón.

Ala, la Diosa oscura

Es la reina del Inframundo y, cuando una persona muere, se lleva su espíritu a su vientre para que descanse en paz. Tiene un ejército de hormigas para castigar a los que infringen sus leyes. Aparecen por primera vez en las pesadillas como advertencia para que haga las cosas bien. Su ejército traerá castigos severos y sufrimiento si no vuelve al camino correcto.

Rituales y culto

Hay diferentes formas de adorar a Ala. Encienda una vela al levantarse cada mañana para darle la bienvenida. También puede hacerle una ofrenda de ñame, ya que es su comida favorita.

La mejor época para venerar a Ala es durante la primavera. Construya un altar, añada sus imágenes y símbolos y encienda una vela.

Las Diosas oscuras africanas son fuertes y feroces y deben ser respetadas. Aunque tienen aspectos oscuros, mantienen el reino de los vivos a salvo y en orden llevando las almas de los muertos al más allá. Cuidan de los espíritus manteniéndolos a salvo, como Ala, que los guarda en su vientre, o haciéndoles compañía, como Yewa, que baila sobre sus tumbas.

También sirven a los vivos guiándoles y llevándoles de la oscuridad a la luz. Apacigüe siempre a la Diosa oscura porque tiene mal genio.

Capítulo 8: Diosas célticas e irlandesas

A menudo se utilizan indistintamente los términos mitología celta y mitología irlandesa, lo que lleva a preguntarse si son o no lo mismo. La respuesta es <u>no</u>.

La mitología irlandesa es similar a la mitología celta, como el *protestantismo* lo es al *cristianismo*, una rama de un gran árbol. Las creencias precristianas de los celtas albergaban los cuentos de escoceses, irlandeses y británicos. Los antiguos mitos y rituales se transmitían de generación en generación de boca en boca. De las tres ramas principales, las historias irlandesas son las que mejor se conservan, gracias al esfuerzo de los monjes cristianos que las incorporaron a los registros históricos durante la Edad Media.

En la mayoría de las teologías, las antiguas deidades eran patronas de más de un reino y se las consideraba protectoras de actos como el amor, la fertilidad y la tierra. A menudo, compartían las responsabilidades de los reinos con otros dioses, por lo que resultaba difícil distinguir las funciones específicas de cada uno de ellos.

Las mitologías celta e irlandesa tienen un ambiente enigmático. Son el hogar de muchos seres mágicos y de otro mundo cuyas historias pueden mantenerle en vilo.

A medida que avance por el capítulo, se encontrará absorto en el mundo de las oscuras y poderosas deidades que los antepasados veneraban y temían al mismo tiempo.

Diosa celta[23]

Morrigan

Es una de las figuras más destacadas y feroces de la historia celta; una guerrera formidable, a la que nadie desafía, venerada con avidez a pesar de su ferocidad, belleza y brutalidad.

¿Quién es ella?

La gran Diosa reina representaba la guerra, el destino y la muerte. También tenía el don de cambiar de forma, siendo su transformación más común la de cuervo. A menudo, aparecía antes de las batallas en su forma de cuervo, aterrorizando o inspirando a los soldados para que lucharan con más ahínco. En otros relatos, se transformaba en lobo o anguila. A veces utilizaba sus habilidades para transformarse en una bella mujer y seducir a hombres poderosos. Otros relatos la representan como una vieja y fea bruja.

Su nombre solía cambiar según quién contara la historia. Se la conocía como la Diosa celta de la muerte, Morrigu o la reina de las Diosas triples, entre otros muchos nombres.

Su nombre es objeto de controversia entre los estudiosos. Algunos dicen que la primera parte de su nombre, "Mor", se interpreta en irlandés antiguo como la palabra fantasma. Otros están convencidos de que está relacionado con la palabra anglosajona "maere", que se traduce como pesadilla o muerte. A veces, la gente deletreaba la palabra "Mor" con acento en la O, convirtiendo su significado en grande.

La otra mitad de su nombre, "Rigan", significa reina y se corresponde con la palabra latina Regina, que significa gran reina. Juntos, tenemos "gran reina" o "Reina Fantasma" para añadir a la lista de nombres que tenía.

En las antiguas escrituras, se suponía que podía prever la muerte de los guerreros en la batalla, influyendo a menudo en el resultado del conflicto.

En algunos relatos irlandeses, se referían a ella como una de las tres Diosas de la guerra, junto con sus otras dos hermanas, Macha y Neman o (Badb). En otros, se la representaba como un individuo y como tres personalidades distintas bajo un mismo nombre. Esos cuentos a veces se referían a Macha, Badb y Neman como Morrigan. Otros cuentos la nombran Danu o Anand en lugar de Neman. Estas discrepancias arrojan una sombra sobre la verdad de cómo se veía a la Diosa a través de los ojos de los antiguos celtas. Cuando se la ve como tres Diosas, Morrigan adquiere más poderes que cuando está sola. Por sí sola, es la gran Diosa de la guerra y la muerte, mientras que con sus hermanas se convierte en guardiana de la tierra, Diosa de la fertilidad y Diosa de la soberanía.

Morrigan puede compararse fácilmente con las valquirias nórdicas, las Furias y Kali de la mitología hindú, Diosa de la destrucción y la transformación. En resumen, Morrigan está estrechamente vinculada a la carnicería, la guerra y la sangre.

Sus símbolos

Morrigan está asociada a más de un símbolo en la mitología celta/irlandesa. El símbolo cambia según la versión de la historia que se cuente y la perspectiva desde la que se relate.

1. Cuervos

En la mayoría de las historias, al mencionar un cuervo, los pensamientos se dirigen inmediatamente a la muerte y al final de la vida, ya que a menudo se ve a estas aves después de las batallas recogiendo los restos de los muertos. También simbolizaban la brujería y la magia, una asociación habitual incluso hoy en día. Como la Diosa solía adoptar la forma del cuervo, sobre todo en la batalla, tenía sentido que fuera uno de sus símbolos.

2. Luna

Esta representación tiene algo que ver con la triple naturaleza de la Diosa. Los antepasados consideraban las fases cambiantes de la luna entre creciente, menguante y llena como un ciclo celestial. Además, como cambia continuamente de forma a lo largo del mes, recuerda la capacidad de la Diosa para cambiar de forma.

3. Triskelion

Antiguamente, este símbolo se consideraba uno de los principales signos de la divinidad, y casualmente también significaba el número tres. Tenía sentido atribuírselo a Morrigan, ya que en algunas creencias estaba formada por tres Diosas.

El árbol genealógico

En el folclore irlandés, se dice que la Diosa es una de las tres hijas (una variación de esas hermanas era Badb, Anann y Macha) de la Diosa y hechicera irlandesa Ernmas. Se decía que era la esposa del dios Dagda. Existen dos versiones sobre su origen y cuándo surgió exactamente. Los Tuatha de Danann sitúan a la madre y a la hija en la tribu de los seres sobrenaturales y míticos y las asocian con la Diosa Danu. En esta versión de la historia, se cree que Morrigan luchó junto a sus hermanas en la batalla contra los Fomorions y los Firbolg, utilizando la magia para ganar la lucha y afianzarse en Irlanda.

En el Ciclo del Ulster, que algunos creen que precede a los Tuatha de Danann, se dice que Morrigan existió en la Edad del Cobre, en el año 3000 a. C. Sin embargo, no hay muchas pruebas que apoyen esta teoría. En sus primeras representaciones en la literatura irlandesa, se la llamaba "Monstruo con forma de mujer" y "Criatura ominosa", lo que da una idea de por qué se la relacionaba siempre con la muerte.

Su papel en la muerte consistía en profetizarla e influir en ella en ocasiones. Sus otras dos hermanas completaban el ciclo, y cada una representaba una característica diferente de la relación entre la vida y la muerte.

Morrigan y Cu Chulainn

Una de las historias más conocidas de Morrigan tiene que ver con el héroe celta Cu Chulainn. Se dice que el guerrero seguía a una novilla extraviada que había perdido. En su mente, la vaquilla había sido robada y colocada en otro lugar. La encontró en el mismo territorio donde casualmente se encontraba Morrigan al mismo tiempo.

El joven empezó a atacar a Morrigan con un lenguaje cortante, acusándola del robo sin saber que estaba en presencia de una deidad. La Diosa se transformó entonces en cuervo y se posó en una rama cerca de él. El guerrero dio marcha atrás de inmediato y pidió perdón, pues nunca habría faltado al respeto a la Diosa de haber sabido quién era. Morrigan le acusó entonces de haberla tocado en su furia, lo que enfureció al guerrero y le hizo lanzar otra ofensiva contra la Diosa. En lugar de tomar venganza divina en ese momento, Morrigan advirtió al guerrero de que moriría en la batalla que se avecinaba, y que ella estaría allí para presenciar su muerte.

Llegó el día de la batalla. El guerrero estaba luchando contra la reina Maeve (también conocida como Med), intentando defender la provincia de Ulster de su invasión. De la nada, una hermosa doncella se cruzó en su camino. La bella mujer se ofreció al héroe, pero fue rápidamente rechazada. La joven belleza resultó ser Morrigan. Furiosa por el trato recibido, se transformó en anguila e intentó atacar a Cu Chulainn cuando cruzaba un fiordo. El joven guerrero se defendió e hirió al animal.

La Diosa, decidida a restaurar su orgullo herido, se transformó en loba y persiguió al héroe, embistiendo a un rebaño de ganado para pisotearlo. Cu Chulainn utilizó entonces su honda para apuntar al ojo de la bestia, disparando una piedra y cegando temporalmente al depredador.

La Diosa no admitía la derrota y se transformó en una vaca. En esa forma, fue capaz de enardecer al resto de la manada, instándoles a salir en estampida hacia el guerrero.

El valiente y astuto guerrero consiguió esquivar a la manada y disparar otra piedra a la pierna de la Diosa, rompiéndosela inmediatamente y obligándola a retirarse.

Tras triunfar en la batalla contra la reina Maeve y Morrigan, Cu Chulainn emprendió el camino de regreso a su base, exhausto, en busca de compañía y refugio. En el camino de vuelta, se encontró con una anciana ordeñando una vaca. El guerrero estaba demasiado cansado para darse cuenta de que la vieja bruja tenía heridas similares a las que él había infligido a los animales que le atacaron. Un ojo ciego y una pierna herida.

Incapaz de valorar bien la situación, Cu Chulainn se detuvo a charlar con la anciana, que le ofreció leche para saciar su sed. El joven aceptó el gesto, bebió la leche y bendijo a la anciana por su amabilidad. Al hacerlo, sin que él lo supiera, devolvió a la poderosa Diosa toda su fuerza.

La Diosa quedó satisfecha con su engaño al guerrero y no intentó entablar otra lucha con él.

Se dice que ambos se encontraron una vez más antes de otra de las batallas de Cu Chulainn. De camino al combate, se encontró con una mujer que limpiaba la sangre de una armadura, lo que se consideraba un mal presagio antes de una batalla. Pasó junto a la mujer y continuó su camino. Durante la batalla, fue herido de muerte. Con lo que le quedaba de fuerza, se ató a una roca en posición vertical para asustar a los enemigos que se acercaban. Un cuervo se posó en su hombro y se durmió profundamente para no volver a despertarse.

Macha

Macha es famosa por su poderosa magia y su necesidad de venganza[23]

Una de las Diosas que se cree que forma parte de Morrigan en ciertos mitos es Macha. Por otro lado, era un miembro individual de los Tuatha de Danann, famosa por su poderosa magia y su voraz necesidad de venganza. Se rumoreaba que vivía en la antigua fortaleza de Emain Macha.

Era la Diosa del parentesco, el fuego, la fertilidad, la tierra, los caballos y la guerra. Al igual que Morrigan, Macha era vista como un presagio de muerte que se materializaba en forma de aparición para advertir a la gente de un destino inminente.

Macha era venerada como la gran Madre Tierra, la mujer por excelencia y la asesina de hombres. También se la conocía por otros nombres, como Dana y Badb (cuervo). Su nombre se traducía por "campo" o "llanura de tierra". Estaba estrechamente vinculada a las imágenes de cuervos, bellotas y caballos. Sus tres atributos principales eran su fertilidad sexual, su educación rural y su capacidad reproductora maternal.

Macha es conocida por cinco cuentos famosos:

1. Hija de Partolón

En el Leabhar Gabhala, se hace referencia a ella como la hija de Partolón. Según la antigua leyenda, los patolonios formaban parte de la segunda oleada de colonos que llegaron a Irlanda. Algunos afirman que eran descendientes de Noé. Sin embargo, se cree que sucumbieron a una plaga. Su referencia en este relato no es destacada, y algunos creen que sólo se incluyó como un intento de los monjes cristianos de cristianizarla.

2. Miembro de los Tuatha De Danann

En este cuento, al igual que su hermana Morrigan, Macha es hija de Ernmas y Delbeath. Se la representa como la Diosa de la batalla y la guerra, que utilizaba su magia para provocar lluvia, niebla, sangre y fuego sobre sus enemigos. Se cree que pudo caer junto al rey Nuada a manos de Balor del Ojo Pésimo en la batalla de Moytura.

3. La esposa de Nemed

En otro relato, se dice que llegó con la tercera oleada de colonos a Irlanda con su marido, Nemed. En esta historia, no dura mucho, pues muere mientras limpia la tierra para plantarla. Se la representa como la Diosa de la fertilidad y la tierra. Se cree que su tumba está en un lugar llamado Ard Mhacha (altura de Macha), hoy Armagh.

4. Esposa de Cruinniuc

En el Ciclo del Ulster, aparece como una mujer hada casada con un rico granjero, Cruinniuc. Tiene dos hijos, gemelos. Macha había advertido a su marido que no hablara de ella a nadie. Durante un festival celebrado por el rey del Ulster, al que asistió su marido, oyó por casualidad al rey alardear de sus caballos y de lo rápidos que eran. Incapaz de contenerse,

Cruinniuc declaró al rey que su esposa era más rápida que cualquiera de sus caballos. Enfurecido por la insolencia del granjero, el rey le ordenó que trajera a su esposa.

En ese momento, Macha estaba de parto y suplicó que se aplazara la carrera. Sin embargo, el rey insistió y Macha corrió de todos modos. Macha consiguió ganar la carrera, pero le costó caro. Cayó al suelo en la línea de meta, dando a luz a sus bebés. Dominada por el dolor y la ira, maldijo a los hombres del Ulster, condenándolos a sufrir nueve días de dolores de parto en el momento de mayor necesidad y peligro. La maldición duraría nueve generaciones. Mientras sus hijos cobraban vida, ella era apartada de ella.

5. Macha de los cabellos rojos (Macha Mhongruadh)

Los historiadores afirman que, en esta historia, se cree que era hija del rey Aodh Ruadh. Se sabe que el rey se turnaba para gobernar Irlanda con otros dos reyes. Cada rey debía gobernar durante siete años. Tras la muerte del rey después de su tercera ronda, Macha exigió ocupar su lugar en el ciclo como dictaba su derecho de nacimiento. Huelga decir que los otros dos reyes (Díthorba y Cimbáeth) no tenían ningún interés en gobernar con una mujer.

Se enfrentaron por el trono y Macha salió victoriosa, matando a Díthorba en el proceso. Tras siete años de reinado, los cinco hijos de Díthorba la desafiaron. Macha les informó de que les permitiría luchar por la soberanía. Aceptaron el desafío y, una vez más, ella ganó. Los cinco hijos huyeron a la naturaleza y Macha se casó con Cimbaeth para consolidar su derecho al trono y poder gobernar juntos.

La Diosa persiguió entonces a los cinco hijos en solitario, disfrazándose de leprosa. Uno a uno, los sedujo y los capturó. Después los llevó a casa y los obligó a construir el fuerte de Emain Macha.

Gobernó la tierra al lado de su marido durante siete años, hasta que éste murió, y luego continuó gobernando ella sola durante otros catorce, hasta que fue asesinada por Rechtaid Rigderg.

Badb

Badb es una de las Diosas que se cree que forman la tríada de las Morrigan. Antiguamente se la conocía como el cuervo de batalla. Los fieles sabían que se encargaba de recoger las almas de los caídos en combate y escoltarlas al más allá.

Una de las formas que adoptaba era la de una mujer petrificante que sembraba el miedo y el caos. La Diosa estaba vinculada a la guerra, la transformación y una presencia dominante que sobrecogía a los mortales.

El caldero del renacimiento

Su nombre se traduce como "la que hierve", ya que en algunas ilustraciones se la ve atendiendo un caldero mágico en el otro mundo. Se creía que cuando un guerrero moría en combate, veía a la Diosa en forma de una anciana bondadosa que removía un caldero. Al encontrarse con la Diosa, se preguntaba al guerrero fallecido si deseaba quedarse o renacer. Si optaban por renacer, debían meterse en el caldero, donde la Diosa examinaba el agua que contenía para ver en qué forma volverían, si como un bebé humano o un animal con crías.

Los símbolos de la Diosa eran el cuervo, la protección, la profecía y la estrategia.

Su simbolismo incluía los colores rojo y blanco (ropa roja y pelo blanco), que representan la muerte en el folclore celta. Se la veía sobre todo como una anciana con un ojo cerrado, de pie sobre un pie, indicando la conexión entre el mundo de los vivos y el más allá. También se la representaba con cuervos y lobos, que simbolizaban la guía y la transformación.

La batalla de Magh Tuired

Badb hizo una fuerte aparición en la primera y la segunda batalla de Magh Turied. Se decía que aparecía en el campo de batalla junto a sus hermanas bajo la forma de un cuervo aterrador. Trabajaba con sus hermanas para inspirar terror en los corazones de sus enemigos, creando confusión con horribles profecías que gritaban juntas a la cara de sus enemigos. Sus feroces gritos resonaban en la batalla, presagiando la derrota de sus rivales y el ominoso final del ejército contrario de fomorianos. Esta táctica resultó muy eficaz para hacer retroceder al enemigo hacia el mar.

En otro relato, se decía que, tras abandonar los campos de batalla, velaba por las familias, convirtiéndose en un hada (banshee) cuyo lamento señalaba la muerte de un miembro de la familia.

La profetisa

Esta es la historia de la Diosa que se encontró con el rey Cormac. El rey, necesitado de un lugar donde retirarse entre batalla y batalla, se instaló en un albergue propiedad de un hombre llamado Da Choca.

Mientras descansaba con sus soldados, éstos se fijaron en una anciana que lavaba ropa ensangrentada en el río. Intrigados, la interrogaron, queriendo saber qué tramaba.

La anciana les respondió que estaba lavando la ropa de un rey que pronto moriría. Esa misma noche se les apareció de nuevo en el albergue, con el pelo blanco y vestida de rojo, infundiendo miedo y horror en sus corazones. Esa misma noche, los enemigos del rey, los Connachta, invadieron el albergue y lo asesinaron, cumpliendo así la profecía de la diosa.

Cailleach

Cailleach se asocia con las estaciones y el clima [24]

Cailleach se asociaba más con las estaciones y el clima que con la guerra y la destrucción. Sin embargo, la estación con la que más se la relacionaba era el invierno, que en muchas culturas se considera la estación seca. Se la conocía como la Diosa del frío y del viento. Se decía que era capaz de determinar la duración y la crudeza del invierno.

El nombre de la Diosa Cailleach significa la velada. Otras opiniones sugieren que es la raíz de otras palabras que describen a las mujeres, como "cailin", que significa muchacha.

La influencia de Cailleach no se limita a Irlanda. Su presencia también era conocida en Escocia y la Isla de Man. A menudo aparece como una vieja bruja con velo y piel pálida y azulada. Tenía los dientes rojos y vestía ropas decoradas con calaveras. Podía saltar montañas y cabalgar tormentas.

Como la mayoría de las demás deidades, la Cailleach tenía la capacidad de cambiar de forma, adoptando la de un enorme pájaro. La Diosa velada también era considerada una deidad creadora. Se la consideraba responsable de la formación del paisaje. Entre las herramientas que utilizaba para la creación figuraba un martillo con el que controlaba los truenos y las tormentas (muy parecido al del Dios nórdico Thor de Asgard). En otros relatos, se decía que podía controlar un pozo que a menudo se desbordaba e inundaba las tierras.

Las historias la relacionaban a menudo con el ciclo de la vida, la fertilidad, la muerte y el renacimiento.

Nadie parecía ponerse de acuerdo sobre si esta Diosa era buena o mala. Todo dependía del relato y del narrador. Sentía un gran amor por los animales salvajes y domesticados, en especial por los lobos (por si no se ha dado cuenta, existe un tema común en relación con los lobos entre los celtas).

La presencia de la Cailleach se deja sentir más en la mitología irlandesa y escocesa, y apenas se menciona en Gales.

La edad de Cailleach

La historia cuenta que un fraile errante y su escriba se encontraron un día en casa de una anciana. El fraile sintió curiosidad por su edad, a lo que ella respondió que no sabía exactamente cuánto tiempo llevaba viva. Sin embargo, dijo que todos los años mataba un buey y hacía sopa con sus huesos. Le dijo al fraile que, si quería saber su edad, podía ir al desván y contar los huesos de los bueyes que allí quedaban.

El escriba subió las escaleras y empezó a arrojar los huesos al fraile para que los contara. El fraile fue anotando el número de huesos hasta que se le acabó el papel y la pila de huesos creció ante él. El fraile llamó al escriba y éste le dijo que ni siquiera había sacado el montón de un rincón del desván, lo que indicaba que Cailleach tenía una gran edad.

La influencia de Cailleach en las estaciones

Había una división estacional entre Cailleach y Brigid. Una gobernaba el invierno y la otra la primavera. En la mitología escocesa, Cailleach se transforma en Brigid con la llegada de la primavera y luego vuelve a transformarse en invierno.

El invierno es anunciado por la Diosa, que monta un lobo y golpea la Tierra con su bastón mágico, convirtiéndola en hielo.

Cailleach iba al pozo de la juventud, bebía y, cuando terminaba, se transformaba de un invierno sombrío y gélido en una joven despampanante. El cambio era la señal de la llegada de la primavera. Esta forma de contar la historia animó a muchos a creer que eran realmente dos partes de un mismo ser, Brigid y la Diosa de la primavera, y no dos entidades distintas.

En los relatos que sugerían que se trataba de dos entidades distintas, se creía que Cailleach se convertía en piedra al final del invierno y arrojaba su bastón bajo un caballo o un arbusto de acebo.

Debido a la crudeza del invierno, la diosa también estaba vinculada a la muerte. Se creía que era la encargada de recoger las almas de los difuntos. Durante el solsticio de invierno, cabalgaba por los cielos con la Cacería Salvaje.

Capítulo 9: Diosas nórdicas

"Allí veo a mi padre; allí veo a mi madre, mis hermanas y mis hermanos; allí veo la línea de mi pueblo, desde el principio. Mira, me llaman, me piden que ocupe mi lugar entre ellos, en los salones del Valhalla, donde los valientes pueden vivir para siempre".

Los amantes del cine reconocerán esta cita como la oración recitada por los vikingos nórdicos antes de la batalla final en la obra maestra histórica "El guerrero número 13". No importaba que la oración fuera inventada o no estuviera verificada históricamente. Las palabras resumían el estilo de vida y las creencias de los nórdicos. Su fe eterna en sus dioses. La elevada estatura de los guerreros que mueren en las batallas y el botín que les espera al otro lado.

En los últimos años, la mitología nórdica ha cobrado mucha fuerza debido a la repetida y diversa representación de sus historias en los principales medios de comunicación. Estas historias presentaban a los antiguos personajes como héroes actuales.

Diosa nórdica[35]

A quienes seguían la religión pagana y permanecían inmersos en los relatos míticos tras la aparición del cristianismo se les solía denominar paganos, palabra derivada de landeros, que significa la gente que vivía en otros lugares del campo.

Al sumergirse en las historias originales que inspiraron estas adaptaciones, se enfrentará al enigma de no poder separar la luz de la oscuridad. Una característica de los apasionantes relatos de los pueblos nórdicos es que nada era puro mal ni puro bien, sino una mezcla realista de ambos si olvida la magia y los poderes.

En este capítulo, oscilará en la línea entre los picos y los valles de la moralidad mientras explora a las poderosas Diosas de Asgard.

Hel

Hel es la patrona de los muertos y del Inframundo.[96]

Es la Diosa que lleva el mismo nombre que el lugar que gobernaba. Hel, también conocida como Hela, es la patrona de los muertos y del Inframundo. También asumió el papel de guardiana de las almas que pasan por Helvegr, el camino de los muertos.

Los orígenes de la Diosa han sido objeto de debate entre los eruditos, ya que algunos creen que fue un semidiós o un Jotunn en lugar de una deidad real. Sin embargo, la mayoría coincide en que es hija del Dios Loki (el embaucador) y de la giganta Angrboda. Tuvo dos hermanos, Fenrir, el lobo, y Jormungandr, la serpiente del mundo, ambos también hijos de Loki.

La apariencia externa de Hel era única. Los eruditos la describen como mitad azul, como un gigante, y mitad de color carne, como un humano normal. Se creía que la dualidad de su apariencia representaba sus dos papeles: como patrona de la muerte y como guardiana de las almas. En otros relatos, aparece como una gran belleza, con una larga cabellera y una tez fantasmal. Se la consideraba brutal, dura y amenazadora.

El Inframundo

El propio nombre, "Hel", significa *oculto o cubierto* y es un término para describir el más allá y las almas de los muertos, ya que no pueden ser vistas por los vivos. A menudo se hacía referencia al reino como "Niflheim", que se traduce aproximadamente como el mundo de las tinieblas.

La mitología nórdica sitúa la morada de los muertos justo debajo de una de las raíces del árbol del mundo, "Yggdrasill". En algunas historias, se cree que Niflheim era el último de los nueve reinos donde iban a parar todos los malhechores. Otros creían que un perro guardián llamado Garmr presidía la entrada de Hel, de forma parecida a los cuentos griegos del sabueso de tres cabezas Cerbero. El perro nórdico aullaba a la llegada de nuevas almas.

Se decía que el reino donde gobernaba se extendía hacia abajo y hacia el norte. La lógica detrás de esto es que la gente está enterrada bajo tierra, y el frío del norte se asemeja a la naturaleza gélida de la tierra de los muertos. Niflheim o Hel estaba dividida en secciones separadas, una de las cuales era la orilla de los cadáveres, "Nastrond". En Nastrond se alzaba un enorme castillo que nadaba en veneno de serpiente, donde los pecadores, como asesinos y adúlteros, sufrían un tormento sin igual. El dragón Nidhogg les chupaba la sangre cuando no estaban comiendo las raíces de Yggdrasil.

Otros relatos sugieren que la tierra de Hel no era un lugar de tormento, sino más bien un bienvenido alivio para los frágiles y ancianos, aquellos que sufrían la paja de la muerte. No todos los que morían eran enviados a Niflheim. Los ahogados eran reclamados por la diosa Ran (la personificación del mar), a los guerreros Odín les concedía el paso al Valhalla, y la gente común era llevada a Folkvangr (campo del pueblo), una tierra comandada por Freyja.

Mitología

Cuando llegaron los hijos de Loki, los dioses asgardianos recibieron la profecía de que los tres pequeños causarían angustia y peligro al resto de deidades. En un esfuerzo por contrarrestar la predicción, el Todopoderoso Odín, rey de los Dioses, se dirigió a Jotunheim para traer a los niños de vuelta a Asgard, donde podría vigilarlos de cerca.

Desde fuera, estas acciones parecen las de un abuelo paranoico pero preocupado por cambiar el destino de sus nietos. Eso dista mucho de la realidad. Aunque es un hecho que Odín era paranoico, sus acciones no eran las de un abuelo cariñoso. Inmediatamente después de recogerlos, el rey arrojó al mar a la joven serpiente Jormungandr. A continuación, arrojó a Hela al reino oscuro de Niflheim, haciéndole creer que, al hacerlo, se le concedería el poder sobre los nueve reinos de la cosmología nórdica. En realidad, sólo se le permitió controlar las almas muertas que le fueron transmitidas en el vacío que es Hel. Por razones desconocidas, Fenrir permaneció con Odín en Asgard. Pasaron los años, y el joven lobo creció tan fuerte y enorme que los otros dioses temieron no ser rivales para el cánido si decidía volverse contra ellos. Idearon un plan para engañarle y obligarle a llevar unos grilletes fabricados por los enanos, que luego utilizaron para retenerle en una isla en la que quedó varado y solo. Al mismo tiempo, la pequeña serpiente ya no era pequeña. Había crecido tanto que rodeaba el reino de Midgard (la Tierra), donde vivían los mortales, lo que le valió el nombre de serpiente del mundo. Mientras tanto, Hela reinaba como reina del Inframundo, sin estar más cerca de escapar a su destino que sus súbditos.

Los poderes de Hel

Las habilidades de Hel representan una paradoja. Muchos la consideran un espíritu maligno, ya que es la patrona de la muerte. Sin embargo, en la mitología nórdica se la consideraba una figura neutral y positiva por asumir el papel de cuidar de las almas de los difuntos. Sus poderes eran específicos del reino que dominaba.

- **Gobernaba el Inframundo**

Hela era la encargada de permitir la entrada de las almas en la tierra de los muertos. Puede que también fuera responsable de su juicio y de las consecuencias que se les asignaban en función de sus actos en vida.

- **Cambia formas**

Al igual que su padre, la Diosa podía cambiar de aspecto. Ya fuese un águila, un zorro o incluso una ráfaga de nieve, probablemente pudiera adoptar su forma.

- **Mando sobre la vida y la muerte**

La reina del Inframundo tenía la capacidad de conceder y quitar la vida, ya que era la guardiana de la tierra de los muertos. Este poder garantizaba el equilibrio entre los vivos y los muertos.

Símbolos de Hel

Cada deidad de las mitologías antiguas está vinculada a una serie de símbolos basados en sus rasgos y deberes.

- **Un huso**

Este objeto se representa en diferentes culturas como una metáfora del trenzado del hilo de la vida y la muerte. Se asocia a Hel por haberle sido otorgada la capacidad de tomar la vida o devolverla, así como de mantener el equilibrio entre los reinos.

- **La hoz**

La hoz simboliza el final o el corte del hilo de la vida, que de nuevo está estrechamente relacionado con los poderes de Hel sobre los muertos.

- **Un sabueso**

Los perros representan la lealtad, la protección y la capacidad de vigilar las moradas. Todas estas son cualidades que se creía que Hel poseía.

- **Un dragón o una serpiente**

Además de ser la hermana de la serpiente del mundo, cuando las serpientes mudan de piel simbolizan el renacimiento, lo que también podría significar el renacimiento en otro reino.

Skadi

Skadi fue una giganta"

Skadi no se considera una Diosa tradicional. Al igual que Loki, era una giganta de Jotunheim. En la mitología nórdica, la mayoría de los gigantes eran desagradables a la vista, rudos y francamente feos. Sin embargo, Skadi parecía romper ese estereotipo. A pesar de su tez azul y su enorme físico, se decía que tenía los rasgos de una Diosa. Este hecho se perpetuaba por la verdad de que los Dioses apreciaban la belleza y no la habrían acogido en su redil de otro modo.

La giganta estaba relacionada con el frío y la caza. Era conocida como una esquiadora maestra, a menudo era retratada con sus zapatillas de esquí, su carcaj y sus flechas. A diferencia del resto de los gigantes, tenía un carácter tranquilo y no se enfadaba ni buscaba pelea. La falta de estas características habituales de los gigantes no le restaba fuerza ni ferocidad.

Mientras que muchos relatos presentaban a los gigantes como espíritus malignos en guerra contra los Dioses, Skadi era una de las pocas que se creía libre de toda intención maliciosa a pesar de su naturaleza dura y obstinada.

Skadi supuso una novedad en la mitología nórdica, a menudo dominada por figuras masculinas. Una mujer independiente, inquebrantable y autosuficiente que sabe lo que se le debe y nunca temió luchar por ello.

Mitología

Skadi era la hija del gigante Thiazi, conocido por su enemistad con los Dioses de Asgard. Culpable de robar las manzanas de Idunn (en otras historias, fue culpable de obligar a Loki a secuestrar a la Diosa de la juventud, Idunn), el gigante fue perseguido por el embaucador Loki, quien lo engañó para que se convirtiera en águila y luego lo mató (en otros relatos, se dice que fue Thor quien acabó con su vida). Otra versión de la historia sugiere que mientras Loki rescataba a Idunn siguiendo órdenes de los Dioses, Thiazi se transformó en águila y persiguió al dios de las travesuras. Al acercarse a Asgard, los Dioses restantes crearon un cortafuegos en el cielo y mataron al gigante.

Aunque era plenamente consciente de la fechoría de su padre, Skadi estaba furiosa por las consecuencias que le acarrearon los Dioses. Tras enfundarse la armadura, se dirigió a Asgard para enfrentarse a ellos y exigirles una compensación por haber matado a su padre. En un esfuerzo por abstenerse del conflicto, los dioses de Asgard ofrecieron a la joven giganta una propuesta de matrimonio. Intrigada, Skadi aceptó el trato con la condición de que se esforzaran por hacerla reír. Los Dioses intentaron muchas bromas, pero todas fracasaron. Al final, Loki ató un extremo de una cuerda a una cabra y el otro a sus partes íntimas. Loki chillaba de dolor cada vez que la cabra se movía, haciendo reír a Skadi.

Cuando llegó el momento del matrimonio, a pesar de su belleza, ninguno de los Dioses estaba entusiasmado con la idea de casarse con una giganta de Jotunheim. Para zanjar el asunto, se le permitió elegir a su pretendiente entre los Dioses sólo mirándoles los pies. En secreto, la giganta se encaprichó de Balder, el más apuesto y bondadoso de todos los Dioses. Mientras examinaba los pies de los Dioses, supuso que el par más hermoso pertenecería a Balder. Estaba muy equivocada. Cuando se quitó el velo, se encontró cara a cara con el dios Njord, patrón del mar y del viento. Njord era mucho mayor que Balder y ya tenía otros dos hijos, pero no tenía esposa.

A regañadientes, la pareja cumplió el trato y selló el matrimonio ese mismo día. Los recién casados no sabían dónde vivir. Njord adoraba el mar y la costa, y Skadi disfrutaba en la montaña y la nieve. Al principio, acordaron quedarse en cada lugar nueve noches seguidas, pero eso no era suficiente para ninguno de los dos, y ambos se sentían desgraciados. Finalmente, decidieron separarse amistosamente, renunciando a su "felices para siempre". Hay opiniones encontradas sobre el destino de la vida amorosa de Skadi tras su fracaso matrimonial. Algunos dicen que vivió sola en su castillo helado, esquiando a sus anchas en las laderas de las montañas. Otros dicen que se casó con Ullr, el Dios de la caza y el esquí, con quien compartía muchos intereses comunes. En varios relatos, se cree que incluso tomó a Odín como compañero y que tuvo varios hijos con él.

En lo que coinciden la mayoría de los relatos es en que la giganta mantuvo su posición de Diosa pese a no haber nacido como tal. A pesar de las rencillas de su padre con los asgardianos y de su efímero matrimonio, se mantuvo en buenos términos con los Dioses, dispuesta incluso a echarles una mano cuando lo necesitaban.

Se dice que participó en la tortura del embaucador por su papel en la muerte de Balder. Participó atándolo a una roca con una serpiente presidiéndolo y goteando veneno sobre su cara.

Se sabe que Skadi se puso del lado de los Dioses durante el Ragnarok contra los otros gigantes liderados por Loki. Fue una de las supervivientes que pudo ver el amanecer del nuevo mundo tras el fin de los Dioses.

Símbolos

El nombre de Skadi tiene mucho simbolismo en sí mismo. Se dice que deriva de la antigua palabra nórdica "Skadi", que significa daño, lo que está directamente relacionado con su condición de gigante, una raza asociada sobre todo con la muerte, la violencia y la oscuridad, por no mencionar que el comienzo de su mito gira en torno a la venganza por la muerte de su padre.

Otra interpretación del nombre sugiere que procede de la palabra "Scato", que significa sombra en germánico antiguo.

También existe el debate de que su nombre está relacionado con Escandinavia, ya que algunos creen que ella inspira el nombre de la tierra y otros piensan que es al revés.

La Diosa también está muy relacionada con las montañas, la nieve y la caza, por no hablar de su destreza en el esquí. Así que, naturalmente, sus botas de nieve, su arco y sus flechas eran símbolos muy influidos por su carácter.

No importaba si la gente creía que era una Diosa o una giganta. Se le rendían plegarias y tributos para que no sufriera los duros e implacables inviernos de las montañas noruegas.

Angrboda

Angrboda fue la primera esposa de Loki[38]

Angrboda fue otra giganta de Jotunn y la primera esposa del embaucador Loki. Vivía en un lugar llamado Bosque de Hierro (Jarnvid), que es un bosque donde vivía la hembra Jotnar en Jotunheimr. Conocida como la madre de los monstruos por dar a luz a los vástagos de Loki, Fenrir el lobo, Jormungandr la serpiente del mundo, y Hel, la guardiana del inframundo.

Su nombre se traduce como "la que trae dolor", "la que ofrece dolor" o "portadora de angustia". Nombres que presagian su oscura influencia en la mitología nórdica.

La Diosa se asociaba a menudo con el caos y la destrucción. Aunque no se la menciona tan extensamente como a sus homólogas del panteón nórdico, eso no le quita complejidad e impacto a lo largo de los cuentos.

Para ser capaz de engendrar hijos como Hel, Jormungandr y Fenrir, hay que ser un personaje formidable; eso para empezar. Su conocimiento de la magia y su capacidad para recitar profecías se describen con detalle en los mitos. Esos dones se asociaban a menudo con el camino de la suerte y el destino. También se decía que podía descifrar las runas y ver el futuro más allá del presente. Al igual que muchas otras deidades, uno de sus talentos más notables consistía en adoptar diversas formas.

Mitología

La relación entre Angrboda y Loki era a menudo un punto doloroso en su relación con el resto de los Dioses. Aunque ambos se amaban profundamente, y Loki había engendrado a sus tres hijos, a los ojos de los asgardianos, ella seguía siendo una giganta. La lealtad de Loki a los Dioses siempre fue escudriñada debido a su estrecha relación con su esposa.

Considerándola una amenaza, Odín ordenó a su hijo Thor que secuestrara a la giganta y la llevara de vuelta a Asgard. El Dios del trueno cumplió y logró capturar a la madre de los monstruos. A su llegada, ella pudo llegar a un acuerdo con los Dioses: su libertad a cambio de entregar a sus hijos a la voluntad de los Dioses. Los asgardianos aceptaron el intercambio porque temían que sus hijos fueran lo bastante peligrosos como para provocar el fin del mundo, o el acontecimiento conocido como Ragnarok.

Odín no perdió el tiempo y atrapó a Fenrir en una isla, arrojó a Jormungandr al mar y encarceló a Hel en el Inframundo para que gobernara sobre los muertos. Los Dioses tenían razón para estar nerviosos; los hijos de Loki, especialmente Fenrir, desempeñaron un papel enorme en la caída del reino de Asgard. Tras liberarse de sus cadenas en la Isla, Fenrir aulló a las puertas del Inframundo, liberando al ejército de muertos vivientes de Hel. Se sabe que Fenrir libró una poderosa batalla con Odín antes de engullir al todopoderoso padre.

Se dice que Angrboda participó en la batalla contra los Dioses en el Ragnarok. Aunque su destino es incierto, se cree que pudo morir durante la marcha contra los Dioses. La mayoría de los eruditos determinaron que no tuvo la oportunidad de ver el amanecer del nuevo mundo que siguió a este cataclismo.

Símbolos

Debido a que su presencia en la mitología nórdica y en las historias que se han transmitido de generación en generación es insuficiente, sus símbolos no son de dominio público.

Angrboda era representada con el pelo del color de la sangre, la piel azulada y un físico formidablemente musculoso que se asemejaba al de la mayoría de los gigantes de Jotunheim. Era la encarnación de la miseria y el caos, un factor común entre los gigantes de hielo.

Capítulo 10: Abrazar a la Diosa oscura interior

Al guiarle mientras establece una conexión con lo divino y femenino, este capítulo le lleva a través del viaje transformador que supone abrazar a la Diosa oscura que lleva dentro. Le dará mucha práctica, consejos y sugerencias sobre cómo reconocer la sombra interior y conectar con la energía femenina oscura que lleva dentro.

Abrazar a la Diosa oscura interior[29]

Su Diosa oscura interior

La Diosa oscura interior puede considerarse parte de su psique y espiritualidad, lo que la convierte en una herramienta crucial para las exploraciones espirituales. Mientras que la mayoría de la gente piensa en la oscuridad como algo inherentemente defectuoso y destructivo, abrazar a su divinidad femenina interior puede enseñarle que no es así. De hecho, gran parte de la personalidad y de sus éxitos en todos los ámbitos de la vida proceden de un equilibrio entre las fuerzas positivas y negativas que hay en su interior. Aun así, muchos reprimen su lado oscuro debido a las expectativas sociales y a creencias y tradiciones ampliamente aceptadas. Puede que le sorprenda sentirse atraído por lo divino y femenino, pero no es el único. Muchas personas lo han experimentado a lo largo de los siglos porque se sintieron atraídas por su oscuridad interior, y por una buena razón. La Diosa oscura que lleva dentro puede servir de inspiración para sus prácticas espirituales y de maravillosa fuente de empoderamiento en tiempos de necesidad.

¿Se pregunta cómo sabrá que la Diosa está despertando en su interior? Estos son los signos reveladores de que la Diosa interior está en acción:

- Tiene dudas sobre sí mismo e inseguridad, lo que le provoca envidia y celos.
- Tiene un miedo inmenso al rechazo y al fracaso.
- Es demasiado sensible y propenso a excesivas manifestaciones emocionales.
- Busca el perfeccionismo y se deja llevar por una intensa necesidad de control.
- Reacciona de forma exagerada cuando alguien no respeta sus límites.
- Tiende a obsesionarse con el pasado.
- Le resulta fácil poner a la gente de su parte o hacer que hagan lo que quiere.

Aunque algunos de estos pueden sonar como rasgos negativos, al emprender este viaje de autodescubrimiento, puede aprender por qué su Diosa se manifiesta de la manera en que lo hace y cómo convertir esas manifestaciones a su favor. El autodescubrimiento consiste en comprender mejor sus deseos, necesidades, sentimientos y personalidad.

Abrazar a la Diosa a través de este proceso le ayuda a mejorar su bienestar y a tomar mejores decisiones, le da un sentido de propósito, le permite construir resiliencia y relaciones más sanas, le da la oportunidad de identificar todas tus fortalezas y debilidades, descubrir sus pasiones y valores, y mucho más.

Reconociendo la sombra del yo

Puede trabajar con su Diosa oscura interior de varias maneras. Los enfoques psicológicos y espirituales para trabajar con el yo sombrío y aceptarlo como parte de uno mismo varían y, a menudo, dependen de la Diosa con la que se identifique y de lo que le parezca adecuado en el momento presente. Recuerde que también las Diosas tomaron distintos caminos para abrazar y mostrar los aspectos oscuros y sombríos.

La meditación y otros ejercicios de atención plena, por ejemplo, son formas estupendas de centrar su atención en explorar los aspectos negativos de su interior (las manifestaciones de su sombra/Diosa oscura interior). Por otro lado, las afirmaciones positivas pueden ayudar a reconocer y aceptar los rasgos de la sombra, que pueden no resultar atractivos, pero son útiles. Todas estas prácticas también pueden servir como pasos preparatorios para establecer una conexión más profunda con la Diosa interior. Le enseñan a aprovechar su intuición, que es fundamental para la comunicación espiritual (ya sea con su propio yo espiritual interior o con una Diosa).

Otra recomendación es una práctica llamada trabajo en la sombra o integración de la sombra. A través de esta práctica, desvela las partes de su personalidad, patrones de pensamiento, emociones complejas y comportamientos que ha estado ocultando. Desvelar la sombra oculta en los rincones oscuros de su mente requiere tiempo, práctica y dedicación. A través de la integración de la sombra, explorará por qué estas partes de sí mismo están reprimidas y cómo encontrar formas saludables de expresarlas. Además, transformará estos aspectos de sí mismo en una expresión controlada y disciplinada de su oscuridad. Transferir la manifestación de su sombra del inconsciente al consciente (para que pueda ayudarle a navegar por el mundo) es esencial para abrazar a la Diosa oscura interior y trabajar con otras energías femeninas oscuras.

Técnica de visualización de la sombra

Esta técnica de visualización le introducirá en la integración de la sombra y sentará las bases para seguir trabajando con su yo sombra.

Instrucciones:

1. Busque un lugar tranquilo donde no le molesten: el ejercicio requiere toda su atención.
2. Siéntese o túmbese en una posición cómoda y cierre los ojos.
3. Inhale por la boca y exhale por la nariz para relajarse.
4. Mientras su mente se esfuerza por asentarse, seguirá divagando durante unos minutos (sobre todo si no está acostumbrado a los ejercicios de relajación profunda/mindfulness).
5. Por el momento, deje que sus pensamientos corran libremente sin juzgarlos.
6. Relaje todas las partes del cuerpo. Si le cuesta relajarse de forma natural, puede poner música o sonidos de meditación o quemar incienso de fondo.
7. Una vez relajado, imagínese en la entrada de una cueva oscura. Entre en la cueva.
8. Al atravesar la entrada, sienta que le envuelve un aire frío.
9. Verá una pequeña luz parpadeando en la distancia: camine hacia ella. Cuando llegue a ella, verá que la luz de una vela ilumina a una figura sombría que está detrás.
10. Al instante sentirá que la figura emana negatividad, pero también se sentirá atraído por ella. Fíjese en qué parte de su cuerpo está más presente esta ambigüedad.
11. Cuando esté preparado, acérquese a la sombra y hágale preguntas. Pregúntele quién es, si hay algo que quiera contarle o mostrarle, o cualquier otra cosa que le apetezca preguntar.
12. Sentirá su respuesta en lo más profundo de su ser y se dará cuenta de que usted es la sombra. Tome nota mentalmente de quién dice ser y qué mensaje quiere darle. Puede tratarse de un sentimiento negativo, un recuerdo o un pensamiento que lleva años intentando reprimir.
13. Una vez que sienta que le ha dicho todo lo que necesitaba saber o pueda manejar en ese momento (no pasa nada si no puede abarcarlo todo a la vez), deje que su imagen se desvanezca lentamente.
14. Puede repetir este ejercicio muchas veces. Cada vez que lo haga, se revelarán nuevas percepciones.

Conecte y despierte su Diosa oscura interior

Aquí tiene más prácticas, rituales y ejercicios recomendados para conectar y despertar a su Diosa Oscura interior y explorar su yo sombrío.

Trabajar con la naturaleza

La influencia de la Diosa oscura puede sentirse en cualquier parte de la naturaleza. Incluso caminar descalzo por un pequeño trozo de hierba le ayudará a sentir su magia. Aproveche cualquier oportunidad que tenga para pasar tiempo en la naturaleza, aunque sólo sean diez minutos al día. Si vive cerca de una gran masa de agua y el tiempo lo permite, vaya a remojarse los pies e invoque a la Diosa. Rodéese de plantas en su apartamento si ésa es su única forma de conectar físicamente con la naturaleza. Todo le ayuda a vincularse con su parte femenina oscura.

Diario

Tanto si lo utiliza como práctica independiente como si lo combina con otra técnica, llevar un diario puede ser una poderosa técnica de exploración de la sombra. Puede anotar su experiencia con los ejercicios de integración. También puede utilizarlo para documentar su progreso a medida que se vincula con su Diosa oscura interior. Escriba cada día y lea lo que ha escrito al final de la semana. Le permitirá reconocer pensamientos y emociones de los que no era consciente. Aunque no esté seguro de qué escribir o sienta que no tiene nada que escribir, saque su diario y dele rienda suelta a su oscuridad interior para que se exprese sin censuras. Puede que de repente se dé cuenta de que tiene mucho sobre lo que escribir.

Practicar el autodescubrimiento

Una de las mejores formas de abrazar a su yo sombrío es practicar el amor propio. Al mostrarse algo de amor, está indicando que está dispuesto a abrazar cada parte de sí mismo. Aceptarse tal y como es significa que se libera de cargas pasadas, hace las paces con sus errores y debilidades del pasado y le da a su cuerpo, mente y alma lo que más necesitan.

Meditación de la Luna oscura

La siguiente meditación de Luna oscura le llevará en un viaje hacia el encuentro con su Diosa oscura interior y el despertar de su energía.

Instrucciones:

1. Busque un lugar tranquilo donde pueda ponerse cómodo y no le molesten. Tranquilice su cuerpo y su mente y respire hondo varias veces.

2. Prepare su mente para un viaje ficticio a un bosque; puede ser un lugar que conozca, pero no tiene por qué serlo. Siguiendo su instinto, busque un claro en el bosque y encienda un fuego.

3. Después de acomodarse frente al fuego, establezca la intención de acceder a las partes más profundas de su alma. Respire hondo y sienta cómo el aire recorre su cuerpo: primero hacia arriba, hasta la coronilla, luego hacia abajo, hasta los pies y, por último, hasta el suelo.

4. Ahora ha despertado tanto la energía oscura de su interior como la de la Tierra. Sienta cómo viaja hacia su corazón y hacia el exterior, envolviéndole.

5. Sienta cómo el campo de energía se extiende a su alrededor hacia el perímetro del claro, manteniéndole a salvo de todos y de todo lo que le rodea.

6. Ahora, piense en sus planes para los meses siguientes. Sienta la energía que estos objetivos le evocan y canalícelos hacia el fuego que tiene delante. Piense en lo que estos planes significan para usted, en cómo cambiarán su vida y en quién le convertirán.

7. Déjese llevar a un estado de conciencia más profundo. De repente, se encuentra en la oscuridad, envuelto únicamente por la sutil luz de la luna oscura.

8. Permítase adaptarte a la oscuridad. A medida que lo haga, se sentirá más despierto y su corazón y su mente se abrirán a nuevas experiencias.

9. Deje ir todos sus miedos, dudas y pensamientos que ha creado como resultado de traumas pasados. Siéntase abierto a lo desconocido. Disfrute de la libertad que le aporta. Ahora está conectado con la oscuridad femenina.

10. Deje que la energía oscura conecte con su corazón y su alma, dándole poder para decir su verdad. Sienta cómo la Diosa se eleva hacia su corazón e incluso más allá, hacia el universo.

11. Cuando esté preparado, respire hondo y deje que las imágenes y la sensación se vayan. Siéntase tranquilo sabiendo que ya no tiene miedo a lo desconocido.

Capítulo 11: Honrar a las Diosas oscuras: Rituales y prácticas

Este capítulo final ofrece orientación práctica para quienes estén interesados en comprometerse activamente con las deidades femeninas oscuras. Las prácticas rituales y el patchwork pueden profundizar su conexión espiritual con la energía o el arquetipo de las Diosas oscuras. Además de enseñarle cómo realizarlas, este capítulo también le explicará cómo prepararse para estas prácticas.

Preparación y ambientación

Tener un lugar sagrado como centro de su práctica espiritual tiene numerosos beneficios para su conexión con la energía o arquetipo de la Diosa oscura. Al construir un altar o un área de culto similar, está creando un espacio para invocar a la Diosa. Tener un espacio consistente para sus prácticas también le ayudará a centrarse en su intención (un paso básico que deberá dar para manifestar cualquier deseo, incluida su necesidad de conectar con la Diosa oscura). Mientras crea un espacio sagrado para la práctica, también aprenderá las correspondencias de la Diosa, todo ello mientras expresa su creatividad. Al reunir la combinación adecuada de elementos, podrá crear un espacio personal, que abarque todo su espíritu, lo que sin duda atraerá a la Diosa oscura. También tendrá la oportunidad de conectar con la naturaleza.

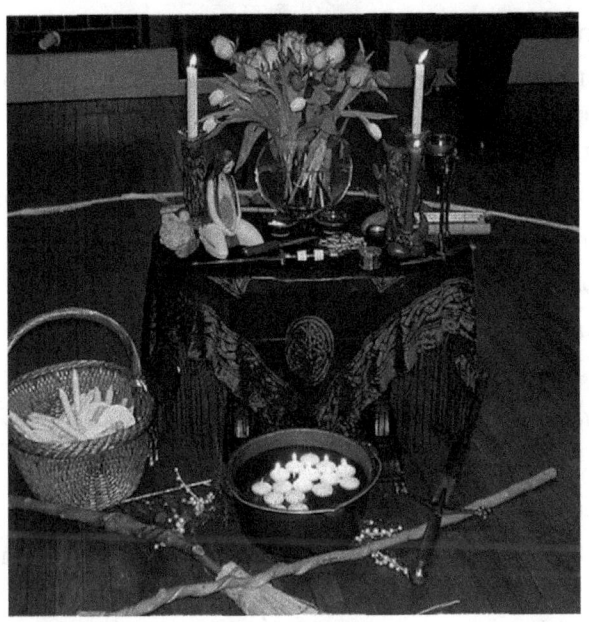

Construir un altar crea un espacio para invocar a su Diosa interior[80]

Desde su ubicación hasta los objetos que se colocan sobre él, hay muchos detalles que intervienen en la creación de un espacio sagrado. Lo primero y más importante es elegir un lugar adecuado, idealmente en una zona tranquila de su casa. Si no dispone de mucho espacio, siempre puede colocar un pequeño rincón en la cómoda, el tocador, dentro del armario o en el alféizar de la ventana. También tendrá que tener en cuenta su seguridad y bienestar físico y mental. Trabajar con Diosas oscuras puede implicar encender una vela o un fuego. Nunca lo deje desatendido. También debe prepararse para la aparición de pensamientos y sentimientos negativos. Asegúrese de estar preparado para esto. Si está luchando con problemas de salud mental o los notas mientras practica, deténgase y sólo continúe después de consultar con un profesional de la salud mental.

Rituales de conexión

Meditar con un símbolo

Una de las maneras más fáciles de conectar con una Diosa oscura es a través de uno de sus símbolos. Meditar con sus símbolos le ayudará a entrar en el espacio mental adecuado para manifestar su intención de conectar con la Diosa. Dibuje el símbolo de la Diosa que quiera invocar en un trozo de papel, medite y atraiga su energía.

Instrucciones:

1. Empiece por adoptar una postura cómoda en una habitación tranquila por la noche. Asegúrese de que no le molesten durante al menos 10-15 minutos.
2. Tome el símbolo en sus manos y salude a la Diosa:
   "Gran Diosa, te saludo ahora
   Gobernante de la oscuridad y de lo invisible
   Cuidadora de las energías oscuras
   La divina femenina.
   Estoy listo para unirme a ti
   Por favor, escucha mi llamada y ven a mi lado".
3. Visualice el símbolo ante sus ojos.
4. Respire hondo y concéntrese en sentir la rica fuente de energía que emana del símbolo.
5. Sienta cómo el poder de la Diosa le alcanza y envuelve su cuerpo. Sienta cómo se anima a afrontar los retos que se le presenten.
6. Siga concentrándose en la energía del símbolo hasta que se sienta preparado para completar la meditación.
7. Cuando esté preparado, deje que la imagen se desvanezca.
8. Exhale profundamente y deje que su mente vuelva a sus pensamientos cotidianos.

Viaje y patchwork

El viaje y el patchwork son medios útiles para conectar con las Diosas oscuras a un nivel más profundo. Como le llevan en un viaje explorando pensamientos y emociones, fomentan la autorreflexión, especialmente si se combinan con un diario.

La siguiente meditación le ayudará a encontrarse y comunicarse con una Diosa oscura de su elección. Permanecerá en un lugar durante 8-10 minutos, así que asegúrese de encontrar una posición cómoda y apoyo para la espalda si es necesario.

Instrucciones:

1. Siéntese con las piernas cruzadas sobre una esterilla. Apoye la mano en las piernas y asegúrese de que la espalda está relajada sin encorvarse.
2. Utilizando los músculos abdominales, respire profundamente tres veces. De este modo, su respiración será aún más profunda. Hágalo lentamente con un suspiro largo y audible cada vez que exhale.
3. Después de la tercera exhalación, examine su cuerpo para ver si está relajado y cómodo o si necesita hacer algún ajuste en su postura.
4. Cierre los ojos e imagínese caminando por un sendero oscuro de grava en una noche tranquila. Visualice una luna menguante o nueva saliendo por encima de las líneas de árboles (cuanto más oscura, mejor).
5. Siga caminando con confianza hacia adelante en su visión, y trate de refugiarse en la soledad y la compañía de la oscuridad que le rodea. Hace frío, y puede ver las pequeñas bocanadas que hace su respiración en el frío del aire del atardecer.
6. Mientras camina, imagine una luz parpadeante delante suyo. Cuando se acerque, verá que la luz viene de lejos. Camine hacia ella.
7. A continuación, visualice una pequeña ofrenda que lleva en las manos. Puede ser cualquier cosa que quiera ofrecer a la Diosa que está invocando.
8. De repente, el viento se levanta y ha llegado a Su destino. Una zona iluminada por antorchas y rodeada por la inmensa oscuridad.
9. Respire hondo y deje su ofrenda mientras reza una oración en voz baja a la Diosa. Mientras lo hace, empiece a concentrarse en lo que le rodea.
10. De repente, coja una fuente de energía en el aire. Si se siente inestable, visualícese agarrándose a algo resistente para mantenerse erguido.
11. Ahora, imagine que el ruido y los vientos se desvanecen y que la noche vuelve a ser silenciosa y pacífica. Su ofrenda está ahora en el suelo. Sin embargo, al girarse lentamente, se da cuenta de que no está solo.

12. Observe a la mujer envuelta en una capa negra que se acerca en silencio. Después de saludarla, no dude en mirarla a la cara. Observe cómo sus ojos irradian una sabiduría atemporal.
13. Visualícela saludándole y dándole las gracias por visitarla en su lugar sagrado. Aunque pueda parecer intimidante, sabe que no debe tenerle miedo porque está aquí para guiarle a través de las dificultades a las que pueda enfrentarse en la próxima etapa de su vida.
14. Observe cómo la Diosa se da la vuelta y se aleja lentamente. Respire hondo y deje que el viaje le lleve de vuelta a casa. Haga tres respiraciones lentas y audibles para volver.

Ejemplos de rituales y meditaciones

Meditación de Hecate en un umbral

Como guardiana de las encrucijadas, Hecate es la más fácil de alcanzar. Asegúrese de que el umbral que utilice no esté perturbado para que pueda concentrarse en el ejercicio sin interrupciones. Explicamos cómo meditar con Hecate en un umbral:

1. Empiece al anochecer, ya que es otro momento de transición en el que el poder de la Diosa para llegar a este mundo es más fuerte. Apague todas las luces y aparatos electrónicos cercanos, y siéntese cerca del umbral elegido.
2. Apoye la espalda en algo que la sostenga y coloque un cojín detrás. Respire hondo y cierre los ojos.
3. Imagínese caminando cuesta arriba hacia una casita. Pasee hacia ella y no tema entrar. Respire hondo varias veces si necesita calmarse.
4. Imagínese entrando en una casita muy iluminada. Cuando sus ojos se adapten a las luces, verá que la casa es más espaciosa de lo que parecía desde fuera. De repente, una figura femenina emerge y llega a lo que se revela como la encrucijada.
5. Se ve sonriendo a Hecate mientras ella le devuelve la sonrisa y le da la bienvenida con su energía nutritiva. Puede preguntarle a la Diosa si hay algo que quiera que sepa mientras iniciáis vuestro viaje juntos. Si no está preparado para preguntarle nada, simplemente deje que su presencia le relaje y le fortalezca.

6. Deje que la imagen de Hecate desaparezca, pero puede permanecer en la encrucijada todo el tiempo que quiera. Incluso puede dejarse llevar por el sueño si lo desea.
7. Cuando esté listo, salga de la cabaña. Al salir, permítase volver a la realidad mientras abre lentamente los ojos.

Meditación nocturna con Nyx

Esta meditación nocturna se centra en abrazar la energía oscura de Nyx, por lo que debe realizarse bien entrada la noche. A efectos prácticos, se recomienda elegir un lugar cerca de su altar donde pueda colocar una vela y encenderla para Nyx.

Instrucciones:

1. Después de encender una vela para la Diosa, apague todas las luces y siéntese en una postura cómoda.
2. Al exhalar, suelte cualquier tensión de su cuerpo y deje que su mente se sumerja en un estado de relajación y serenidad.
3. Vuelva a respirar profundamente y prepárese para viajar a la profundidad de la noche.
4. De repente, se ve en un prado exuberante, verde y terroso por la noche. Empiece a explorar el campo mientras le acompañan los sonidos de la noche.
5. Visualice una entrada en un árbol cercano al prado. Al cruzar la entrada, empiece a sentir que la energía divina le alcanza, haciéndole más confiado en su propósito.
6. Imagine a la Diosa de pie ante usted, vestida con una túnica negra. Le ofrece su protección y la acepta. Contemple su imagen y sabrá que, al igual que ella sobrevivió a muchos desafíos, usted también lo hará hasta que el viaje de su alma en esta vida termine.
7. Antes de irse, ofrézcale a la Diosa una pequeña muestra de gratitud. Puede ser un pensamiento de inutilidad, prejuicio o cualquier emoción negativa que quiera dejar atrás.
8. Para llenar el espacio dejado por los pensamientos y emociones negativos, la Diosa le ofrecerá sus bendiciones. Respire profundamente tres veces mientras las acepta y las abraza.
9. Deje que afloren las emociones que evoca su energía. Sienta lo que sienta (tristeza, rabia, ansiedad, etc.) acójalas en el aquí y ahora.

10. Después de darle las gracias, camine de vuelta por el prado, trayendo lentamente su conciencia de vuelta al presente.

11. Cuando esté preparado, abra los ojos y siéntase revitalizado y lleno de energía positiva.

Invocación a Kali

La siguiente invocación a Kali le ayudará a aprovechar la energía de la Diosa cuando sienta la necesidad de una purificación interna. Necesitará una representación de Kali.

Instrucciones:

1. Busque un lugar tranquilo, encienda una vela para la Diosa y relájese respirando profundamente durante 5-10 minutos.

2. Cuando esté preparado, haga tres respiraciones para enraizarse y centrarse. A continuación, visualice una luz brillante que le envuelve.

3. Cierre los ojos y dígase a sí mismo que está a salvo y protegido por la Diosa.

4. Piense en lo que le perturba, trayendo a su conciencia cada pensamiento, emoción y creencia. Hágalo durante cinco minutos o el tiempo que necesite para ser plenamente consciente de todo lo que le preocupa.

5. Abra los ojos y mire la representación de Kali. Centrándose en cada detalle de la imagen que tienes delante, dígase a sí mismo lo que ve. Hágalo durante tres minutos y siéntase impregnado de la esencia de Kali.

6. Cante el nombre de Kali durante otros tres minutos, cierre los ojos y concéntrese en su intención de invocar a la Diosa.

7. Cuando sienta que sus energías se unen, tómese unos minutos para sentarse con ella.

8. Cuando esté preparado, agradezca a Kali que haya venido a su lado y le haya ofrecido su empoderamiento.

9. Afirme que está protegido por su energía y deje que sus ojos se abran lentamente.

Tablas de correspondencias

Hecate

La Diosa de la brujería, la noche, la nigromancia y la luna.

Equivalentes
- La Diosa romana Trivia.
- La Diosa triple irlandesa Morrigan.
- La Diosa mesopotámica Ereshkigal.
- La antigua Diosa egipcia Heka.

Colores

Colores principales:
- Negro.
- Rojo.
- Blanco.

Otros colores:
- Azul.
- Amarillo.

Ofrendas
- Tartas redondas.
- Pescado.
- Miel.

- Leche.
- Hidromiel y vino tinto.
- Granadas.
- Velas (preferiblemente de los colores asociados a ella).
- Almendras.
- Salvia.
- Tejo.
- Obsidiana.
- Cuarzo.
- Conchas marinas.
- Plumas de búho, cuervo o corneja.
- Imágenes, dibujos o esculturas de la luna.

Símbolos
- Llaves.
- Antorchas.
- Rueda de Hecate.

Fases de la Luna

La luna creciente, la luna llena y la luna menguante simbolizan su arquetipo de Triple Diosa. La Diosa también se celebra en luna oscura.

Animales sagrados
- Perros.
- Cuervos.
- Serpientes.
- Cuervos.
- Jabalíes.
- Caballos.

Números sagrados
- 3
- 7
- 13

Perséfone

La Diosa de la Primavera y la fertilidad, y la Reina del Inframundo.

Equivalentes

- La antigua Diosa egipcia Isis.
- La Diosa nórdica Hel.

Colores

Colores principales:

- Verde.
- Dorado.
- Rojo.
- Negro.

Otros colores:

- Amarillo.
- Índigo.
- Morado.

Ofrendas

- Granadas.
- Una corona de flores.
- Rosas, lirios, amapolas u otras flores primaverales o silvestres.
- Perejil.
- Trigo.
- Ciprés.
- Granos.
- Miel.
- Incienso floral.
- Melisa, menta piperita o hierbabuena hervidas o machacadas.
- Imágenes o representaciones de carneros o murciélagos.

Símbolos

- Granadas.
- Antorchas.

- Granos.

Fases de la luna

Primer cuarto.

Animales sagrados

- Murciélagos.
- Carneros.
- Monos.
- Loros.

Plantas

- Semillas de granada.
- Narciso.
- Lavanda.
- Sauce.
- Hiedra.
- Lirio.
- Margarita.
- Helecho rubio.

Nyx

La Diosa primordial de la noche en la antigua Grecia.

Equivalentes

- La Diosa romana Nox.
- La antigua Diosa egipcia Neftis.

Colores

- Negro.
- Verde oscuro.
- Índigo.
- Violeta

Ofrendas

- Vino tinto.
- Plumas oscuras.

- Té negro.
- Café.
- Rosas, amapolas, lirios y cualquier flor oscura.
- Incienso.
- Resina.
- Melaza.
- Bayas oscuras.
- Chocolate negro.
- Símbolos celestiales.

Símbolos
- Alas negras.
- Nubes oscuras.
- Huevo.
- Estrellas.
- Niebla negra.

Fases de la luna
Luna nueva.

Animales sagrados
- Búhos.
- Perros.
- Murciélagos.

Sekhmet

La Diosa guerrera del antiguo Egipto y la Diosa de la Medicina.

Equivalentes
- La Diosa romana Bellona.
- La Diosa griega Enyo.
- La Diosa hindú Kali.

Colores
- Rojo.
- Naranja.
- Amarillo.

Ofrendas
- Vino tinto.
- Incienso.
- Representaciones de gatos o leones.
- Leche.
- Fuego.
- Piedras preciosas rojas como la cornalina, el granate y el rubí.
- Comida picante.

Símbolos
- Lino rojo.
- Leona.
- Disco solar.

Hierbas
- Hierba gatera.
- Albahaca.
- Laurel.
- Pachulí.
- Raíz de sangre.

Neftis

Antigua Diosa egipcia protectora del aire.

Equivalentes
- La Diosa griega Nyx.
- La Diosa romana Nox.

Colores
- Negro.
- Rojo.

Ofrendas
- Incienso.
- Paño negro.
- Vino.

- Agua.
- Pan.
- Flores.

Símbolos
- Buitres.
- Sicomoros.

Animales sagrados
- Serpientes.
- Buitres.
- Cuervos.

Plantas
- Higuera sicomoro.
- Papiro.
- Persea.

Hathor

Antigua Diosa egipcia del cielo, las mujeres, el amor y la fertilidad.

Equivalentes
- La Diosa griega Afrodita.
- La Diosa romana Venus.

Colores
- Verde.
- Azul.
- Negro.

Ofrendas
- Pan.
- Vino.
- Queso.
- Piedras preciosas como malaquita y turquesa.
- Artículos de cobre y oro.
- Velas blancas, rosas o rojas.

- Joyas.
- Telas en sus colores sagrados.
- Espejos.

Símbolos
- Vaca.
- Disco solar.
- Sistro.
- Árbol de la vida.

Hierbas
- Rosa.
- Manzanilla.
- Mirra.
- Canela.
- Sidra.
- Jazmín.

Nut

Antigua Diosa egipcia del cielo y guardiana de la bóveda celeste.

Equivalentes
- El Dios griego Urano.

Colores
- Azul.
- Negro.

Ofrendas
- Agua.
- Pan.
- Higo.
- Uvas.
- Incienso.
- Velas.
- Linternas.

Símbolos
- Estrellas.
- Agua.
- Ollas.
- Viento.

Animales sagrados
- Conejitos.
- Ranas.
- Abejas.

Plantas
- Loto.

Lilith

La figura mesopotámica de la independencia y la libertad de la mujer se asocia con elementos oscuros.

Equivalentes
- Lamia de la mitología griega.

Colores
- Rojo.
- Negro.

Ofrendas
- Velas de color rojo, negro, plateado y morado.
- Imágenes o representaciones de la luna negra.
- Figuras de búhos y serpientes.
- Pinturas del cielo nocturno y la galaxia.
- Manzanas.
- Vino tinto.
- Manzanas.
- Granadas.

Símbolos
- La triple luna.
- El signo de Venus.
- Rosa salvaje.

Fases de la luna
Luna negra.

Animales sagrados
- Serpiente.

Hierbas
- Pachuli.
- Ajenjo
- Raíz de mandrágora.
- Verbena.
- Artemisa.

Inanna

La Diosa sumeria de la guerra, el amor y la fertilidad.

Equivalentes
- La Diosa griega Afrodita.
- La Diosa griega Atenea.
- La Diosa romana Minerva.
- La Diosa romana Venus.
- La Diosa cananea Astarté.
- La Diosa cananea Anate.

Colores
- Verde.
- Negro.
- Rojo.
- Blanco.
- Plata.

Ofrendas
- Licores.
- Granos.
- Pan.
- Dátiles.
- Miel.
- Incienso.
- Flores como rosas y lirios.

Símbolos
- León.
- Estrella de ocho puntas.

Animales sagrados
- Leones.
- Palomas.
- Murciélagos.
- Serpientes.
- Mariposas.

Plantas
- Lirios.
- Juncos.
- Mirto.
- Narciso.

Ereshkigal

La Diosa sumeria con cuernos del Inframundo.

Equivalentes
- La Diosa griega Hecate.

Colores
- Negro.
- Violeta.
- Marrón oscuro.

Ofrendas
- Pan.
- Vino.
- Cerveza.
- Incienso.
- Zumo de granada o lima.
- Platos de plata.
- Ciruelas.
- Trigo.
- Ajo.
- Nuez moscada.

Símbolos
- El símbolo del ojo maldito.
- Las siete puertas del Inframundo.
- Búhos.

Fases de la luna

Luna oscura y menguante.

Baba Yaga

Equivalentes
- La Diosa griega Hécate.
- La figura mitológica celta Cailleach.
- La Diosa celta Morrigan.

Colores
- Negro.
- Marrón.
- Verde oscuro.

Ofrendas
- Pan.
- Tortitas.
- Crepes.

- Mantequilla.
- Leche.
- Queso.
- Vodka o vino.

Símbolos
- Mortero y mano de mortero.
- Horno.
- Cráneo y huesos.

Fases de la luna
Luna oscura y menguante.

Animales sagrados
- Corneja.
- Cuervo.

Marzanna /Morena

Diosa eslava de la muerte, el renacimiento, la peste y el invierno.

Equivalentes
- La Diosa griega Hecate.
- La Diosa griega Deméter.
- La Diosa romana Morta.
- La Diosa romana Ceres.

Colores
- Rojo.
- Blanco.
- Negro.
- Verde.

Ofrendas
- Hoz.
- Manzanas rojas y amarillas.
- Cuentas rojas.
- Imágenes de serpientes y ocas.

- Tallos de cereal.
- Una corona de flores.
- Llaves.
- Miel.
- Hidromiel.
- Cerveza.
- Cristales.

Símbolos
- Aves.
- Serpientes.
- Muñecos de paja.

Animales sagrados
- Pájaros.
- Serpientes.
- Ranas.

Plantas
- Granos.
- Manzanos.
- Flor de sauco.

Kali

La Diosa hindú de la oscuridad, la destrucción y la muerte.

Equivalentes
- La Diosa egipcia Sekhmet.
- La Diosa celta Morrigan.

Colores
- Negro.
- Azul.
- Rojo.

Ofrendas
- Mijo rojo.
- Piedras preciosas como la turmalina roja, el cuarzo ahumado y la labradorita.
- Flores rojas o blancas.
- Inciensos como el jazmín y el sándalo.
- Plátanos.
- Coco.

Símbolos
- Espada.
- Tridente.

Fases de la Luna
La luna oscura y la luna nueva

Animales sagrados
- Tigre.
- León.

Plantas
- Hibisco.
- Narciso.

Durga

La Diosa hindú de la guerra, la destrucción y la maternidad.

Equivalentes
- La Diosa griega Atenea.
- La antigua Diosa egipcia Sekhmet.

Colores
- Blanco.
- Rojo.
- Azul.
- Amarillo.
- Gris.

- Naranja.
- Verde.

Ofrendas
- Azúcar.
- Platos tradicionales como halwa y puri.
- Flores rojas de hibisco.
- Jengibre.
- Leche.
- Coco.

Símbolos
- Tridente.
- Caracola.

Fases de la luna

La luna creciente.

Animales sagrados
- Tigre.
- León.

Plantas
- Planta de arroz.
- Plátano.
- Ciruelo.
- Granada.
- Colocasia.
- Sesbania sesban.
- Manzana de madera.
- Cúrcuma.
- Árbol de Ashoka.

Chinnamasta

La Diosa hindú de la energía divina femenina.

Colores
- Rojo.
- Negro.

Ofrendas
- Flores.
- Incienso.
- Frutas.
- Dulces.

Símbolos
- Espada.

Chamunda

Se cree que es un aspecto de la Diosa Durga y se asocia con la transformación, la protección y la destrucción.

Equivalentes
- La Diosa hindú Durga.

Colores
- Rojo.
- Negro.

Ofrendas
- Flores rojas o negras.
- Incienso, especialmente de jazmín o sándalo.
- Frutas.
- Dulces.

Símbolos
- Tridente.

Elementos
- Fuego.

Oya

La Diosa santera de las tormentas, los relámpagos y la muerte.

Equivalentes
- El Dios griego Eolo.

Colores
- Marrón.
- Borgoña.
- Morado.

Ofrendas
- Ciruelas.
- Berenjena.
- Vino tinto.
- Carne.
- Chocolate negro.
- Cristales.
- Cerezas.
- Uvas.
- Alimentos picantes.

Símbolos
- Rayo.
- Río Níger.
- Viento.
- Fuego.

Animales sagrados
- Buitres.

Plantas
- Planta de Crotón.

Números sagrados
- 9.

Yewa

La Diosa santera de la muerte y la virginidad.

Colores
- Blanco.
- Rosa.
- Escarlata.

Ofrendas
- Platos de pescado.
- Flores.
- Velas burdeos o negras.
- Vino blanco.
- Dulces.

Símbolos
- Masas de agua.
- Velos rosas.
- Lápidas.
- Conchas de vaca.
- Espejos.

Fases de la luna
Luna llena

Animales sagrados
- Búho.
- Peces.
- Delfines.

Plantas
- Loto blanco.
- Lirios.
- Crisantemos.
- Orquídea.

Elementos
- Agua.

Ala

Diosa igbo de la tierra, la moral y la fertilidad.

Equivalentes
- La Diosa romana Ceres.
- La Diosa romana Juno.

Colores
- Rojo.
- Marrón.

Ofrendas
- Nueces de Kola.
- Ñames.
- Carne.
- Vino de palma.
- Frutas.

Símbolos
- Ñames.

Fases de la luna
Luna creciente.

Animales sagrados:
- Pitón.

Elementos
- Tierra.

Morrigan

La Diosa irlandesa de la guerra, la brujería y la muerte.

Colores
- Rojo.
- Blanco.
- Negro.
- Morado.
- Índigo.

Ofrendas
- Carne.
- Manzana.
- Vino.
- Plumas.

Símbolos
- Cornejas.
- Cuervos.
- Plumas.
- Velas.
- Espadas.
- Hachas.
- Lanzas.
- Escudos.
- La Luna.

Fases de la luna
La luna oscura

Animales sagrados
- Lobos.
- Vacas.
- Caballos.
- Aves carroñeras.

Plantas y hierbas
- Belladona.
- Verbena.
- Jengibre.
- Trébol rojo.
- Artemisa.
- Tomillo.
- Espino negro.

Macha

La Diosa celta de la guerra.

Colores
- Rojo.
- Verde.

Ofrendas
- Cereales.
- Leche.
- Queso.
- Mantequilla.
- Manzanas.
- Hidromiel.

Símbolos
- Caballos.
- Coronas.
- Una gavilla de trigo.

Animales sagrados y plantas
- Caballos.
- Granos.
- Trigo.

Elementos
- Tierra.
- Agua.

Badb

La Diosa celta de la guerra y la soberanía.

Colores
- Negro.
- Rojo.

Ofrendas
- Carne.
- Fruta.
- Vino.

Símbolos
- Cornejas.
- Cuervos.
- Lanzas.
- Calderos.

Fases de la luna
Luna oscura y menguante.

Elementos
- Tierra.
- Aire.
- Agua.

Cailleach

La Diosa celta del frío y los vientos.

Colores
- Azul.
- Blanco.
- Gris.

Ofrendas
- Piedras.
- Whisky.
- Pan.
- Tortas de avena.
- Artículos de lana o fibra.

Símbolos
- Bastón.
- Calderos.
- Piedras.

Fases de la luna
Luna oscura y menguante
Animales sagrados
- Liebres.
- Ciervos.

Elementos
- Tierra.

Hel

La Diosa nórdica de la muerte y el Inframundo.
Colores:
- Negro.
- Gris.
- Azul oscuro.

Ofrendas
- Monedas y objetos de valor.
- Lirios blancos.
- Comida y bebida.

Skadi

La esposa gigante del Dios del Mar en la mitología nórdica.
Colores
- Blanco.
- Plata.
- Azul.

Ofrendas
- Carne.
- Pescado.
- Estofado.
- Pan.
- Cristales.

Símbolos
- Esquís.
- Copos de nieve.
- Material de caza.

Animales sagrados y plantas
- Lobos.
- Árboles de hoja perenne.

Angrboda

El portador del dolor en la mitología nórdica.

Colores
- Marrón.
- Verde.

Ofrendas
- Carne.
- Hidromiel.
- Incienso.
- Guisos.
- Piedras.

Símbolos
- Lobos.
- Serpientes.
- Dragones.
- Montañas.

Elementos
- Tierra.

Conclusión

La fascinación por las culturas antiguas nunca cesará. La historia, la mitología, la religión y la cultura siempre han intrigado al mundo. Una de las partes más interesantes de las diversas culturas son sus deidades. Algunas personas se sienten conectadas a un Dios o a una Diosa. Si una Diosa oscura le llama, su vida se transformará en más de un sentido.

Empezó este libro conociendo el concepto y el significado de la Diosa oscura y cómo puede ser una poderosa fuerza de transformación. También descubrió su significado, simbolismo y orígenes y cómo los arquetipos y el yo sombra están asociados con la Diosa oscura.

Después pasó a explorar las Diosas oscuras de todas las culturas antiguas. Empezando con las a menudo incomprendidas Diosas griegas Hecate, Perséfone y Nyx y sus temas y características arquetípicos.

El antiguo Egipto está lleno de misterios. Aprender sobre sus deidades le acercará un paso más al descubrimiento de sus secretos. Ha descubierto la mitología detrás de cada Diosa oscura y su asociación con la guerra, el caos y la muerte.

A continuación, se adentró en el mundo de dos fascinantes culturas antiguas: la mesopotámica y la eslava, explorando los atributos, mitos y leyendas asociados a ellas.

La antigua cultura hindú ha sido influyente, pero mucha gente no está familiarizada con sus deidades. Ha descubierto las características clave, el simbolismo y las formas populares de la Diosa oscura. Luego ha viajado a la antigua África para aprender sobre sus Orishas y los aspectos espirituales que hay detrás de ellas.

Las culturas celta y nórdica son muy populares y mucha gente conoce a sus deidades. Sin embargo, se sabe menos sobre sus Diosas oscuras. Usted ha desvelado el misterio que se oculta tras ellas, además de conocer su mitología.

Por último, ha aprendido a abrazar a la Diosa oscura interior y a conectar con lo divino femenino, descubriendo a su vez los enfoques psicológicos y espirituales del yo en la sombra. También ha aprendido rituales y prácticas para honrar a su Diosa oscura y profundizar en la conexión con su energía.

Segunda Parte: Virgen Negra

Desvelando el poder espiritual secreto de la Diosa Madre

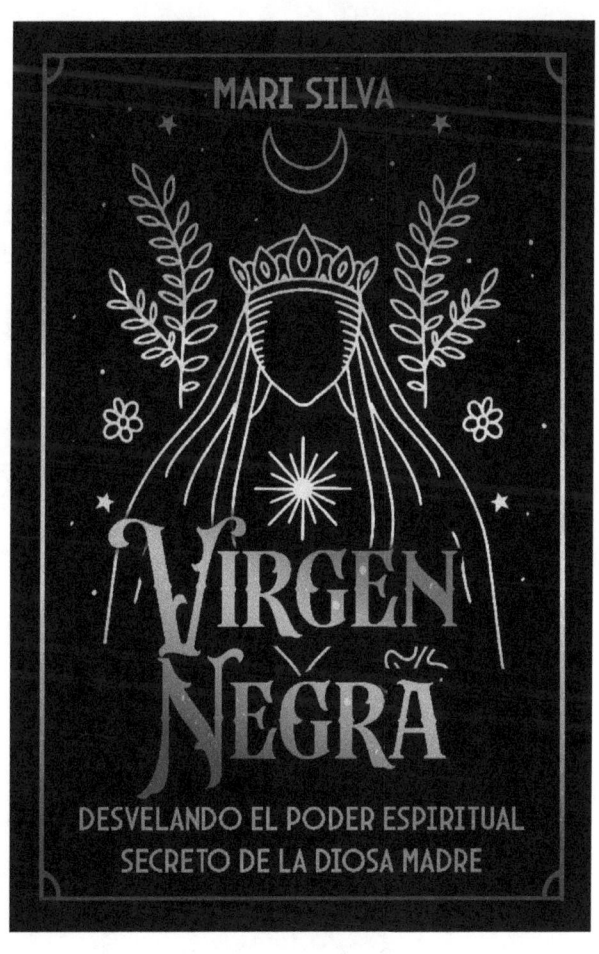

Introducción

La Virgen Negra es un icono enigmático. Con su corazón cálido, sus ojos profundos y su piel oscura, atrae los corazones de millones de personas en todo el mundo. Este ser, conocido por curar muchas enfermedades y dolores emocionales, transformar muchas vidas e inspirar la paz, es venerado y honrado por muchos como una amorosa Diosa Madre. Acoge a todos y cada uno en su redil, lucha para proteger a las personas que depositan su confianza en ella y ofrece su incomparable sabiduría y guía en todas las cosas, grandes y pequeñas.

Si le interesa la espiritualidad, disfrutará leyendo este libro. Está repleto de sabiduría ancestral explicada de un modo que la mente moderna puede captar. Estas páginas son una introducción a la Virgen Negra, la Madre Oscura que nutre y cuida de todos. Si se siente atraído por el simbolismo que ella representa y busca algo más allá de las habituales creencias religiosas tradicionales que le atan, lo más probable es que esté a punto de encontrar todo lo que siempre ha deseado.

La redacción de este libro es fácil de entender. Normalmente, los temas esotéricos y espirituales se escriben en un lenguaje que dificulta la comprensión de los conceptos fundamentales, por no hablar de ponerlos en práctica en la vida. Este libro no tiene nada que ver con eso. Tanto si siempre ha conocido a la Virgen Negra y domina los asuntos espirituales, como si se está iniciando en el tema, en estas páginas encontrará muchas joyas preciosas. La sabiduría que se le ofrece es práctica, para que sepa cómo tomar lo que aprende y utilizarlo para transformar su vida.

¿Está preparado para recibir el amor, la sanación, la protección y la guía que siempre ha buscado? ¿Está preparado para experimentar la verdadera espiritualidad viva bajo la amorosa guía e instrucción de la Virgen Negra? ¿Está ansioso por conocerla? Pues su viaje comienza con el primer capítulo.

Capítulo 1: ¿Quién es la Virgen Negra?

Ha elegido este libro porque quiere conocer a la Virgen Negra. Algo en su interior se agita, responde a su llamada. Puede que no sepa con certeza quién es la Virgen Negra y si es relevante para usted. Sin embargo, cuando haya leído este capítulo, llegará a conocer su esencia y, si decide permitírselo, experimentará su presencia en su vida de una forma poderosa. Antes de arrojar luz sobre quién es ella, debe comprender en qué consiste la divinidad femenina.

La divinidad femenina

¿En qué consiste la divinidad femenina? La divinidad se expresa en formas masculinas y femeninas. Estas energías están presentes en todos y en todo en la creación. Si lo piensa, puedes ver esta dualidad en todas las facetas de la vida. Hay día y hay noche. Hay luz y oscuridad. Existen los conceptos de frío y calor, alto y bajo, grande y pequeño, orden y caos, y el yin y el yang.

El divino femenino y el divino masculino superan el concepto básico de género. En su lugar, representan rasgos y arquetipos específicos que son muy reales y observables en la vida diaria. Independientemente de su género, lleva estas dos energías dentro. Lo que le diferencia de otra persona es la proporción única de energía femenina y masculina que expresa, e incluso eso varía según el contexto en el que se encuentre.

Los procesos mentales con los que ha sido bendecido son impulsados por la energía masculina, mientras que los procesos de los sentimientos son dominio de la energía femenina. Podría pensar que la energía masculina es directa, se mueve desde dentro hacia fuera, proporciona seguridad y se da a sí misma. En cuanto a la energía femenina, no es una línea recta, sino un círculo. La energía divina femenina va hacia el interior. Es una fuerza que nutre a unos y a otros, y más que dar, es receptiva. Así pues, mientras que lo divino masculino consiste en crear, hacer y actuar, lo divino femenino consiste en recibir, ser y permitir. Este libro trata de la esencia de lo divino femenino. No sugiere que lo divino masculino no tenga utilidad. Por lo tanto, sólo se centrará en la persona que le ha atraído a este libro.

Las personas que han experimentado el poder de la divinidad femenina en sus vidas no tienen nada más que compartir que testimonios positivos de esta fuerza en sus vidas. Ella es la energía que enseña a confiar, a descansar seguro en la fe de que los deseos se cumplen y se manifestarán exactamente cuándo deben, ni demasiado pronto ni demasiado tarde. Ella es poder. Ella es amor. Ella es la esencia de lo que significa ser. Todo lo que hace en la vida se deriva del estado de simplemente ser. Ella es un recordatorio para encarnar la versión de sí mismo que le gustaría ser para que pueda experimentarse como esta persona, y la vida pueda afirmar que esto es en lo que se ha convertido.

Cuando reconoce y honra a lo divino femenino, descubrirá que vive una vida libre de fuerzas. Sabrá que no tiene que hacer demasiado para atraer lo que desea, porque está co-creando con las fuerzas universales. Desarrollará una conciencia de ser uno con todo; por lo tanto, sabrá que atrae aquello con lo que su estado de ser resuena automáticamente. Lo Divino Femenino es el poder que impulsa la intuición, ayudándole a saber lo que necesita de maneras inexplicables, y algunos dirían ilógicas. Ella le enseña a trascender la prisión de la lógica y a confiar en que cada una de sus necesidades está resuelta incluso antes de que se dé cuenta de que tiene ese deseo.

Dentro de la divinidad femenina, no hay manera de que pueda estar desesperado. No tendrá esa energía necesitada, de elegir. No sólo reconocerá la abundancia en su vida, sino que la experimentará en cada momento. Cuando se ahogue en dudas, no estará expresando lo divino femenino. Esas vibraciones más bajas son la herida femenina. Sin embargo, todas las heridas pueden ser sanadas. Todo lo que tiene que hacer es abrirse a la sensación de libertad. Permítase fluir con la vida, y la vida fluirá a través de usted. ¿Cómo puede permitir que esta energía le bendiga? Eligiendo confiar más, relajarse más y recibir más. Elija el descanso en lugar del estrés.

La divinidad femenina rige los ciclos de la vida. Ya sean las diferentes fases de la luna, la rotación de las estaciones o la siembra y la cosecha de los cultivos, ella encarna estos ciclos. Si los contempla, se dará cuenta de que suceden automáticamente, y estos ciclos son la encarnación del nacimiento, el crecimiento, la muerte y el renacimiento. Esta fuerza conecta con la tierra y con todas las cosas del mundo natural. Le recuerda que no está separado. Hay una conexión entre el mundo y todo lo que le rodea. Cuando comprenda esto, empezará a cuidar de su entorno, y eso es bueno.

Conoce a la virgen negra

La Virgen Negra es la personificación de la divinidad femenina[81]

Ha llegado el momento de responder a la pregunta que le ronda por la cabeza. La Virgen Negra es la personificación de la Divinidad Femenina.

No es una ficción. Es una presencia muy real, tanto que muchos se sienten atraídos a rendirle homenaje. En Suiza está la Virgen Negra de Einsiedeln. Cada año, al menos 500.000 personas acuden a su puerta para rendirle homenaje. En España, la Virgen Negra de Montserrat atrae al menos a un millón de personas que acuden a agradecerle su bondad y gracia. En Polonia, la Virgen Negra de Częstochowa recibe cada año a cuatro millones de personas. En caso de que se lo pregunte, sí, hay aún más estatuas y representaciones de esta María de color por todo el mundo. Ella inspira admiración. Su poder es inconfundible. Una vez que la conoce, es imposible que su vida siga igual. Experimentará su extraordinaria gracia y bondad cada día.

¿Qué tiene el arte de la Virgen Negra que fascina a muchos y cautiva sus corazones? ¿Es simplemente porque se la muestra como la Madre de Cristo, el salvador? Además, ¿cómo es que María, la madre de Dios, que ha sido estereotipadamente representada y generalmente aceptada como blanca en Occidente, es vista por otros como negra? La respuesta a este misterio se remonta al periodo comprendido entre los siglos XII y XIV. Durante esta época, muchos se dedicaban a cultos marianos, en los que se honraba a María y a Cristo. La Iglesia católica lo reconoció y decidió situarla en el centro de la fe, sin tener en cuenta que desde el año 431 no se la reconocía como divina, gracias a que el Concilio de Éfeso se pronunció en contra. Esta mujer, que no era considerada importante, se convertiría en la persona a la que la gente acudía en oración, esperando su toque sanador. Sabían que podía guiarles en todos sus asuntos. Con el tiempo, surgirían cultos marianos con representaciones de la madre de Dios de piel negra por toda Europa. Había una gran diferencia en su representación, aparte de la distinción en el color de la piel. La María negra no parecía tan recatada e inocente como la blanca. Parecía ser algo mucho más, con un significado espiritual mucho más poderoso que su homóloga católica. Era innegable para todos que la Virgen Negra era la verdadera Virgen, con un poder incuestionable.

Hay cierto debate sobre por qué estas representaciones de la madre de Cristo eran negras. Algunos historiadores insisten en que la única razón por la que son así es por las capas de hollín de incienso acumuladas a lo largo de los años. Creen que la negrura se debe a que las velas chamuscan las imágenes y a que las estatuas acumulan suciedad por haber permanecido bajo tierra. Su opinión es que la Virgen Negra nunca fue negra al principio, sino que se fue volviendo negra poco a poco. Pero eso no es cierto. Hay pruebas que demuestran que la gente de la época decidió deliberadamente pintarla de negro, e incluso si estaba descolorida, la mantuvieron así deliberadamente.

Es irrisorio sugerir que la Virgen Negra es un error. Marion Woodman y Elinor Dickson son dos teóricas junguianas que proponen que hay dos factores que llevaron a la creación y adopción de este ser benévolo. Los cristianos de Europa occidental se habían propuesto ir a la guerra contra los musulmanes porque les preocupaba que éstos se apoderaran de la Tierra Santa de Oriente Próximo, y querían recuperar los lugares que solían ser cristianos. Estas guerras se conocen como las Cruzadas, y como resultado de los saqueos, Europa llegaría a descubrir imágenes y figuras de la Virgen Negra. Inanna e Isis presentaban nuevas formas de ver el arquetipo de la Diosa y, naturalmente, los artistas europeos empezaron a representar a la Virgen con el mismo estilo. El segundo factor que Woodman y Dickson reconocieron es el efecto de la combinación de la adopción del amor cortés y el culto mariano. ¿Qué fue eso? La gente quedó fascinada por el concepto de "mujer idealizada". Antes de esta época, la blanca María era la representación de ese concepto. La gente necesitaba algo a su altura, y por eso la Virgen Negra no pudo llegar en mejor momento.

La negrura de esta deidad la hace importante. Muchos suponen que la oscuridad tiene que ver con lo malo, lo desconocido, las cosas que acechan en las sombras esperando una oportunidad para arruinarle. Sin embargo, el negro tenía un significado más generoso durante la Edad Media. La diferencia entre blanco y negro no era una simplificación excesiva que los redujera a buenos y malos. Cuando se considera el negro desde la perspectiva femenina, uno se da cuenta de que se trata de algo más que eso. La Virgen Negra es la encarnación del flujo de la vida, que incluye la muerte y el renacimiento. Por tanto, la muerte no se considera algo malo, sino necesario para que la vida continúe. La gente de la Edad Media ansiaba algo mucho más profundo y potente que lo que ofrecía la Virgen María estándar. Querían una conexión con la Diosa, y la consiguieron. La representación tradicional de la Virgen María no funcionaba. Al fin y al cabo, la única razón por la que la Iglesia la reconocía como un ser divino era ser la mujer simbólica para un grupo de hombres a los que no les importaban mucho las mujeres o la naturaleza. Por otro lado, la Virgen Negra representa la naturaleza y su poder para curar a todos. Representa el poder de la mujer, durante mucho tiempo ignorado y minimizado. Donde la Virgen María es toda blancura y pureza, la figura de una madre cariñosa que cuida de Jesús cuando es un bebé, la

Virgen Negra es la encarnación de la sensualidad de la feminidad. Se la puede encontrar sola o con Jesús en brazos y un rostro que da la impresión de gravedad y dignidad. La feroz independencia de la Virgen Negra atrae a muchos corazones.

El significado del color negro

A la Virgen Negra también se la llama Madre Oscura o Madre Africana. Siempre es negra. Cuando lleva al Niño Jesús, también se le representa negro. La Virgen Negra tiene muchas influencias históricas y culturales, pero sus orígenes son africanos. Se podría decir que las creencias tradicionales y espirituales africanas han tenido un fuerte impacto en las principales religiones practicadas en todo el mundo, a saber, el judaísmo, el cristianismo, el islam y el hinduismo. La Virgen Negra es un hilo conductor que teje su camino a través de cada religión y principio espiritual. La piel negra de la Virgen Negra es significativa de varias maneras.

La divinidad femenina: La piel negra de la Madre Oscura representa la esencia de la divinidad femenina. Esta energía contiene todas las cosas misteriosas y profundas. Es portadora de los misterios de la vida que ninguna mente ha comprendido aún y que es responsable de mantener vivos a todos y cada uno de nosotros. Es un recordatorio de la oscuridad del útero del todos hemos surgido. Esta oscuridad es de donde brota toda vida. Incluso cuando se plantan, las semillas se cubren en la tierra, se dejan crecer en la oscuridad antes de que broten a la luz. La piel negra demuestra el poder de la divinidad femenina para nutrirle, transformarle en algo más y restaurarle cuando esté agotado.

El proceso de creación y el concepto de fertilidad: El negro es el color de la fertilidad. Es la personificación de la riqueza. Consideremos, una vez más, las semillas dejadas en la oscuridad de la Tierra sólo para dar más vida. La piel de la Virgen Negra recuerda los principios eternos del crecimiento y la renovación. Permítale que le demuestre que tiene el poder de crear lo que desee en la vida y, mientras confíe en ello, disfrutará de una transformación continua a mejor.

El poder de abrazar su yo sombrío: Nadie es todo luz y bondad. El principio de dualidad está activo incluso cuando se trata de cómo vive su vida. La piel negra de la Diosa le anima a echar un vistazo a su aspecto sombrío. Le dice que, aunque tenga la tentación de huir de Sus dudas y miedos, es en ellos donde encontrará la curación, y sólo enfrentándose a ellos podrá experimentar el crecimiento en la vida. Así pues, la Madre Africana Le invita a sumergirse en las embravecidas tormentas de Su interior, porque será recompensado por su valentía y su voluntad de abrazar a su yo sombrío.

La definición de inclusividad: Mientras que la Virgen María blanca sólo amparaba a un grupo, la Virgen Negra es universal. No distingue razas ni culturas, pues su gracia se extiende a todos y cada uno. Su piel negra es el verdadero significado de la inclusión y un recordatorio de que la divinidad femenina es para todos, no para unos pocos. Ella rompe todas las barreras y divisiones, uniendo a toda la humanidad bajo un mismo paraguas. África es la cuna de la vida, por lo que la piel de la Madre Oscura es un recordatorio de que es la madre original de todos los hijos de la Tierra.

Muchas personas, una madre

La Madre Oscura tiene una innegable influencia global. Muchos conocen sus milagros y están encantados de dar testimonio de ellos, difundiendo noticias sobre quién es y qué puede ofrecer a las almas que confían en ella. Tiene muchos peregrinos devotos por una buena razón. En Argelia, es Nuestra Señora de África. En Costa de Marfil, la Virgen Negra con el Niño se encuentra en la basílica de Nuestra Señora de la Paz de Yamusukro. Los senegaleses la llaman *Notre Dame de la Délivrance,* que significa "Nuestra Señora de la Liberación". En Soweto, Sudáfrica, es simplemente la Virgen Negra.

¿Y en Filipinas? Allí se la conoce como Nuestra Señora de la Paz y del Buen Viaje de Antipolo. También la llaman Nuestra Señora de Guía, Nuestra Señora de los Desamparados, Nuestra Señora del Buen Suceso, Nuestra Señora de Regla, Nuestra Señora de la Peña de Francia, Nuestra Señora de la Visitación de Piat o Nuestra Señora de la Salvación. Estos son sólo algunos de los nombres con los que se la conoce en esta región, y no se trata en absoluto de una lista exhaustiva. Se la puede encontrar en todo el mundo, de África a Asia, de Europa a América del Norte y del Sur. Así queda claro que es venerada como Diosa madre.

Lo interesante de los nombres de la Virgen Negra es que son contenedores de su esencia. Por ejemplo, por algo se la llama Nuestra Señora de la Liberación. Debido a su gran alcance en diversas culturas, países y prácticas espirituales, la Virgen Negra es la verdadera encarnación de la unidad. Es alguien abierto a todos, la verdadera figura universal. Su compasión está a su disposición, sea quien sea. Ella no juega. No le interesan los favoritismos. Sabe que, esté donde esté en el mundo, puede acceder a su amor.

Un aspecto interesante de la mayoría de las religiones es que la idea de exclusividad suele estar presente. En las páginas sagradas de los textos religiosos, encuentra mensajes que indican que Dios ha apartado a un determinado grupo de personas del resto del mundo. Es natural sentir que no importa tanto como esas personas si no es uno de ellos. Sin embargo, la Virgen Negra es la respuesta a este ostracismo innecesario. A la Virgen Negra sólo le interesa el lenguaje del alma, que todo el mundo domina. Tanto si le grita como si le susurra lo que desea, ella siempre está ahí para escucharle y ayudarle.

¿Necesita recorrer el camino de la Virgen Negra? Dese cuenta de que todas las almas son iguales a sus ojos. No importa su edad, sexo o condición social. No le importa su historia personal. No podría importarle menos cuánto dinero tiene en su cuenta bancaria o si es viejo y arrugado o joven e inexperto. Siempre que se acerque a ella con el corazón abierto y desde la sinceridad, podrá entablar con ella un diálogo sagrado y ella le responderá como necesita.

Guardiana de los secretos del poder espiritual y la transformación

La Virgen Negra encierra secretos que muchos han eludido durante mucho tiempo, sobre todo en lo que respecta al poder espiritual o la capacidad de transformar su vida en lo que le plazca. Esta Diosa está estrechamente vinculada a antiguas tradiciones en las que se honraba a la divinidad femenina. Gracias a estas antiguas conexiones, puede recurrir a ella para obtener conocimientos espirituales sobre cómo utilizar el poder del espíritu para crear la vida de sus sueños. Este ser es una maestra del proceso de la alquimia divina. Dado que ella es la materia bruta (*o prima materia*), que necesita para ejercer el poder espiritual y traer un cambio poderoso en la vida. Nadie mejor que ella sabrá cómo progresar hacia la iluminación.

La Madre Africana es la unión de la luz y la oscuridad. Le muestra cómo estas fuerzas están en su interior, independientemente de que lo reconozca o no. No puede ser siempre de una forma u otra, y ella le recuerda que no hay nada malo en ello. Tiene dos caras. Si se toma en serio su sabiduría y acepta los dos lados aparentemente contradictorios de sí mismo, será más sabio y mejor.

Si busca curación, guía, protección o cualquier otra cosa, siempre puede recurrir a la Virgen Negra, y ella le ayudará. Históricamente, ha habido muchas historias sobre su ayuda a las personas que sufren, ya sea físicamente o de otro modo. Ella es la encarnación del proceso de transformación. Puede hacer todo lo necesario para manifestar la vida que desea. Sin embargo, para asegurarle de que experimenta la mayor facilidad y fluidez posibles, debe conectar con la Virgen Negra. Si se está preguntando si tiene derecho a conectar con esta deidad, como se ha mencionado antes, a ella no le importa de dónde es o con quién se identifica. Mientras se acerque a ella con un corazón sincero y el deseo de ser tocado por su gracia, experimentará milagros.

Capítulo 2: Su arte sagrado

La universalidad del arte

Lo hermoso del arte es que no está limitado por el lenguaje. Eso es lo que lo convierte en un medio tan profundo para tomar conceptos abstractos y asuntos espirituales y traducirlos en cosas que muchos pueden mirar y entender en un instante. No hay mejor medio de expresión que el arte. Tanto si se trata de una escultura como de una pintura, todo el mundo puede entender las emociones y las ideas que transmite una determinada obra de arte. Expresar conceptos espirituales mediante el arte es el proceso de tomar lo intangible y hacerlo real para que pueda relacionarse con ello a un nivel que comprenda. En el momento en que contemplamos una obra de arte, creamos una conexión emocional entre nosotros y esa obra. Lo que saque de lo que ve depende de usted.

El arte es un lenguaje universal que depende en gran medida de la emoción y la imaginación. Independientemente de la lengua que hable o de dónde venga, tiene la capacidad de imaginar. También siente emociones, como todo el mundo. Como el arte se basa en estas dos cosas, es fácil conectar con él a nivel personal. Por eso, cuando contempla una obra de arte que representa a la Virgen Negra, experimenta una profunda conexión con ella.

El arte es un espejo que muestra cómo ha sido el mundo en el pasado y cómo es en el presente. Algunas personas se apresuran a descartar el arte por carecer de importancia. Sería un gran error. En una obra de arte está el espíritu de la época y el lugar en que se hizo. Representa lo que la gente creía y valoraba. Por eso, al contemplar una representación visual de la Virgen Negra, independientemente de la cultura o la época a la que pertenezca, uno se hace una idea de cómo evolucionaba la vida espiritual de la gente de aquella época en torno a esta figura.

No hay mejor manera de crear la experiencia de una conexión compartida que a través del arte. No está limitado por la geografía. No está limitado por la cultura. Así, todo el mundo tiene la oportunidad de conectar con el arte a su manera personal. Cuando mira o contempla una representación de la Virgen Negra, se encuentra conectado con la divinidad femenina. Esa obra de arte es una especie de puente. Ayuda a conectar lo profundo y lo profano, lo sagrado y lo habitual.

Representaciones artísticas de la Virgen Negra

Durante siglos, ha habido muchas representaciones de la Virgen Negra o Madonna Negra en todo el mundo, especialmente en Latinoamérica y Europa. Observará que las imágenes son estatuas como la Madre María con su niño Jesús, salvo que tienen la piel y el pelo oscuros.

La Virgen Negra de Montserrat representa la esperanza para quienes la preceden[33]

La Virgen Negra de Montserrat es una estatua del siglo XII. Se encuentra en el monasterio benedictino de Montserrat, en Cataluña (España). Se trata de una estatua única tallada en madera negra, y es un lugar de peregrinación que muchos fieles devotos de la Virgen Negra adoran visitar. La Virgen Negra de Montserrat representa la esperanza para los que se presentan ante ella. Ella promete consuelo a los que sufren y necesitan alivio de sus cargas.

En Częstochowa, dentro del monasterio de Jasna Góra, se encuentra la Virgen Negra de Częstochowa, una representación de la Virgen Negra y el niño Jesús. Está pintada sobre madera y luego recubierta de una capa de oro y plata. No hay diosa o ser divino más venerado en Polonia que la Virgen Negra de Częstochowa. Para muchos polacos, representa la identidad polaca. También representa el espíritu de resistencia. Muchas de las grandes revoluciones que condujeron a un modo de vida mejor fueron el resultado de personas dispuestas a resistirse al statu quo. Para los polacos, la Virgen Negra encarna esa energía.

¿Qué le parece la Virgen Negra de Guadalupe? Esta imagen data del siglo XVI y muestra a María y a Jesús. Se encuentra en la Basílica de Nuestra Señora de Guadalupe, en Ciudad de México (México). Según la leyenda, esta imagen apareció milagrosamente en un manto. Era un manto único hecho de fibra de nopal.

Independientemente de su caracterización o de su ubicación, estas representaciones suelen transmitir un mensaje sobre quién es la Virgen Negra. El hecho de que a menudo se la represente como una mujer negra es algo poderoso a tener en cuenta. Es la antítesis de todo lo tradicional desde el punto de vista eurocéntrico. Al ser representada artísticamente como negra, va en contra de lo que se considera cristianismo. Afirma la valía de todos los habitantes del planeta.

Si presta atención a las representaciones artísticas de la Madre Africana, se dará cuenta de que a menudo demuestra compasión. ¿Cómo? Observe cómo sostiene a Jesús junto a su pecho mientras mira a la gente con ojos dulces y bondadosos. Quienes conocen a la Virgen Negra pueden confiar en que será su protectora y su madre en todo momento. Están seguros de que se compromete a interceder por ellos. La Virgen Negra también está representada artísticamente de una manera que demuestra su naturaleza humilde y el poder que posee. Sus ropas son sencillas y su expresión transmite serenidad y paz. Los artistas suelen dibujar un halo a su alrededor, así como otros símbolos que representan la divinidad para recordar que es santa.

Simbolismo en las representaciones artísticas de la Virgen Negra

Las obras de arte que representan a la Virgen Negra utilizan el simbolismo para comunicar la esencia espiritual de esta deidad. Mientras que la oscuridad de su piel representa su conexión con la humanidad, el halo que rodea su cabeza representa su conexión con la divinidad. Cuando se representa a la Virgen Negra sentada en un trono con Jesús en su regazo, se dice que es la Madre de Dios y la Reina del Cielo. Hay otras representaciones de la Virgen Negra que la muestran sosteniendo el cuerpo crucificado de Cristo. Esta postura demuestra su compasión por los que sufren.

A veces, la Virgen Negra aparece vestida de azul y blanco. El color azul representa la gracia. Algunos dicen que también simboliza lo que significa ser puro, del mismo modo que el blanco. Estos colores demuestran la esencia de la Virgen Negra.

También se la puede ver con ciertos accesorios, como una corona. La corona recuerda que es la Reina del Cielo. Cuando se la representa con un cetro en la mano, se recuerda que tiene autoridad sobre la vida. ¿Sabía que incluso sus gestos son simbólicos? Cuando levanta la mano, le está bendiciendo. Cuando sus manos sostienen a su hijo Jesús, representa la energía del amor maternal. Algunas representaciones de la Virgen Negra la muestran señalando, como invitándole a conectar con su energía para que pueda disfrutar de su protección y amor. Estos son sólo algunos elementos de las diferentes representaciones de la Virgen Negra en el arte.

Conectando a través del arte

Llegados a este punto, debería ser obvio que las representaciones de la Virgen Negra no son ordinarias. Son herramientas sagradas y poderosas que pueden actuar como portales para conectarle con el mundo espiritual. Ya sea que decida mirar su arte, crear algo de arte con su imagen o meditar en sus imágenes, puede establecer una conexión con la divinidad y permitir que la divinidad femenina fluya libremente en su vida. Puede aprovechar esto sentándose con el arte y observándolo. Cuanto más lo contemple, más profundo será el significado que extraiga de él, lo que significa que tendrá una conexión más fuerte con esta deidad. Sabrá que tiene una conexión profunda con el arte de la Virgen Negra cuando sienta emociones fuertes en su interior.

Si quiere expresar su devoción a la Madre Africana, también puede crear arte sobre ella. Mientras crea, puede meditar sobre lo que ella significa o lo que ha hecho por usted. Al elegir crear arte, expresa su lado espiritual. La obra que crea tampoco es ordinaria, ya que se convierte en un portal por el que deja pasar su energía.

¿No le interesa crear arte? Hay otras formas de honrar a la Virgen Negra y conectar con ella. Por ejemplo, puede meditar sobre su imagen. Lo único que tiene que hacer es concentrarse plenamente en ella y, cuando note que su mente divaga, volver a centrarse en su imagen. Al hacerlo, sus pensamientos se aquietan y su mente se siente en paz. Entonces puede concentrarse en su energía y en lo que representa. Piense en lo que le gustaría que ella hiciera en su vida. Meditar en su imagen es suficiente si no está seguro de lo que le gustaría que la Virgen Negra hiciera por usted. Al hacerlo, experimentará una transformación. La Virgen Negra sabe mejor que usted lo que necesita. Estará encantada de ayudarle y bendecirle. Además, muchos pueden dar testimonio de haber obtenido una visión espiritual cuando meditan en su imagen. Reciben orientación sobre situaciones concretas o sobre su vida en general. Como resultado, experimentan una transformación. Usted puede experimentar lo mismo.

Historias y leyendas

Según la leyenda, el cuadro de Nuestra Señora de Częstochowa fue pintado por San Lucas Evangelista. Se dice que esta pintura tiene el poder de curar y ha curado a muchos. Cientos de miles de peregrinos acuden cada año al monasterio con la esperanza de que la Virgen Negra les toque con sus manos sanadoras. En 1655, invasores suecos pusieron sus ojos en el monasterio de Jasna Góra. La leyenda cuenta que la Virgen Negra salvó al monasterio de los invasores.

En 937, Otón el Grande creó Magdeburgo. Quería que la catedral tuviera una abadía benedictina. En 1207, la catedral tuvo que ser reconstruida desde cero porque había sufrido un horrible incendio. Según la leyenda, sólo una estatua permaneció en pie con velas aún encendidas ante ella, mientras que todo lo demás quedó reducido a cenizas. ¿Qué estatua era? La Virgen Negra.

La Virgen Negra de Guadalupe se reveló por primera vez a un hombre llamado Juan Diego en 1531. Le dio instrucciones muy claras para construir una iglesia en el cerro del Tepeyac. Juan hizo un descubrimiento asombroso sobre la colina, ya que se dio cuenta de que allí florecían rosas cuando era invierno. Así que recogió algunas de esas rosas y las guardó en su capa. Juan se dirigió hacia el obispo. Cuando entregó las rosas al Obispo, el hombre de la tela se dio cuenta de que el rostro de la Virgen estaba en la tela. El manto aún existe, guardado a buen recaudo en la Basílica de Guadalupe.

¿Y la Virgen Negra de Einsiedeln? También se la llama Nuestra Señora de los Ermitaños. ¿Por qué? Porque fue un ermitaño quien la descubrió en el siglo IX. Su nombre era Meinrad. Estaba tan enamorado de su gracia y bondad que le construyó una capilla. Con el tiempo, el pobre Meinrad sería asesinado por unos ladrones que querían quedarse con la estatua. Lo que sucedió después es un testimonio de la justicia de la Virgen Negra. Dos cuervos siguieron a los ladrones asesinos. Estas aves revelaron a las autoridades lo que estos hombres habían hecho a Meinrad, y se hizo justicia. La estatua fue trasladada al monasterio. Allí, la gente la honra por la protección que ofrece a viajeros y peregrinos. Estas son sólo algunas de las historias y leyendas que rodean a la Virgen Negra. Incluso ahora, sigue bendiciendo, guiando, protegiendo, curando y nutriendo a quienes la aman. La gente conoce el poder que puede utilizar para mejorar su vida a través de obras de arte que representan a la Madre Africana.

Capítulo 3: Sus temas y simbolismo

En este capítulo, va a profundizar aún más en los temas y el simbolismo relacionados con la sagrada Virgen Negra. Este ser divino es mucho más que eso. Hay muchas capas ricas y complejas de significado en sus imágenes. Este capítulo está escrito con la intención de ayudarle a entender esos significados para que los utilice en su práctica espiritual con ella.

La Madre Divina

Cuando la Virgen Negra es representada como la Madre Divina, resuena con fuerza en todos y cada uno de nosotros debido al arquetipo conocido como la Madre. Su maternidad resplandece cuando acuna a su bebé en brazos o sostiene el cuerpo crucificado del Salvador, Jesucristo. Hay algo profundo en la psique humana que desea el amor maternal. Cuando las cosas no van bien, algunos llaman a sus madres o al menos desean tenerlas con ellos. Hay una buena razón para ello.

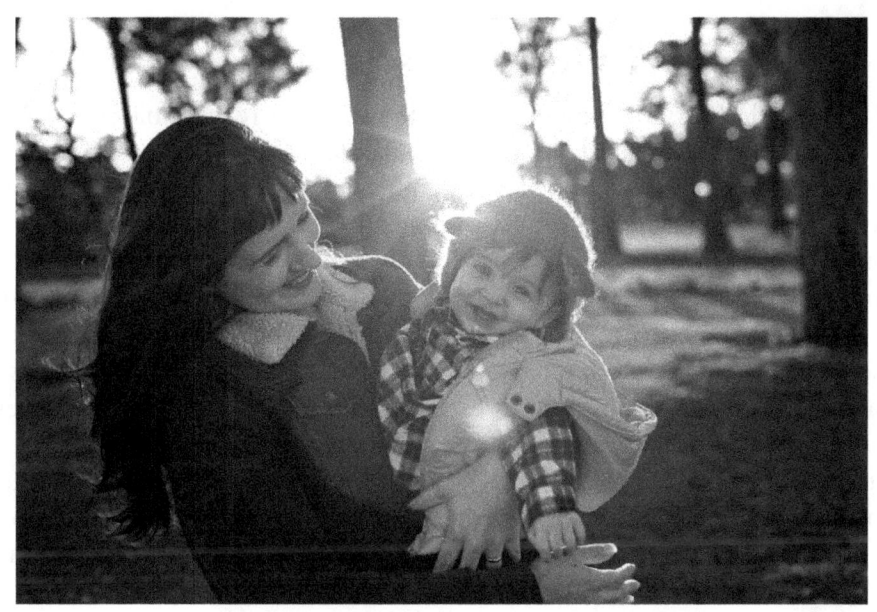

La energía maternal nutre y transmite seguridad[33]

La energía maternal nutre y transmite seguridad. La Virgen Negra evoca lo que significa el amor y el consuelo maternos. Está ahí para servirle de escudo. Está a su lado y nunca está solo, pase por lo que pase. El amor de una madre es incondicional. Lo mismo puede decirse del amor que la Virgen Negra siente por usted. Ella tiene un vínculo con su hijo que es irrompible. Usted es su hijo. Es la representación de Jesús en sus brazos. Ella se dedica a mantenerle a salvo en todo momento.

¿Le parece que la vida ha sido terrible últimamente? Acuda a la Virgen Negra y ella le ofrecerá el consuelo que anhela. ¿Se siente perdido y necesita ayuda para saber cuál es la mejor opción ante una situación? Puede confiar en su sabiduría maternal para que le guíe. ¿Se siente crónicamente inseguro haga lo que haga? Si se entrega a ella, le protegerá día y noche.

Puede conectar con ella a través de sus obras de arte. Comprenda que el arte es algo más que arte. Es la cristalización de su energía, que puede actuar y actuará en su vida si se lo permite. A menudo, en sus representaciones con su bebé o con Cristo crucificado, tiene los ojos llenos de amor. Le mira suavemente, haciéndole saber que le comprende. Sus ojos le invitan a acercarse a ella y a refugiarse en sus brazos. Le dicen que no tiene que hacerlo solo. Puede trabajar con su guía para sentir más certeza y seguridad. Sus ojos transmiten la sabiduría de una madre. ¿Qué madre en la Tierra podría superar a la Madre Divina?

La luz y la oscuridad

El estudio de las obras de arte de la Virgen Negra revela una interesante interacción de luz y oscuridad. No es casualidad. En la danza de la luz y la oscuridad se entretejen capas de significado. Para empezar, la Virgen Negra tiene la piel negra. Es representativa de lo divino femenino y de cómo se expresa. La negrura es la fuente de la vida, que le ayuda a conectar con el poder y los misterios de la creación. Todas las cosas que se crean provienen primero de la oscuridad. Algunas personas asumen que la oscuridad o la negrura es un signo de ignorancia o algo que no está claro. Estas personas no podrían estar más equivocadas. La oscuridad en la obra de arte de la Virgen Negra es una representación de perspicacia espiritual y sabiduría profunda. Es como mirar en un pozo muy profundo. En un momento dado, ya no puede ver lo que hay en el fondo debido a lo profundo que es. Lo único que ven sus ojos es oscuridad, pero dentro del pozo hay agua limpia y refrescante.

Del mismo modo, la mente humana no puede comprender plenamente ni captar la sabiduría que encierra la Virgen Negra. Afortunadamente, no tiene que comprenderla plenamente. Sólo tiene que confiar en su capacidad para ayudarle en lo que necesite.

¿Y la luz de la aureola de la Virgen Negra? ¿O la luz que la rodea? Esto no se hace sólo con intenciones artísticas, sino para representar un poderoso mensaje espiritual. Cuando atraviese la noche oscura del alma, puede contar con la Virgen Negra para que le traiga la luz de la revelación y la perspicacia. Si está acostumbrado a sentirse inseguro y poco claro sobre su vida, recibirá claridad e inspiración dedicándose a ella. El aspecto luminoso de la Virgen Negra simboliza la conciencia superior que recibe al elegir recorrer un camino espiritual con ella como guía. La vida es complicada. No es fácil averiguar cuál es su lugar en el mundo o qué debería hacer. Sin embargo, si acude a la Virgen Negra, ella le guiará por el laberinto de la vida. Todo lo que tiene que hacer es coger su mano. Confíe en que ella sabe adónde debe ir y que es un buen lugar para usted.

Cuando medite sobre la interacción de la luz y la oscuridad en las representaciones artísticas de la Virgen Negra, encontrará una poderosa metáfora. La luz y la oscuridad representan el potencial que tiene para crecer y transformarse en algo más bello de lo que es. Estos dos elementos demuestran que tiene la capacidad de superar los retos y el sufrimiento y experimentar una vida mejor. La danza cósmica entre ambos nos recuerda la frase del poeta Dinos Christianopoulos:

"Intentaron enterrarnos, pero no sabían que éramos semillas". Incluso si su vida parece un poco oscura en este momento, trabajando con la Virgen Negra, acabará atravesando la tierra oscura y entrando en la luz.

Otro aspecto interesante de la interacción entre la luz y la oscuridad, tal y como se representa en las obras de la Virgen Negra, es que hay poder en el sufrimiento. No, esto no significa que ella quiera que sufra en la vida. Le pide que recuerde que cada vez que ha pasado por un reto, se ha transformado en alguien más fuerte y resistente de lo que solía ser. Quiere que recuerde que las pruebas por las que está pasando no son el final de su historia. Esas luchas son una parte necesaria del viaje de su vida. Piense que es como pasar el oro por el fuego para refinarlo y que pueda brillar y resplandecer. La luz y la oscuridad de la Virgen Negra le recuerdan que puede crecer, sanar y evolucionar espiritualmente cuando acepta las lecciones de su sufrimiento.

El sufrimiento y la compasión

Su compasión no tiene límites[34]

Un análisis en profundidad de las obras de arte de la Virgen Negra revelará también temas destacados de sufrimiento y compasión. Este es especialmente el caso cuando se la representa como Mater Dolorosa, también llamada la Madre Dolorosa. Esta es una lección sobre cómo la empatía, el sufrimiento y la compasión se entrelazan para crear una narrativa que inspira a todos. Como Mater Dolorosa, representa el antiguo arquetipo del sufrimiento diario contra el que luchan los seres humanos. Cuando la vida se siente como una carga que hay que soportar, la Virgen Negra está ahí, dispuesta a ser su ayuda. Está llena de empatía y comprende las penas que está experimentando. Lo único que desea es estar ahí, enjugar sus lágrimas y aliviar la carga que pesa sobre su espalda y hace que sus hombros se caigan. Como Mater Dolorosa, tiene lágrimas en los ojos, siente la tristeza, la pérdida y el dolor de toda la humanidad.

La Madre Africana está unida a usted a nivel emocional. No sólo le ve cuando sufre. Ella siente cada una de las cosas por las que pasa. Su compasión no tiene límites. Siempre que se sienta triste, puede ver ilustraciones suyas como la Madre Dolorosa y sacar fuerzas y consuelo de ella. Ella quiere que sepa que no está solo, y siempre será su compañera cuando nadie más esté a su lado.

La Madre Dolorosa le ama incondicionalmente como cualquier madre a su hijo. Está dispuesta, ansiosa e incluso desesperada por alcanzarle y acogerle en sus brazos amorosos. Las personas que han vivido experiencias terribles pueden dar testimonio de la profundidad de su amor. La Virgen Negra no es un dios en lo alto del cielo, lejano y alejado de su dolor. No se conforma con decirle: "Mis caminos son mucho más misteriosos de lo que pueda comprender", y espera que se conforme. Hace todo lo que está en su mano para que su consuelo sea tan real para usted como las palabras de esta página.

El arquetipo de la Mater Dolorosa le recuerda que puede curarse, pero sólo cuando elige ser compasivo. Y lo que es más importante, debe extender esta compasión a sí mismo. La curación sólo puede empezar cuando acepta que siente dolor. No es fácil admitir su sufrimiento. Sin embargo, si puede enfrentarse a la verdad y conectar con la Virgen Negra, encontrarás (en ella) un espacio para el duelo. Encontrará ese espacio reconfortante. Se dará cuenta de que ella le comprende más que nadie. Ella es la única en el mundo que nunca le juzgaría y le ama incondicionalmente.

No tiene que ser ni hacer nada para recibir su amor. Cuando muestre compasión a sí mismo y permita que la Virgen Negra le demuestre su compasión, experimentará la curación a todos los niveles. Su cuerpo se sentirá mejor. Su mente funcionará mejor. Además de todo eso, si hay alguna emoción con la que esté luchando, encontrará alivio para ella. Esta es la definición de la curación verdadera y completa. Esto es lo que le ofrece la Madre Dolorosa.

Sanación y transformación

Otra forma popular de representar a la Virgen Negra es como la Madre Divina, responsable de curar a todo el mundo. Cuando está presente en su vida, es como un bálsamo milagroso que le alivia y le cura en todos los sentidos. Si quiere experimentar su poder curativo, puede hacerlo. Decida entregarse a ella y confíe en que le dará un resultado satisfactorio y pleno.

La Madre Africana representa la idea de esperanza cuando las cosas no van bien. Puede sacar fuerzas de ella si se siente cansado e incapaz de continuar con lo que esté luchando. Permítale que llene su corazón de esperanza y se sorprenderá de cómo puede volver a levantarse y seguir adelante. Su poder transformador convierte su cansancio en fortaleza. Toma sus debilidades y las convierte en fortalezas. Si le da todas sus dudas y miedos, ella los transformará en certeza y confianza. No hay transformadora más poderosa que la Divina Femenina, la Madre Negra en persona.

La Madre Divina es la alquimista original. Ella toma su experiencia humana y la mejora, ayudándole a descubrir más de lo que es. Cuanto más se descubra en ella, más resistente se volverá. Cuando emprende un viaje de sanación y decide caminar con la Virgen Negra, primero debe estar en paz con las cosas ante las que se siente vulnerable. ¿Qué le aterroriza? ¿Qué le ha hecho sentir perdido e inseguro? Sean cuales sean esas cosas, debe ser sincero con ellas.

¿Por qué debe reconocerlas? Aceptar cómo se siente deja espacio para que la Divina Femenina trabaje su alquimia en usted. La verdad sobre sus inseguridades, dudas y preocupaciones es que son el combustible para el milagro que espera. Son la materia prima que la Madre Divina convertirá en los resultados que busca. Puede permitir que este cambio comience cuando se rinda a ella. Comience desde el interior y abra su camino hacia el exterior, para que todos en su vida vean que el toque de la Madre realmente le ha transformado.

Revelando la sabiduría de la Diosa

Cada pincelada de un cuadro de la Virgen Negra refleja la esencia de lo divino femenino. A medida que medite en este arte, irá desvelando los distintos aspectos de la Madre. Cuanto más descubre, más se convierte en lo que descubre. Se transforma en la imagen de la Madre, tan sabia, amorosa, nutritiva, protectora y creativa como ella.

Mire todas las obras de arte que representan a la divinidad femenina como la Virgen Negra a través de estas lentes. Al hacerlo, descubrirá que la obra de arte es mucho más que una simple expresión artística. Aprenderá que la figura de la Virgen Negra es un pozo profundo lleno de guía espiritual y perspicacia. Experimentará y expresará su sabiduría poco común.

Cuanto más se permita pensar en la Virgen Negra, más se dará cuenta de que no es una deidad externa normal. Nadie podrá convencerle de lo contrario. Tendrá experiencias que le mostrarán que está con usted todo el tiempo. La lleva en lo más profundo de su alma. No puede separarse de ella. Puede que a veces sienta que está distante, pero eso es porque ha cerrado los ojos a su presencia en su vida. Como Madre Divina, no puede abandonar a los suyos. Es uno de ellos, así que, siempre que se sienta solo o como si ella no estuviera, recuérdelo.

Si se permite empaparse de las percepciones que obtiene al pasar tiempo reflexionando y meditando sobre la Madre Negra, descubrirá su propósito. Ella es un río de inspiración que fluye sin cesar y del que extraer todo el contenido de su corazón. A través de su simbología, sus temas y sus obras de arte, descubrirá que la Virgen Negra es la que ha estado buscando toda su vida.

Capítulo 4: Su poder transformador

Antes de comprender el poder transformador de la Virgen Negra, es esencial explicar lo que significa ser transformado en los contextos espiritual y personal. Cuando experimenta una transformación, nota que su vida ha cambiado permanentemente de forma observable. La transformación que experimenta afecta a su forma de percibir el mundo. Llega a pensar en la vida de forma diferente. Descubre un aspecto de sí mismo del que tal vez no era consciente hasta el momento en que cambió. En el pasado, puede que supusiera que tenía una idea clara de quién es y de lo que quiere en la vida. Sin embargo, cuando experimenta el poder de la transformación espiritual, todo lo que creía saber sale volando por la ventana. Siente un propósito mucho más profundo que nunca. Está conectado a algo más grande. En pocas palabras, ha crecido.

Su metamorfosis puede producirse en un abrir y cerrar de ojos o a lo largo de un periodo de tiempo[66]

La pregunta es: ¿qué es exactamente lo que desencadena esta profunda transformación? Puede que haya tenido una serie de experiencias que le hayan hecho ver las cosas de otra manera. La transformación puede ser el resultado de una crisis personal. Tal vez sus prácticas espirituales dieron sus frutos y experimentó un despertar. O puede que se haya dedicado a desarrollar su vida. Sea cual sea el caso, su metamorfosis puede producirse en un abrir y cerrar de ojos o a lo largo de un periodo de tiempo. Este cambio afecta a todos los aspectos de su vida. Sus patrones de pensamiento cambian. También cambia su base emocional. Incluso su cuerpo puede reflejar los cambios que ha experimentado espiritualmente. No es extraño que eso ocurra porque, después de todo, todo en la vida surge primero de lo espiritual.

Alquimia interna

La alquimia interior consiste en aprender a cambiar por dentro para que su mundo exterior se transforme con usted. En el sentido original de la palabra, la alquimia consiste en convertir el plomo en oro. En el contexto de la autotransformación, es tomar su naturaleza inferior y elevarla.

A medida que experimenta diferentes obstáculos y retos en la vida, se le da la oportunidad de enfrentarse a sus sombras. Elija ser valiente cuando se encuentre con estos sucesos. ¿Por qué? Al decidir que no va a huir de sus sombras, tiene la oportunidad de sanar sus heridas. Cuando experimenta una curación profunda, se produce una alquimia interior. Suelta todo lo que no le sirve. Como resultado, crea espacio en su vida para que brille su auténtico yo.

El proceso de transformación implica reunir los distintos aspectos de uno mismo para crear un ser más cohesionado. A medida que experimenta la transformación espiritual interior, aprende y crece. La mayoría de la gente vive de la energía divina masculina y descuida completamente la divina femenina. Sin embargo, ha elegido leer este libro. Implícitamente, está aprendiendo a integrar sus lados masculino y femenino para alcanzar la totalidad. Este es el objetivo de la transformación.

La Virgen Negra puede ayudarle a ser más consciente de cómo se expresa. Ella le muestra los patrones de comportamiento que no le sirven. Puede mostrarle cómo ha estado reteniendo emociones negativas y cómo liberarlas para convertirse en la persona que está destinado a ser. ¿Cuáles son algunas de las formas en que el proceso de alquimia interior se desarrolla en su vida?

Purificación: Cuando pierde a alguien o algo querido o experimenta una traición, se ve bombardeado por una serie de emociones negativas. Estas emociones dificultan ver lo bueno de esa experiencia. La ira nubla su mente. La tristeza se apodera de su corazón. Hay un sentimiento de asco en sus entrañas que le hace estar resentido con la persona que le ha traicionado o maldecir a la vida por haberle quitado lo que apreciaba. Es natural experimentar estas emociones, así que no se castigue por no poder evitar lo que siente. El problema viene cuando no suelta las emociones negativas después de reconocerlas. Si las retiene demasiado tiempo, se vuelven tóxicas. ¿Cómo se purifica de este veneno? No hay mejor persona para ayudarle en el proceso que la Virgen Negra.

Refinamiento: Dé rienda suelta a la Madre Africana para transformar su vida. Descubrirá que las pruebas a las que se enfrenta pueden revelar sus talentos y habilidades, algunos de los cuales no tenía ni idea de que poseía. Cuando ella le guía a través de un reto cogiéndole de la mano y dándole valor, le corresponde a usted descubrir sus talentos y practicar para perfeccionarlos. Por ejemplo, su reto puede ser haber perdido un trabajo bien pagado. Se siente acabado. Sin embargo, esta circunstancia puede llevarle a descubrir que es un excelente orador. Descubre que tiene facilidad de palabra. Cuando la Madre Divina le inspira a usar ese don, y lo hace, la gente empieza a gravitar hacia usted. Quieren aprender de usted. Están felices de pagar por escucharle hablar. Encuentra oportunidades que le permiten expresar estos talentos aún más. Podría encontrar un trabajo mucho más satisfactorio que el que había perdido. Éste es sólo un ejemplo de cómo la Virgen Negra puede ayudarle.

La Virgen Negra: catalizadora del cambio

El arquetipo de la Virgen Negra es la mejor representación de la transformación. Es la encarnación de la curación y la autorrealización. Esta deidad es la representación del lado oscuro de la naturaleza. Es la representación de la mente inconsciente y la expresión del principio femenino, sin filtrar ni refinar. En su sagrada posición de Madre de todos, posee el poder de transformar su vida y curarle en todo lo que necesite. Cuando invoca a la Virgen Negra, recurre al poder de lo divino femenino, y este poder es lo que transforma su vida. ¿Cómo le ayuda ella con su alquimia interior? ¿De qué manera la Virgen Negra sirve de catalizador para alcanzar su verdadero yo y sanar?

Le da el valor para enfrentarse a sus sombras. Lo primero que hace la Virgen Negra es hacerle consciente de su aspecto sombrío. Es imposible sanar esta parte de sí mismo si, para empezar, no sabe que existe. A medida que su luz ilumine su vida, descubrirá las partes oscuras de su psique y aprenderá lo que hay que integrar y sanar. Son las partes de uno mismo que ha desechado porque el mundo no las aprobaba. En el momento en que toma conciencia de su aspecto sombrío, ella le ayuda a aprender a aceptarlo. Existe la creencia errónea de que la sombra es algo que hay que reprimir o ignorar por completo. Por esta razón, muchas personas viven una vida a medias. Descartan literalmente una parte de sí mismas y se preguntan por qué no se sienten realizadas. La Virgen Negra ayuda a aceptar todo lo que uno es y a comprender que, independientemente de la sombra, es digno de ser amado. En el momento en que acepta su propuesta de estar en paz con la sombra, puede transformarla. Ella le da la fuerza y el valor para sacar a la luz las heridas y curarlas. Entonces, podrá integrar su sombra y volverse completo.

La Virgen Negra puede ayudarle a vivir una vida de autenticidad. Una de las formas en que esta deidad puede animarle a ser uno mismo es aceptando su vulnerabilidad. Su piel negra refleja que es humano. Es un recordatorio de que lucha como todo el mundo. No está solo en su camino. Por lo tanto, no hay razón para que tenga miedo de su vulnerabilidad, porque todo el mundo la tiene. Si presta atención a su llamada para reconocer que tiene vulnerabilidades, puede empezar a vivir una vida auténtica. Al trabajar con ella, descubre sus valores fundamentales. Estos valores influirán en sus decisiones vitales y le ayudarán a vivir con autenticidad.

Ella le conecta con su yo empático y compasivo. Los devotos de la Virgen Negra pueden atestiguar que tienen más compasión y empatía que antes de encontrarla. Con su presencia en su vida, experimentará lo mismo. Se dará cuenta de que todo el mundo tiene luchas, igual que usted. Su empatía crece. Sus interacciones con las personas de su vida serán mucho más significativas. ¿Por qué? Trata a los demás con el corazón abierto, dándose cuenta de que todos tienen una carga. Así que los trata con un poco más de amabilidad, y ellos le devuelven esa energía y la dirigen a los demás. Al mundo le vendría bien mucha más amabilidad.

Con la Virgen Negra, por fin puede encontrar su propósito. Si honra a la Virgen Negra y la lleva a todos los aspectos de su vida, ella le mostrará su propósito. ¿Le vendría bien un poco de inspiración sobre qué hacer con su vida? Entregue sus asuntos a la Virgen Negra. Es inevitable que, una vez que lo haga, tenga una comprensión mucho más profunda de por qué ha venido a la Tierra. Cuanto más tiempo pase contemplando la esencia de la Virgen Negra, más tranquilo se sentirá. Cada día estará más seguro de su viaje, confiando en que le está llevando al final perfecto. Ella le pide ahora que tome una decisión audaz. Quiere que responda a la llamada del destino en lugar de ignorarla porque cree que es la apuesta más segura. Aunque se sienta aterrorizado, puede sacar fuerzas de ella.

El poder y el impacto de la Virgen Negra en su vida

La Virgen Negra es la intercesora por excelencia. Actúa como intermediaria entre el cielo y la tierra. Siempre que desee algo del mundo de los espíritus, ya sea bendición, dirección, curación o sabiduría, puede acudir a la Virgen Negra y confiar en que se lo concederá. Permita que la Virgen Negra actúe como intercesora en su nombre. Al hacerlo, sentirá una paz que no se compara con nada que haya conocido antes. Tiene a alguien que puede abogar por usted y defender su caso siempre que lo necesite. Ya no se sentirá solo si confía plenamente en la Virgen Negra. En otro tiempo, puede que la desesperación se apoderara de usted. Ahora, sabe que siempre está a salvo.

¿Cómo puede saber que la Madre Negra intercede por usted? Notará una sensación de bienestar. Su corazón se inundará de optimismo incluso cuando no pueda ver una razón lógica para tener esperanza. Es como si ella infundiera fuerza en su espíritu. Contrarresta la adversidad con alegría. Así que, cuando se enfrente a una crisis, acostúmbrese a recurrir a la Virgen Negra.

La Virgen Negra tiene poderes protectores que afectan a todos los aspectos de su vida cuando le permite formar parte de ella. Nada ni nadie puede darle la sensación de seguridad que ella le dará. La seguridad que ofrece no es económica. No viene en forma de sistemas avanzados de seguridad para el hogar. Le ofrece seguridad divina, que está por encima de todo lo demás. Cuando es más vulnerable e inseguro, y le preocupe quién pueda aprovecharse de usted, ella le cuidará.

La Virgen Negra protege y provee a cada uno de sus devotos. Puede descansar en sus brazos amorosos y protectores en este mundo lleno de obstáculos e incertidumbres. Ella ofrece la paz que sobrepasa todo entendimiento. ¿Es usted propenso a la ansiedad? ¿Está siempre estresado? ¿Desearía poder relajarse más? En ese caso, ya es hora de que le pida a la Virgen Negra que se ocupe de sus asuntos. Una vez que se entregue a ella así, manejará todas las dificultades y pruebas de la vida con facilidad y gracia. No le importaría que el mundo ardiera. Sabría que, en medio del caos, podrá encontrar la paz con la Madre.

Otro poder de la Virgen Negra es ayudarle a encontrar su fuerza interior. Es un recordatorio de que puede ser fuerte cuando se enfrenta a los retos que le plantea la vida. Algunas personas confunden la fuerza con la agresividad y el descaro. A menudo, se trata sólo de una demostración de fuerza y no de la verdadera. Es una ilusión destinada a ocultar o camuflar inseguridades. Lo que la Virgen Negra le ofrece, es más. Le muestra la verdadera fuerza, una fuerza que perdura. Puede que sea silenciosa, pero es poderosa. No hay un solo obstáculo que pueda resistir la fuerza de la Virgen Negra en su interior. Cuando le pide que le fortalezca, puede que sus dudas y temores sigan ahí, pero los afrontará con más confianza. Los afrontará con tenacidad. Puede que se encuentre en medio de la más inquietante de las tormentas. Sin embargo, sabe que tiene un espíritu indomable en la forma de la Virgen Negra.

La fuerza que le ofrece la Virgen Negra puede utilizarla en todos los aspectos de la vida, tanto profesional como personal. Su fuerza le ayudará a enfrentarse a los proyectos difíciles con confianza y garbo. ¿Existen ciertas complicaciones y complejidades en el camino para avanzar en su carrera? Pídale que le llene de su fuerza. ¿Le cuesta ser auténtico y expresarse en sus relaciones personales? Ella puede ayudarle para que sus emociones y pensamientos fluyan con honestidad. Ya no tendrá reparos en afrontar los conflictos de frente y de la forma más eficaz posible. Sean cuales sean sus sueños, ya no tendrá miedo de hacerlos realidad. La fuerza de la Virgen Negra le anima a asumir riesgos que normalmente no asumiría. Si confía en ella, su apuesta dará sus frutos.

Inspirando el cambio espiritual

Sanar y dejar ir: Una de las características de la Virgen Negra es que deja claro que está bien aceptar las partes de su vida con las que lucha. Como todo el mundo tiene algo de equipaje, le recuerda que debe evitar que esas cosas le desgasten. ¿Quiere crecer espiritualmente? Piense si se está aferrando a viejos rencores. Si le cuesta traer alguno a la mente, ella le recordará lo que ha reprimido. Cuando descubra estas cosas, verá que es esencial dejarlas ir. No hay forma de progresar en su vida espiritual cuando toda esa negatividad le pesa.

La divinidad femenina es un faro de luz. Ella brilla intensamente para mostrarle cómo liberarse de todas las cargas que le oprimen. No, no le está pidiendo que finja que su pasado nunca ocurrió. Si intenta mentirse a sí mismo sobre su pasado, se está frenando. En lugar de eso, reconózcalo. Cuando se rinda a su guía, le ayudará a comprender por qué pasó por lo que pasó. Esto le ayudará a liberarse del dolor para que pueda crecer. Cuando se da cuenta de que ya no tiene que aferrarse al dolor y a la ira, su vida da un giro espiritual. Este es el regalo que la Virgen Negra le ofrece, si decide aceptarlo.

Conquistar el miedo: El miedo es otra cosa que puede frenar la transformación y el crecimiento espirituales. Es algo con lo que todo ser humano tiene que luchar. A pesar de todos los avances de la ciencia y la tecnología, la humanidad aún no ha descifrado el código para acabar con el miedo. Por lo tanto, pensar en cómo evitarlo o eliminarlo totalmente de su vida es poco realista. Sin embargo, existe una solución. Puede entregar sus miedos a la Virgen Negra y ella le ayudará a superarlos. No es que vaya a realizarle una lobotomía espiritual que le impida sentir miedo. Más bien le invita a afrontarlo. Es algo desalentador, pero, si confía en ella, descubrirá que siempre ha tenido el coraje en su interior para manejar el miedo.

No puede hacer avances espirituales sin superar el miedo. El miedo es una energía restrictiva. Le mantiene cautivo. Le impide acceder a las maravillosas oportunidades que se le presentan. Justo cuando está a punto de dar un salto de fe y hacer algo que mejoraría su vida, el miedo le recuerda las innumerables veces que fracasó en el pasado. Así que deje que le ayude con eso. Nunca está solo. No hay mejor compañera que la Madre Africana en su viaje. Impulsado por su poder y su misterio, encontrará el valor para enfrentarse a todo lo que le provoca pesadillas. Verá, la esencia de la Virgen Oscura trasciende todo lo que pueda imaginar. La ansiedad, la preocupación, el miedo y la duda se acobardan en su presencia.

Expresión creativa: ¿Le resulta difícil desarrollar nuevas ideas? ¿Está experimentando bloqueos creativos? ¿Sabía que la Madre es la persona más indicada para ayudarle? La Madre le anima a confiar en sí mismo y en sus capacidades. La Virgen Negra hace lo mismo. Ella va un paso más allá, ofreciéndole ideas fuera de este mundo. La divinidad femenina es una fuerza creativa. Recuerde que toda la vida surgió de la oscuridad. Esta oscuridad está encarnada en la piel oscura de la Virgen Negra. Ella sirve como recordatorio de que también puede crear en cualquier momento.

Reconocer la presencia de la Virgen Negra en su vida le permite utilizar su imaginación de una forma que nunca habría imaginado. Cuando se bloquea en su trabajo creativo, a menudo le asaltan el miedo y el deseo de ser perfecto. Al meditar en la Virgen Negra, ella le recuerda que no necesita hacerlo perfecto. Sólo necesita hacerlo bien. También le recuerda que debe controlarse para estar seguro de que está creando lo que quiere y no lo que cree que los demás preferirían.

Si quiere sentir su poder creativo y su acción la próxima vez que haga algún trabajo, considere invocar su presencia primero. Notará que se arriesga más y se divierte expresándose con autenticidad. La creación es un acto profundamente espiritual. No importa si está intentando crear un sentimiento en su interior o una obra de arte externa. Puede visualizar algo creativamente en su mente o verterlo sobre el lienzo. En cualquier caso, se trata de un proceso espiritual. Cuanto más crea, más se transforma espiritualmente. Permite que su energía fluya poderosamente a través de usted, y esto afectará a todos los aspectos de su vida. A medida que crea, va más allá de lo ordinario. Traduce sus experiencias interiores a través de su obra de arte de las formas más profundas y únicas.

Historias inspiradoras

La historia de Lisa: Lisa es una artista con mucho talento, pero el problema es que nunca dejó que nadie lo supiera. Tenía mucho miedo de que la criticaran y, como no quería que la juzgaran por su arte, nunca se expresaba como quería. Su necesidad de conformidad y aceptación acabaría por convertirse en un deseo de perfeccionismo. Cada vez que ponía el pincel sobre el lienzo, sentía el rugido de muchas voces que se burlaban de ella, aunque en realidad esas voces no existieran. Durante muchos años, permaneció en su zona de confort y descubrió que lo que antes le gustaba ya no le llenaba.

Las cosas cambiarían un día en que se encontraba visitando un santuario de la Virgen Negra. Lo primero que le llamó la atención del santuario fue su aura, divina y serena. Si le hubieran preguntado, habría dicho que era como entrar en un mundo completamente distinto. Fijó los ojos en la impresionante imagen de la Virgen Negra y, de repente, deseó saber más sobre ella. Así que, cuando volvió a casa, se sumergió en el tema de la Virgen Negra y leyó todo lo que pudo. Ni siquiera se dio cuenta de que se había quedado dormida mientras investigaba en el sofá.

Resultó que esa era la intención de la deidad. Lisa soñó con ella. La Virgen Oscura le dijo: "Tu voz es poderosa y única. Tus manos han sido bendecidas para crear obras maravillosas. Es hora de que te permitas ser tan grande como eres". Lisa despertó de aquel sueño con la sensación de que no era un sueño cualquiera. Lo describiría como "más real que la vida real". Con un nuevo fuego ardiendo apasionadamente en su corazón, Lisa fue a su estudio e inmediatamente se puso a trabajar. Las dudas que solían atormentarla ya no existían. Sumergió su pincel en colores audaces y atrevidos, creando a su antojo. La primera obra que creó tras la visión de la Virgen Negra no se parecía a nada que hubiera hecho antes. Ya no tenía miedo de arriesgarse. Desde que tuvo ese sueño, su vida artística no ha vuelto a ser la misma, tanto en términos de inspiración como de reconocimiento por parte de los demás.

La historia de Michael: Michael tuvo una infancia terrible y traumática. Podía recordar parte de ella, mientras que reprimía otros recuerdos en lo más profundo de su subconsciente. Una cosa seguía siendo innegable: Michael podía sentir el peso de todas sus cicatrices emocionales. El trauma manchaba todo lo que hacía. Imagínese llevar pesadas cadenas alrededor del cuello y los tobillos durante más de treinta años. No se daba cuenta de que tenía una cita con el destino, concretamente con la Virgen Negra. Por capricho, decidió acompañar a un amigo en una peregrinación a la Virgen Negra, aunque pensaba que todo era una tontería. Sólo iba por la experiencia de ver cómo esta deidad enamoraba profundamente a los demás.

Al llegar, el escéptico que Michael llevaba dentro se animó a decir que se trataba de una secta. Estaba a punto de expresar este pensamiento a su amigo cuando sintió una pesada sensación en el pecho; sin entender cómo ni por qué, sintió un intenso deseo de arrodillarse en el suelo. Así que se arrodilló. Era como si el suelo le hiciera señas, y no pudo resistirse. Así que se tumbó. Sintió que le invadía una sensación de paz que nunca antes había experimentado. La serenidad era tan grande que lloró largo y tendido. Cuando por fin salía de él, se sentaba durante horas en contemplación mientras las lágrimas seguían corriendo por su rostro en silencio. Había sentido la presencia reconfortante y amorosa de la Virgen Negra. Se volvió hacia su amigo y le dijo: "¿Así que esto es lo que se siente al estar a salvo?". Su amigo no dijo nada, pero le apretó la mano en señal de consuelo y apoyo.

En los días y semanas siguientes, Michael acabó liberando emociones reprimidas y recuerdos traumáticos. Fue un proceso difícil. Sin embargo, condujo claramente a su transformación espiritual. Ahora, Michael es el tipo de hombre que se levanta de la cama por la mañana como si estuviera feliz de empezar el día. Camina con una ligereza que antes no tenía. Es fácil de tratar y sonríe con rapidez. Este es el poder curativo transformador de la Virgen Negra en acción.

La historia de Emily: Emily solía estar acosada por la ansiedad y el estrés. Era la realidad de su vida cotidiana. Nunca tenía un momento para respirar y, cuando lo tenía, encontraba algo con lo que llenarlo. La sola idea de quedarse quieta y relajarse la ponía muy nerviosa, hasta el punto de morderse las uñas. Sin embargo, sabía que no podía estar ocupada porque se estaba consumiendo. Sabía que su incesante búsqueda de la perfección no podía mantenerse y que, en algún momento, podría agotarse definitivamente. Sin embargo, no tenía ni idea de cómo dejar de ser como era.

Un día, mientras estaba en la biblioteca investigando para su trabajo, sintió la llamada de dar un paseo por la sección esotérica. Curiosamente, Emily era una de esas personas que podríamos llamar realistas. En otras palabras, no le importaban mucho las cuestiones religiosas o espirituales. Para Emily, si era algo que no se podía observar con los sentidos físicos, no era real y no merecía atención. Imagínese su sorpresa y asombro cuando sus pies se adentraron en aquel pasillo de libros. Tropezó con un libro sobre la Virgen Negra, y fue como si una voz en su interior le dijera: "Coge ese". Así que se arriesgó y obedeció.

Emily devoró el libro en cuestión de horas. Estaba tan enamorada de él que se lo llevó a casa para releerlo. Al día siguiente, hizo algo que no había hecho en toda su vida. Llamó a su trabajo y les dijo que no estaría disponible durante la semana siguiente. Según ella, después de hacer esa llamada, sintió una paz que nunca había experimentado. Se preparó una taza de té y se sentó junto a la ventana, mirando al exterior, sin hacer nada.

Por fin, Emily había aprendido, gracias a la Virgen Negra, que su sentido de la autoestima no estaba relacionado con las cosas que hacía o conseguía en la vida. Emily descubriría que es digna porque sí, y por ninguna otra razón. Su existencia es el único testimonio de su valía. A partir de ese momento, Emily nunca volvió a ser la misma. Había aprendido a dejarse llevar y a confiar. Curiosamente, su carrera dio un giro a mejor cuando decidió descansar más y pararse a oler las rosas más a menudo.

Estas son sólo tres historias de las muchas que demuestran cómo la Virgen Negra puede mejorar su vida a todos los niveles. Quiere ser su madre. Quiere ser su amiga, guiarle y ayudarle. Quiere que sepa ahora mismo que las cosas pueden ser mejores de lo que imaginó o experimentó. No hay nada en usted que le excluya de recibir sus bendiciones y su protección. Así que tómese un momento para pensar en cada aspecto de su vida. ¿En qué aspectos de su vida se beneficiaría más si ella le bendijera?

¿Le gustaría desarrollar tu vida espiritual? ¿Está cansado de buscar su propósito? ¿Desearía que le guiara en todo momento? ¿Le gustaría vivir cada día sabiendo que no está solo? ¿Cómo sería vivir la vida sin preocupaciones y confiando como lo hace un niño? ¿Qué maravilloso sería saber que tiene una creatividad infinita fluyendo en su interior? ¿Se imagina cómo sería tener todas las necesidades cubiertas incluso antes de darse cuenta de lo que necesita?

¿Cuán liberador es saber que puede tomar sus decisiones con confianza y confiar en que los resultados serán manejados por un ser que todo lo sabe y todo lo ve? ¿Qué maravilloso sería descubrir que las relaciones que suponía destruidas para siempre han vuelto y son mejores que en el pasado? ¿Se imagina lo que sería confiar en que, parezca lo que parezca, las cosas siempre le salen bien? ¿Cómo sería saber que tiene un ser divino que amaña la vida a su favor porque le quiere mucho? ¿Y si pudiera vivir su vida y lograr mucho más descansando y confiando que saliendo a luchar por lo que quiere? Todo esto es posible si permite que la Virgen Negra esté a su lado en todo momento, todos los días.

Sin embargo, la Virgen Negra no le obliga. Eso iría en contra de la naturaleza de la divinidad femenina. Así que, en este momento, ella pone ante usted una invitación abierta. De usted depende aceptarla o no. Si quiere experimentar el amor y el poder en su vida, tiene que extender su mano y aceptar la ayuda que ella le ofrece. Puede que le resulte aterrador. Puede que sienta dudas o miedo. Sin embargo, puede aceptar su ayuda a pesar de esos sentimientos.

Capítulo 5: Su relación con las Diosas Madre

¿Sabía que la Virgen Negra está relacionada con las Diosas Madre? Al fin y al cabo, es la encarnación de la maternidad. En este capítulo, conocerá su relación con las Diosas Madre de distintas tradiciones y culturas. Verá cómo está relacionada con Isis, Ceres, Cibeles, Artemisa, Kali y otras Diosas anteriores al cristianismo. Al mirar a la Virgen Negra a través de las lentes de otras Diosas que encarnaron la maternidad, tendrá una comprensión aún más profunda de lo que significa ser amado y apreciado por la Virgen Negra. Comprenderá los diferentes aspectos de la maternidad y cómo todos ellos pueden encontrarse en este único ser.

Isis

De las muchas Diosas del antiguo Egipto, Isis es una de las más importantes. Curiosamente, solía ser poco conocida porque no tenía templos propios. Sin embargo, a medida que avanzaba la era dinástica, cada vez más gente empezó a reconocer su importancia. Tenía muchos devotos, desde el antiguo Egipto y la antigua Roma hasta Afganistán e Inglaterra. Incluso hoy en día, los paganos la honran.

Isis tiene una poderosa conexión con los muertos, ya que se la consideraba el centro de todos los derechos funerarios. También está fuertemente conectada con la vida, ya que se la conoce como una sanadora mágica que ayuda a los enfermos e incluso devuelve la vida a los muertos. Otro atributo de esta Diosa amada por todos es que es madre, lo que la convierte en un modelo para muchas mujeres.

Otro atributo de esta Diosa amada por todos es que es madre, lo que la convierte en un modelo para muchas mujeres[86]

La realeza egipcia era consciente de que Isis era importante y digna de veneración. Se la representa como una mujer que lleva un vestido de gala. También lleva los cuernos de una vaca en la cabeza, así como un disco solar. Algunas representaciones artísticas incluyen también un trono jeroglífico. A veces, se la representa como una vaca o una cerda. Otras veces, se la ve como un pájaro o un escorpión. Esta Diosa Madre es una conocida protectora. Se podría decir que fue la precursora de la Virgen Negra porque las imágenes de la Virgen Negra que tenemos hoy en día se inspiraron en imágenes de Isis. Ambas aparecen con la piel negra u oscura.

Hay mucho simbolismo compartido entre Isis y la Virgen Negra. Al mirar a cualquiera de las dos, estamos viendo una imagen de ellas y viendo historias que se construyen a través de los símbolos de su arte. Si estudia el arte egipcio antiguo que representa a Isis, verá un anillo en su mano. Ese símbolo no está ahí sólo para parecer guay. Es la representación de la vida misma. Es una señal de que está conectada con la vida y rige el proceso de renacimiento. ¿Y la Virgen Negra? Se puede establecer un paralelismo entre ella e Isis porque se la representa con un niño, que representa su conexión con la vida y la fertilidad.

Los antiguos egipcios creían que Isis era capaz de hacer milagros. Para ellos, era mucho más que una Diosa a la que adorar. Siempre se podía recurrir a ella cuando se necesitaba curación en caso de enfermedad. De hecho, era tan poderosa que devolvía la vida a los muertos. Ofrecía a la gente esperanza donde no la había. Al igual que Isis, la Virgen Negra también hace milagros. Una vez más, los millones de personas que acuden anualmente a los lugares de culto de la Virgen Negra en todo el mundo no lo hacen para divertirse. Comprenden el poder de esta deidad. Acuden con la esperanza de que ella pueda tocar milagrosamente sus vidas. Así que, cuando lo piensa, se da cuenta de que Isis y la Virgen Negra llevan la misma esencia de la divinidad femenina.

Ceres

Este mito es la explicación de las estaciones y su ciclo, así como un testimonio del poder de Ceres para transformar todo y a todos[87]

En la mitología romana, tenemos a la Diosa Ceres. Es la responsable de las relaciones maternales y la fertilidad. Los cultivos de cereales y la agricultura son también su dominio. Cuando se la representa artísticamente, se la ve como una mujer de edad madura, sentada con una corona de espigas de trigo, una gavilla de trigo, antorchas y una hoz. También se la puede encontrar con cereales y una cornucopia llena de frutos. Esta imagen representa claramente la fertilidad y el crecimiento, mostrando que esta Diosa es una proveedora, capaz de nutrir a unos y a otros. Esta Diosa es muy apreciada porque está relacionada con los ciclos de la vida y la muerte, así como con las estaciones. Se la considera una proveedora, responsable de introducir a la humanidad en la agricultura para que pudiera nutrirse a sí misma. Como Isis, también es sanadora y está relacionada con el crecimiento y la fertilidad.

Uno de los mitos de esta Diosa la presenta junto a su hija Proserpina, que es Perséfone en la mitología griega. La hija de Ceres fue raptada por Hades, también conocido como Plutón. Al arrebatarle a su hija, Plutón causó a Ceres una profunda angustia y dolor. Profundamente agraviada, Ceres decidió que iba a arreglar las cosas. ¿Cómo? Decidió que ni un solo cultivo crecería en la superficie de la Tierra hasta que recuperara a su hija. Las cosas se pusieron tan feas que Júpiter tuvo que intervenir y llegar a un acuerdo entre Ceres y Plutón sobre Proserpina. Así, se acordó que Proserpina pasaría una parte del año con Hades y la otra con Ceres. Este mito explica las estaciones y su ciclo, así como el poder de Ceres para transformar todo y a todos.

Ahora, vuelva a prestar atención a la Virgen Negra y se dará cuenta de que tanto ella como Ceres actúan como cuidadoras y protectoras. Ambas son capaces de hacer milagros y son intercesoras que pueden interceder por usted cuando necesite a alguien que defienda su situación. Mientras que la Diosa romana transforma las estaciones, la Virgen Negra lleva a cabo su propia transformación a nivel espiritual, cambiando las almas para mejor.

Cibeles

Era la cuidadora y sustentadora la propia Tierra [88]

Esta Diosa de Anatolia recibe el nombre de Madre de la Montaña. Sus orígenes se remontan al Neolítico, cuando estuvo en Çatalhöyük, un asentamiento anatolio entre el 7500 a. C. y el 6400 a. C., declarado Patrimonio de la Humanidad por la UNESCO. Volvamos a Cibeles. Esta Diosa madre es responsable de la fertilidad. Era la cuidadora y nutridora de la Tierra. En el arte, se la puede encontrar en un trono, con leones descansando a su lado. A veces, otros animales salvajes ocupan el lugar de los leones. No se puede evitar tener la sensación de que es una fuerza a tener en cuenta, rápida para proteger a los que acuden a ella y le confían sus vidas.

Al igual que la Virgen Negra, Cibeles es una nutricia. Ambas son figuras maternas, responsables de que la vida continúe como siempre. En Grecia, las características de Cibeles se asimilarían en parte a aspectos de Gaia, que gobierna la Tierra. Los antiguos romanos la conocían como Gran Madre o Magna Mater, lo que no deja lugar a dudas de que es una criadora. Uno de los mitos cuenta que su amante, Atis, enloqueció y se mutiló. Cuando murió, Cibeles estaba fuera de sí. Hizo todo lo que pudo y acabó devolviéndole la vida. De este modo, se la representa como responsable de la vida, la muerte y el renacimiento.

Tanto Cibeles como la Madre Oscura comparten los rasgos de la crianza y la fertilidad. Puede darles las gracias por los ciclos de la vida, la fertilidad de la tierra o cualquier empresa que lleve a cabo con éxito. ¿Y la creatividad? Al igual que la Virgen, Cibeles también influye en este aspecto de la vida. Se puede ver en la forma en que fomenta la energía creativa. Quienes la veneran utilizan la música, la danza y el arte en su honor.

Artemisa

Artemisa es una Diosa digna de honor y respeto. Es hija de Leto y Zeus, y gemela de Apolo. Imagínese transportado a la antigua Grecia, donde podría ser testigo del temor y la reverencia con que el pueblo la honraba. Esta Diosa reina sobre la luna, la naturaleza y la caza. Se la suele representar con cuchillos de caza, un arco y un carcaj lleno de flechas. De todos los animales y plantas que existen, siente predilección por los ciervos y los cipreses. Sin duda, su amor y conexión con la naturaleza son evidentes. Por esta razón, la Virgen Negra siente el mismo amor por la naturaleza, y algunas obras de arte la muestran rodeada de exuberante vegetación u otros símbolos de la naturaleza.

Esta Diosa reina sobre la luna, la naturaleza y la caza[20]

Al estudiar a Artemisa y a la Virgen Oscura, notará sus paralelismos, arquetípicamente hablando, ya que ambas son criadoras. Ella es conocida por cuidar de las jóvenes, en particular, por mantenerlas a salvo. Otro paralelismo interesante se encuentra en el aspecto de la fertilidad. La Diosa griega supervisa todos los asuntos relacionados con la obstetricia y el parto, lo que demuestra que está relacionada con la vida, la fertilidad y los ciclos que rigen a todos.

La Virgen Negra y Artemisa son conocidas por su asociación con la luna, los misterios de lo femenino y la energía salvaje. A veces, la Virgen Negra se alza confiada sobre la luna creciente, encarnando lo salvaje y lo inconsciente. Existen similitudes incluso en las leyendas y mitos que rodean a estos dos seres. Una de las leyendas cuenta que Artemisa ayudó a Leto, su madre, para que pudiera dar a luz a su gemelo, Apolo, con facilidad. Otro mito habla de cómo Artemisa mantuvo a Leto a salvo de Hera, la celosa esposa de Zeus. Estas historias demuestran su naturaleza poderosa, benévola y protectora. Estos rasgos de Artemisa también pueden encontrarse en la Madre Oscura.

Las mujeres acuden a Artemisa cuando necesitan ayuda para afrontar la dolorosa experiencia del parto, y ella las ayuda. Así pues, al igual que la Virgen Oscura, Artemisa también realiza milagros y responde rápidamente a las plegarias sinceras. Artemisa también es virgen, como la Virgen Oscura. No le interesaba la atención masculina. Sus asistentes también debían permanecer castos y, cuando rompían su voto de castidad, sufrían las consecuencias. Estos seres son la personificación de la maternidad, la divinidad, la fuerza femenina y la naturaleza.

Kali

El tiempo, la creación y el cambio están en sus manos, al igual que la muerte y la destrucción, por lo que sus devotos saben que no se puede jugar con ella[40]

Kali es una Diosa hindú amada y temida por muchos, y con razón. Su poder es inmenso. El tiempo, la creación y el cambio están en sus manos, al igual que la muerte y la destrucción, por lo que los devotos saben que no se debe jugar con ella. En la tradición tántrica hindú, hay diez Mahavidyas. La palabra *Mahavidya* significa "Grandes Sabidurías", y son un grupo de diez Diosas, entre ellas Tara, Tripura Sundari, Bhuvaneshwari, Chhinnamasta, Bhairavi, Baglamukhi, Matangi, Dhumavati, Kamala y Kali. La primera vez que Kali se dio a conocer al mundo fue cuando se manifestó a partir de Durga. Su objetivo era simple: Acabar con todo lo malo para que los inocentes pudieran librarse de sus terrores. Las sectas dedicadas a ella la conocerían como la Madre del Universo y la Madre Divina.

Curiosamente, a la Madre Negra también se la llama Reina de la Tierra y Reina del Cielo, ya que es la versión trascendente de la Virgen María. Además, representa la Inmaculada Concepción y la incorruptibilidad. Esto demuestra que ambos seres son iguales en su oposición a todo lo que es malo y corrupto. La Virgen Negra nunca se ha entregado a un hombre o a una deidad masculina, ni lo hará jamás.

Esta Virgen Oscura es una protectora, similar a Kali, ya que esta última ofrece un refugio seguro a aquellos que confían en ella. Ella les proporciona la verdadera liberación.

Mitológicamente hablando, la Virgen Negra y Kali la Destructora comparten ciertos rasgos interesantes. Pensemos en *Sara-la-Kâli*, también conocida como "Sara la Negra". Muchos creen que comparte una conexión con la Madre Negra y a menudo hablan de ella en ese contexto. Es honrada por los gitanos, que la consideran su soberana real, y por los católicos. Quizá se pregunte qué relación existe entre Sarala-Kâli y la Diosa Kali. Pues bien, este ser es la patrona del pueblo romaní, originario de la India. Por si se pregunta por qué tiene un nombre inglés, en romaní es *Sara e Kali*. SaraH o *Sara* es etimológicamente hebreo y significa "mujer noble" o "princesa". No sólo eso, sino que también se puede encontrar el nombre de Sara dentro del Durga Saptashati, que es una antigua escritura hindú dedicada a Durga, la Madre Divina en persona. En este texto sagrado y antiguo, Durga se llama Kali, además de Sara.

En el Durga Saptashati se cuentan historias de Durga luchando contra demonios que poseían un gran poder, que utilizaban para causar el caos y aterrorizar al mundo. La Diosa pasaba de una forma a otra para derrotar a estas poderosas entidades. Estas historias muestran cómo ella, al igual que la Madre Oscura, lucha en sus batallas para protegerle de todo y de todos los que intentan hacerle daño.

Ala

Ala es una deidad de la tribu igbo del este de Nigeria. Sus devotos también la llaman Ali, Ale, Ana o Ani, según el dialecto igbo que hablen. Su nombre significa literalmente "tierra", en referencia al alcance de su poder. La creatividad, la fertilidad, la moralidad y la Tierra son sus dominios, sobre los que gobierna con elegancia. También supervisa los asuntos del Inframundo. Como una mujer embarazada, lleva en su vientre las almas de los antepasados y de los muertos. Se puede deducir que no sólo gobierna la Tierra, sino que *es la Tierra misma*. Vela por que todos actúen con justicia y equidad, respetando las reglas de la tierra. Al igual que la Virgen Negra, es conocida por su fertilidad y es protectora y nutricia. También se la considera la Diosa del amor, llena de compasión y sabiduría.

Ala es representada como una deidad con un aura regia, a menudo con su familia a su alrededor mientras está sentada en su trono. Es una reminiscencia de la Virgen Negra y su pequeño, que demuestra su maternidad. Sus devotos saben que cuando le rezan, al igual que la Virgen Negra, ella responde con un milagro.

Oya

Oya es una Diosa del oeste de Nigeria. También se la llama Yansä en Latinoamérica, donde es conocida y venerada. Es una orisha que controla las tormentas violentas y lleva el viento y los relámpagos a donde le parece. También es una Diosa del río; sus devotos la consideran supervisora de los niños. Muchos que han sido estériles han recibido de ella el milagro de la concepción, ya que bendijo y sigue bendiciendo con hijos a quienes se lo piden. A diferencia de la Virgen Negra, se casó con Sango, el Dios del trueno. Sin embargo, ambas son conocidas por ser cariñosas y protectoras con aquellos que saben que les pertenecen. Oya es conocida por proteger a su pueblo de sus enemigos y de cualquier injusticia hacia ellos. Es similar a la Virgen Negra, conocida por proteger a su pueblo de quienes intentaban oprimirlo. Estas deidades también son conocidas por provocar la renovación y el cambio radical cuando es necesario. Oya lo hace a través de sus vientos, que pueden tanto crear como destruir.

En conclusión

Después de haber leído todas las mitologías de estas diferentes Diosas a través de las culturas y tradiciones, debería ser obvio que la Virgen Negra es la encarnación de la divinidad femenina. Desde los albores del tiempo, la humanidad ha sido consciente de este ser o energía. Ha recibido múltiples nombres, pero ahora la conoce como la Virgen Negra. Después de haber leído este capítulo, debería ser difícil negar la interconexión de la Virgen Oscura con otras Diosas Madres de diversas culturas y épocas.

Antes del cristianismo, muchos pueblos tenían creencias únicas y deidades en las que confiaban. Estos seres compartían profundas conexiones con la naturaleza y los ciclos de la vida. Entre ellos, estaban los que tenían el arquetipo de la Diosa Madre. Evidentemente, las creencias evolucionan con el tiempo. Así, cuando surgió el cristianismo, influyó mucho en la forma en que la gente interactuaba con los asuntos espirituales. Los misioneros cristianos hicieron todo lo posible para difundir su forma de interactuar con lo divino por todas partes. A veces, eso significaba buscar paralelismos entre los principios cristianos y los elementos que conformaban las creencias religiosas tradicionales de las personas que esperaban convertir. Era mucho más fácil convencer a la gente de que se hiciera cristiana ayudándoles a ver cómo sus creencias actuales eran paralelas a la fe cristiana. Algunos dicen que así fue como las antiguas Diosas de la tierra acabaron convirtiéndose en la Virgen Negra. Independientemente de lo que haya sucedido, el hecho es que ella sirve de puente para conectar todas las creencias. En su piel oscura se encuentra la unificación de todas las verdades espirituales. Esta teoría esotérica debería aclarar cómo y por qué la Virgen Negra tiene tantas similitudes con las antiguas Diosas Madre sobre las que ha aprendido. En el próximo capítulo, aprenderá más interpretaciones esotéricas de este misterioso ser.

Capítulo 6: Interpretaciones esotéricas

La Virgen Negra está asociada a los misterios divinos y a los aspectos esotéricos de la espiritualidad. En este capítulo, conocerá las interpretaciones esotéricas y místicas de esta deidad. Como ya sabe, está llena de simbolismo. La pregunta es: ¿qué significan esos símbolos? ¿Cómo puede hacerlos más personales para usted? La manera de cosechar los frutos de su simbolismo es comprendiéndolos. Por lo tanto, el primer paso será explicar qué es el esoterismo y por qué es importante a la hora de estudiar la espiritualidad.

Entendiendo el esoterismo

El esoterismo consiste en sumergirse en el conocimiento para descubrir significados más profundos, a menudo ocultos y difíciles de percibir a primera vista. Hay ciertas prácticas y creencias que sólo unos pocos comprenden a un nivel profundo. Es posible que al mirar un texto religioso o considerar a una deidad en particular no nos demos cuenta inmediatamente de las capas más profundas de su significado. ¿Por qué? Estos aspectos esotéricos de una creencia o religión requieren tiempo. Requieren una profunda contemplación y reflexión.

La palabra "esotérico" tiene su raíz etimológica en esôterikos, palabra griega que significa "dentro" o "interior". No se trata del tipo de conocimiento habitual. En general, la gente sólo tiene conocimientos públicos o exotéricos. Sin embargo, cuando se conoce algo esotéricamente, significa que se ha llegado a descubrir la verdad de esa cosa desde dentro de uno mismo. Cuando piensa en lo esotérico, puede pensar en cosas como lo oculto, el misticismo y la espiritualidad. Todas estas cosas sirven para ayudarle a comprender mejor cómo funciona la vida y cuál es su lugar en ella.

El esoterismo se rige por varios principios. Antes de considerar la naturaleza esotérica de la Virgen Negra, debe comprender en qué consisten estos principios.

El principio del conocimiento oculto: El conocimiento esotérico nunca está a disposición del público. Normalmente, esta información se comparte entre el maestro, que ha llegado a comprender los temas espirituales, y los estudiantes, que buscan aprender. Por eso, la gente viaja a ashrams, santuarios u otros lugares sagrados, con la esperanza de recibir el conocimiento esotérico de los que saben. El conocimiento esotérico requiere secreto. No todo el mundo llega a comprenderlo. Esto se debe a que sólo algunos están preparados para manejar el poder que conlleva el conocimiento esotérico. Algunas personas pueden no saber qué hacer con él, mientras que otras pueden utilizar el conocimiento para intenciones nefastas. Por eso, el conocimiento esotérico sólo se proporciona a unos pocos elegidos. Una segunda razón para esta selectividad es evitar que el mensaje se diluya o se corrompa de alguna manera. Todo conocimiento esotérico es profundo y sagrado. Cuando entiende realmente cómo funciona el universo, se convierte en una persona poderosa. Lo que haga con ese poder es harina de otro costal. Por eso, los guardianes del conocimiento esotérico guardan celosamente lo que saben. Estas personas tienen la responsabilidad de salvaguardar una sabiduría que es atemporal y antigua.

El principio de la evolución espiritual: La evolución del espíritu humano es otro principio que subyace al conocimiento esotérico. Todo el mundo tiene la capacidad de experimentar un crecimiento personal y lograr una verdadera transformación desde su interior, lo que los lleva a ser iluminados. Usted no es una excepción. La persona verdaderamente esotérica comprende que es posible desarrollarse espiritualmente, pero que también es *necesario*. Sólo cuando desarrolla conscientemente su viaje espiritual puede experimentar una autoconciencia más profunda y acceder a estados de conciencia superiores a los que está acostumbrado.

La persona verdaderamente esotérica comprende que no sólo es posible desarrollarse espiritualmente, sino que también es necesario⁴¹

Su alma está de viaje. A medida que recorre su camino, debe evolucionar. Cuando comprenda lo esotérico y viva su vida según sus principios, irá más allá de las experiencias cotidianas. Las cosas que antes le molestaban profundamente dejarán de ser un problema porque podrá ver más allá de lo que le muestra su realidad.

El primer paso para desarrollarse espiritualmente es darte cuenta de que tiene un ego. El ego consiste en todas las historias que se ha contado a sí mismo. Es todo lo que cree que es verdad sobre sí mismo. En el momento en que se da cuenta de que es mucho más que su ego, evoluciona más allá de estas historias y creencias limitantes que tiene. Ve cómo su ego no es su verdadero yo, sino una herramienta que utiliza su alma para experimentar la vida. Por lo tanto, para practicar el esoterismo, necesita estar dispuesto a autorreflexionar para ser más consciente de su auténtica naturaleza. Es difícil encontrar una forma mejor de hacerlo que a través de la atención plena y la meditación sobre la Virgen Negra y su esencia.

El principio del simbolismo y la alegoría: Toda tradición esotérica entiende y acepta que el simbolismo y la alegoría son importantes. Las palabras sólo pueden hacer hasta cierto punto para transmitir el significado de modo que usted pueda comprender verdaderamente el tema. Sin embargo, el simbolismo es una forma excelente de hacer llegar el significado de una idea a lo más profundo de su alma. Lo mismo puede decirse de las alegorías. Como ser humano, tiende naturalmente a prestar atención a las historias. Podría decirse que su existencia cotidiana está llena de historias. Cada persona es también un libro andante lleno de historias. La clásica estructura en tres actos es una estructura con la que los seres humanos conectan porque todo el mundo está preparado para entender historias. Así que, ¿qué mejor manera de encapsular los significados más profundos de los conceptos esotéricos que a través de historias?

Comprenda que los símbolos son mucho más que simples representaciones de ideas. Piense en cada uno de ellos como una puerta o un portal que le permite acceder a una versión de la realidad más profunda e incluso más real de lo que jamás haya conocido. Los símbolos y las alegorías atraviesan lo mundano y lo ordinario, permitiéndole llegar a lo más profundo de los arquetipos que conforman la vida. En el esoterismo, cada símbolo tiene mucho más significado del que se puede deducir cuando se conoce por primera vez. A través de la contemplación regular y la meditación sobre el símbolo, se encuentra pelando las capas para descubrir significados aún más ricos. Piense en ello como en un tronco de árbol con círculos concéntricos, excepto que en el esoterismo los círculos nunca terminan.

El principio de conexión divina: El esoterismo implica que está conectado con la divinidad. A diferencia de otros sistemas religiosos tradicionales, el esoterismo muestra que no necesita un intermediario para acceder a los poderes espirituales o a la iluminación. Tiene el poder de transformarse a sí mismo, y puede hacerlo sin ninguna ayuda. La religión tradicional insiste en que debe pasar por algún intermediario. En esas estructuras rígidas, hay una necesidad de jerarquía. Esto puede ser bastante limitante para la psique y el alma. Por eso, el esoterismo es un liberador. Ayuda a romper las cadenas religiosas tradicionales que le atenazan y le permite acceder directamente a la fuente divina que le creó.

Lo bonito de ser esoterista es que sabe que puede contactar con la fuente o el creador de todas las cosas. Sabe que no está limitado por sus antecedentes o por lo que cree en términos de religión. Sabe que a lo divino no le importa su posición en la sociedad. Comprende profundamente que su conexión con la divinidad supera cualquier posible limitación que se le pueda ocurrir a la gente. Claro, puede que pertenezca a un determinado grupo religioso. Puede que participe en ciertas actividades religiosas. Sin embargo, también es consciente de la libertad que tiene para ponerse en contacto directo con la fuente de la vida.

El principio de la comprensión holística: Como esoterista, se da cuenta de que la vida puede entenderse a un nivel holístico. Es difícil negar la interconexión de los conceptos, las ideas y todas las cosas creadas. Cuanto más consciente sea de sí mismo y de cómo funciona el universo al profundizar en el conocimiento esotérico, más se dará cuenta de las profundas conexiones entre cosas aparentemente no relacionadas. Este es el principio de la comprensión holística, donde puede aprender la verdad sobre la vida, desde cómo vuela una mariposa hasta cómo los vendedores atraen a la gente para que compre un producto.

El verdadero esoterista comprende que existen conexiones entre el mundo físico y el espiritual, aunque no sean evidentes a primera vista. Sabe que el mundo creado es simplemente el microcosmos del macrocosmos. Mire a su alrededor. Si presta atención y reflexiona, se dará cuenta de que todo lo que le rodea es un reflejo de una fuerza o principio espiritual más profundo. Tanto si mira la vida a través de la lente del misticismo, la astrología, la alquimia o cualquier otra cosa, se dará cuenta de que todo está entrelazado. Cada campo de estudio forma parte del rompecabezas que constituye la existencia. Como esoterista, su trabajo es encontrar el hilo que conecta todas estas cosas y utilizar lo que aprende de las conexiones para desarrollar su alma. Aprende la importancia de ver más allá de lo superficial. Nunca comete el error de asumir que algo es irrelevante. Como resultado, puede encontrar patrones en todo. Percibir y comprender los patrones es clave para desarrollar su vida espiritualmente y en todos los demás aspectos.

Los orígenes esotéricos de la Virgen Negra

Ahora que entiende los principios fundamentales del esoterismo, es el momento de descubrir por qué debería ser una parte clave a la hora de enfocar su relación con la Virgen Negra. Sin embargo, antes de entrar en materia, esta es una aproximación a los orígenes esotéricos de la Virgen Negra.

La unificación de todas las antiguas Diosas de la Tierra: En un capítulo anterior, desarrollábamos cómo la Virgen Negra comparte lazos con las antiguas Diosas de la Tierra. La humanidad siempre ha sido consciente de la divinidad femenina, por lo que siempre se ha adorado a la deidad femenina. Desde los albores del tiempo, la humanidad ha sido consciente de la energía que impulsa los ciclos de la vida. La gente se siente atraída por el deseo de honrar esta energía, que es responsable de la abundancia y la fertilidad de la que todos disfrutan. Desde la prehistoria, la gente adoraba a una Diosa de la Tierra que representaba esta fuerza femenina. Comprendían que, cuando se trataba de ser nutridos y protegidos, debían su agradecimiento a esta fuerza.

Así pues, la Virgen Negra, con su piel oscura, representa este arquetipo de la antigüedad. Su piel oscura recuerda a la Tierra, con su suelo rico y fértil, responsable de que crezcan los alimentos y de sustentar toda la vida. Así que, esotéricamente hablando, la Virgen Negra es una conexión entre lo sagrado de la Madre Tierra y todos los misterios que rodean el proceso de la creación.

El misterio de la alquimia: A continuación, se plantea la cuestión de la conexión entre la Virgen Negra y la alquimia, un proceso que consiste en convertir metales comunes en oro. Algunos dicen que este proceso es sólo figurativo, mientras que otros creen que hay alquimistas reales que transformaron con éxito metales comunes en oro. En cualquier caso, el proceso de transformación ocurre en su interior. En algún momento, llega un punto en el que deja de existir como siempre se ha conocido. Algunas personas llaman a esto la muerte del ego, mientras que en alquimia se conoce como la *nigredo*. Se trata de una etapa de oscuridad. Todo lo que creía saber sobre quién es se disuelve de repente. Esta es otra interpretación esotérica de la piel oscura de la Virgen Negra. Sin embargo, de la oscuridad emerge el oro que lleva dentro. ¿Qué es este oro en el contexto espiritual? Es su iluminación.

Las escuelas de misterios y sus ritos de iniciación: Recuerde, uno de los principios del esoterismo es el hecho de que es selectivo y secreto. Durante mucho tiempo, ha habido diferentes escuelas de misterios que sólo permiten el acceso al conocimiento a aquellos que reúnen los requisitos para la iniciación. La propia Virgen Negra es un enigma. Su misterio hunde sus raíces en las antiguas tradiciones. Quienes asistieron a las antiguas escuelas de misterios para aprender más sobre ella se dieron cuenta de que encarna la transformación interior. Sabían que sólo ella es portadora de verdaderos conocimientos espirituales que transforman radicalmente y dan poder. No compartieron esta información con las masas, sino que la reservaron para aquellos que realmente buscaban experiencias profundas con la Virgen Negra. Piense en ella esotéricamente como el portal a la visión espiritual y a la verdad. Ella hace que no tenga que encontrar una antigua escuela de misterios. En lugar de eso, puede acudir a ella con el corazón abierto y buscar la luz de su sabiduría.

Toques herméticos y gnósticos: Las tradiciones hermética y gnóstica son bien conocidas por animar a experimentar la iluminación interior y a profundizar en la práctica espiritual. Con un estudio profundo, notará la conexión entre la Virgen Negra y los valores herméticos y gnósticos. Por un lado, el color negro no se ve como algo diabólico o maligno. Bajo estos principios se entiende que el negro es mucho más que oscuridad y negatividad. Por el contrario, en el hermetismo y el gnosticismo, el negro es visto como el material del que emerge toda la vida. Se entiende que toda visión espiritual proviene de la oscuridad.

La alquimia del alma

La primera etapa de la alquimia del alma implica el ennegrecimiento, donde todo se disuelve en un caos absoluto. Su conciencia se siente como si hubiera descendido a la oscuridad. Esto es el *nigredo*, donde finalmente se enfrenta al yo en la sombra que ha estado evitando toda la vida. Se da cuenta de que no hay más salida que atravesar el desafío al que se enfrenta. La negrura de la Virgen Oscura es representativa de esta etapa de la alquimia. Representa lo que significa atravesar la noche oscura del alma.

A continuación, viene el albedo. Cuando se experimenta esta etapa de la alquimia, se tiene la sensación de que alguien ha abierto una ventana y ha dejado entrar algo de luz. Se siente como si le estuvieran purificando. Poco a poco, adquiere más claridad sobre lo que debe hacer en la vida y se siente iluminado. La Virgen Negra simboliza la dualidad de la vida. Lleva en sí tanto la oscuridad como la luz. Así pues, esta etapa de la alquimia de su alma representa la esencia luminosa de la Virgen Negra.

Por último, experimenta el *rubedo*. Esta última etapa alquímica se refiere a la transformación de su alma. En este punto, se da cuenta de que nunca estuvo separado de la divinidad. Sólo se percibía a sí mismo de esa manera. Cuando llega a esta etapa de transformación, se encuentra expresando la naturaleza trascendente de la Virgen Negra. Experimenta lo que significa estar conectado al cielo y a la tierra. Este es el punto en el que finalmente se da cuenta de que no hay forma de que nadie pueda separarle del amor del Creador.

Hay un elemento adicional en la transformación alquímica de su alma. Es la comprensión de que siempre llevará dentro tanto su aspecto luminoso como su aspecto oscuro. Algunos asumen que la iluminación significa que nunca recaerán en un lugar de oscuridad. Sin embargo, siempre habrá nuevos niveles de iluminación que alcanzar. Cada vez, experimentará algo parecido a la oscuridad del alma. Cuando acepta esto, sus caballeros oscuros son mucho más fáciles de manejar. Ya no se permite regodearse como lo hacía en el pasado y, de hecho, se entusiasma porque sabe que su avance irá más allá de cualquier cosa que haya imaginado posible para sí mismo.

Es terrible experimentar la noche oscura del alma, pensando que no hay nadie que le apoye. Sin embargo, cuando se da cuenta de la existencia de la Virgen Negra y este periodo le impacta, es reconfortante saber que ella le cubre las espaldas. Es una amiga firme y verdadera, una compañera que nunca le abandonará, por muy feas que parezcan las cosas. Esto es lo que está experimentando en este momento. Atrévase a entregarse a ella. Atrévase a confiar en que ella le ayudará a encontrar la iluminación que necesita para salir del agujero en el que se encuentra. Atrévase a confiar en que la oscuridad no es permanente y que, con el tiempo, el sol volverá a salir en su vida.

El ciclo cósmico

Esotéricamente, la Virgen Negra es una danza de ritmos. Dentro de ella hay altibajos, subidas y bajadas, flujos y reflujos. Uno de los ritmos de este ser es la oscuridad y la creación. La Virgen Negra representa la oscuridad primordial de la que procede todo lo creado en el mundo. Cuando piensa en la oscuridad, ¿qué le viene a la mente? ¿Supone que es la ausencia de luz? Este no es el tipo de oscuridad al que nos referimos en el contexto de la interpretación esotérica de la Virgen Negra.

La oscuridad de la Madre Africana es poderosa y creativa. Es la matriz de todas las cosas y seres existentes y por existir. Es la misma matriz en la que puede esperar que su alma se transforme para siempre. Este color negro, que lleva la Virgen Negra, representa el vacío cósmico no restringido por el tiempo. Este mismo vacío hace nacer y alberga las galaxias y las estrellas que ve. La oscuridad le atrae, pidiéndole que se sumerja en las profundidades de sus aspectos espirituales y vea con qué oro puede emerger.

También existe una danza entre lo divino femenino y lo divino masculino. Como ya se ha explicado, la Virgen Negra personifica el principio femenino. Sin embargo, es necesario un equilibrio en su vida espiritual, por lo que lo divino masculino es una contrapartida necesaria. A primera vista, puede no parecerlo, pero la Virgen Negra tiene un simbolismo que muestra la naturaleza esencial del divino masculino. Tiene un fuerte vínculo con la Tierra y está conectada con la luz y la oscuridad. Puesto que representa los ciclos y los ritmos, es lógico que también lleve en su interior lo divino masculino, una fuerza activa necesaria para la transformación. En resumen, la Virgen Negra es responsable de la integración de los opuestos. Es un recordatorio de que debe descubrir las naturalezas duales que hay en su interior y aceptarlas como válidas.

Las recompensas de la exploración del esoterismo de la Virgen Negra

Se dará cuenta de la profundidad del simbolismo. Cuando aborde su estudio y comprensión de la Virgen Negra con esoterismo descubrirá la profundidad simbólica de esta deidad. Piense en su piel oscura, por ejemplo. ¿Qué más podría deducir de la información que ha recibido en este libro sobre lo que representa su piel? Si quiere más información sobre el simbolismo de su piel oscura, lo mejor es que medite sobre ello. Cuando dedique tiempo a contemplar profundamente la piel oscura de la Virgen Negra, recibirá niveles de conocimiento y perspicacia que otros quizá no tengan. ¿Y qué es lo mejor? La información que reciba será única para su experiencia vital. Por lo tanto, le conviene empezar a pensar en la Virgen Negra desde un punto de vista esotérico. Si alguna vez se siente atascado al intentar comprender un determinado aspecto de este ser, puede pedirle ayuda. Estará encantada de ayudarle a descubrir puntos de vista útiles.

Descubrirá nuevas profundidades de conexión con ella. Utilizará prácticas esotéricas como la oración y la meditación para conectar con la Virgen Negra. Descubrirá la profundidad de la conexión que comparte con lo divino. Le guste o no, siempre está conectado a su esencia. Sólo cree que no lo está porque no se ha permitido verlo. Así que ocurre algo interesante cuando medita sobre la imagen o la esencia de la Virgen Negra, le reza o contempla lo que significa para usted. Se acerca a todo, desde lo mundano hasta lo más importante, desde un lugar espiritual. Con prácticas esotéricas constantes para conectar con la Virgen Negra, recibe profundas percepciones espirituales que nunca antes había tenido. Estos conocimientos se abrirán dentro de usted y le darán una comprensión profunda que nunca podría recibir de ningún libro o gurú. Los libros, los vídeos, los gurús, los maestros y cualquier otra cosa del mundo exterior sólo pueden enseñarle hasta cierto punto. Sin embargo, logrará una verdadera transformación cuando decida que desea el conocimiento esotérico concerniente a la Virgen Negra.

Renacerá y se transformará en una versión más trascendente de sí mismo. Una vez más, la Virgen Negra es conocida por su poder sobre el renacimiento y la transformación. Ya conoce los principios básicos del esoterismo, que incluyen el desarrollo personal y el crecimiento espiritual. Cuando trabaje con la Virgen Negra y busque el conocimiento esotérico, sin duda se volverá diferente. A medida que ella le proporcione nuevos conocimientos, empezará a pensar, hablar y actuar a través de ese filtro. Por ejemplo, si es un adicto al trabajo, y la Virgen Oscura le revela la esencia del descanso y de dejar que las cosas se manifiesten por sí solas, puede que empiece a tomarse las cosas con más calma y a buscar más tiempo para relajarse. Con su nuevo aprecio por el descanso y la relajación, puede notar que incluso su forma de caminar es diferente. Respira más profundamente. Deja de precipitarse. Comprende que todo sucede a su debido tiempo. Como resultado, las personas que siempre le han conocido pueden darse cuenta de que es una persona completamente distinta. También dará fe de que ahora se siente diferente. Empieza a priorizar la calma y la fluidez sobre la lucha y el conflicto. Se pregunta cómo es posible que haya podido vivir de otra manera. Se da cuenta de que descansar y elegir la tranquilidad y la fluidez le permite una mayor abundancia en la vida y un mayor progreso en su carrera. Finalmente, se da cuenta de que su antiguo yo ha muerto. Ha experimentado una verdadera transformación. Ha renacido.

Capítulo 7: Conectando con la Virgen Negra

Sigue leyendo este libro, lo que confirma que realmente se siente atraído por la Virgen Negra. Le llama y le pide que pruebe a vivir con ella. Sin embargo, antes de comprometerse por completo y dar el paso, vale la pena que se pregunte qué espera experimentar al tenerla en su vida. ¿Qué motivos tiene para querer conectar con la Madre Divina? Si puede responder a esta pregunta con claridad y sinceridad, experimentará lo que busca y mucho más.

Respondiendo a la llamada de la Virgen: Crecer en resonancia interior

Por lo tanto, quiere entender por qué está conectando con la Virgen Negra, lo que significa que necesita tiempo y espacio para reflexionar. Debe ser intencional al respecto siempre que esté listo para hacerlo. Elija un momento que utilizará para este ejercicio. La habitación en la que esté debe ser tranquila y cómoda. Ajuste la iluminación para que sea ambiental y no intensa. Si no puede encontrar un lugar tranquilo porque hay otras personas a su alrededor, puede hacer este ejercicio cuando todos los demás estén durmiendo. También puede utilizar una máquina de ruido blanco o reproducir ruido blanco en Internet con los auriculares o altavoces para ahogar el ruido que le rodea. Está a punto de ponerse en contacto consigo mismo, así que quieres estar sólo con tus pensamientos, sin distracciones ni interrupciones.

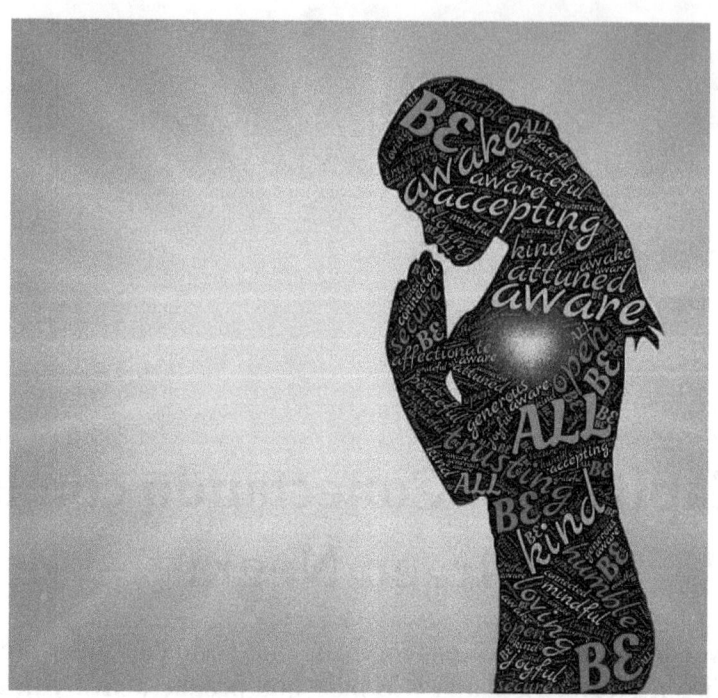

Por lo tanto, quiere entender por qué está conectando con la Virgen Negra, lo que significa que necesita tiempo y espacio para reflexionar⁴⁸

Apertura: Tiene que empezar con la mente abierta. No tenga expectativas sobre cómo o cuándo le responderá la Virgen Negra. *Confíe en que lo hará.* Confíe en que cuando le responda, ya sea durante este ejercicio o algún otro día, lo sabrá sin lugar a dudas. Ahora, cierre los ojos y respire profundamente. Deje que su corazón se abra. Está haciendo esto con una mente curiosa y exploradora que busca aprender, no con una que está convencida de que sabe todo lo que hay que saber. Si empieza con esta actitud, seguramente descubrirá cuáles son sus motivos.

Reflexión: Ahora es el momento de reflexionar sobre lo que le atrae de la Virgen Negra. ¿Le encanta que sea un enigma? Tal vez sepa que tiene muchos secretos y profundos conocimientos que compartir, y le entusiasma la idea de ponerlos en práctica en su vida. ¿Hay alguna verdad esotérica en ella que le llame? ¿Le encanta que encarne sin esfuerzo la luz y la oscuridad sin que una prevalezca sobre la otra? ¿Le gusta pensar en la paz que ofrece a su corazón, a su mente y a su alma? ¿Busca liberarse del dolor y el sufrimiento que se han vuelto difíciles de soportar? La única forma de saber lo que busca es hacerse preguntas como éstas. Podría considerar los aspectos de su vida con los que se siente insatisfecho. Si está descontento con todos los aspectos de su vida, tampoco pasa nada.

No hay nada demasiado grande ni demasiado pequeño para que la Virgen Negra le ayude. Sea sincero consigo mismo cuando se haga estas preguntas. Puede hablar consigo mismo en voz alta o mentalmente. Para obtener mejores resultados, debería utilizar un diario, ya que tendrá algo a lo que acudir más adelante y le alegrará anotar cómo evolucionan sus motivos para conectar con la Madre.

Emociones: Durante este ejercicio de autorreflexión, puede notar que afloran a la superficie emociones interesantes. Podría sentir cualquier cosa, desde un anhelo inquieto hasta consuelo, al pensar en ella. Confíe en que cualquier emoción que aflore tiene que estar ahí. Si se pregunta: "¿Por qué me siento así en este momento?" y reflexiona sobre esa pregunta, descubrirá cosas interesantes. Las respuestas le darán pistas sobre por qué quiere conectar con la Virgen Negra. Deje que fluyan en las páginas de su diario, sin retener nada. La Virgen Negra no le juzga por sus sentimientos o pensamientos, así que no tiene que preocuparse por dar muestras de santidad y piedad. Escriba sus sentimientos, crudos y sin filtrar. Déjelos fluir.

El pasado: Es hora de bucear en su pasado. Esta parte del ejercicio no pretende hacerle sentir arrepentimiento, vergüenza, dolor o juzgarle negativamente. Está buscando en su pasado experiencias que encajen con la esencia y el simbolismo de la Virgen Negra. Está buscando momentos en los que ella haya aparecido, pero no era consciente de que era ella. Recuerde los momentos más oscuros y bajos de su vida. Los conoce. Fueron momentos en los que estaba desesperado por orientación, anhelando un toque sanador, sediento de cambio, pero inseguro de cómo hacerlo realidad. Busque señales de que la Virgen Negra estuvo con usted y, si no se le ocurre ninguna, vuelva su atención a cómo podría haber sido un gran consuelo y ayuda si hubiera sabido que podía invocarla y recibir milagros.

Liberación: Escarbar en el pasado es incómodo. Puede que se encuentre atrapado en la negatividad, la ira, el dolor, la vergüenza y la pesadez que le atenazaron. Esto es bueno. Es una oportunidad para que libere esas emociones. No las juzgue ni a ellas ni a las experiencias que le llevaron a ellas como terribles. Por el contrario, acoja los sentimientos que inundan su mente y su cuerpo. Siéntese con ellos y deje que le guíen. Puede que su escritura se vuelva más frenética y errática. Tal vez tenga ganas de gritar o llorar. Hágalo. No reprima nada. Lo que está haciendo en este momento es elegir aceptar cada aspecto de sí mismo, y eso incluye la parte que sufrió y que probablemente sigue sufriendo.

Claridad: Ahora, dirija su atención a lo que le gustaría experimentar al hacerse uno con la Madre Africana y convertirla en una presencia real en su vida. En este momento le vendrán a la mente algunas respuestas. Escríbalas, y luego siga indagando más allá de la superficie preguntándose por qué. "¿Por qué quiero eso?". Cuando obtenga una respuesta, vuelva a formular la pregunta. Continúe hasta que llegue al núcleo de lo que anhela su alma. Cuando sepa cómo le gustaría que le alimentara la Madre Negra, permitirle que le satisfaga será más fácil cuando la acoja oficialmente en su vida.

Una conexión más profunda: Resonancia interior e intuición

Puede que conozca a muchas personas que profesan una determinada fe, pero, por la razón que sea, se nota que su conexión con ella no es fuerte. No se lo toman en serio. Son religiosos o espirituales sobre el papel, y eso es todo. Bueno, evite cometer el mismo error que ellos. Si quiere que esto funcione, debe estar en contacto con su intuición. Todo el mundo tiene intuición. Si divide las palabras, obtiene "en" y "tuición". Esto es enseñanza, sabiduría y guía que viene de su interior. Lo más probable es que sea una persona intuitiva, ya que se ha sentido atraído por este libro. Sin embargo, si tiene la sensación de que podría desarrollar más su intuición, debería hacerlo. Verá, necesita esa guía interior que le ayude a comprender su verdadero yo y sus motivos para desear el corazón sanador y la luz amorosa de la Madre en su vida.

Entonces, ¿qué es la resonancia interior? ¿Cómo le ayuda a conectar con la Madre Negra a un nivel profundo? Piense en su canción favorita. Si puede, escúchela ahora mismo. Mientras suena, fíjese en cómo se siente. Si es una canción alegre, sentirá que se le levanta el ánimo. Si es una canción triste, sentirá que su estado de ánimo cambia para reflejar esa tristeza, o si ya estaba triste antes de escucharla, sentirá que su tristeza se intensifica. Así funciona la resonancia interior. Es lo que experimenta cuando siente algo a un nivel tan profundo que le llega al alma. Así que, cuando inicie el contacto con la Virgen Negra, notará lo mismo. Es como si hubiera una fuerza tirando de su alma. Puede que no tenga palabras para describir su experiencia, pero sentirá como si la conociera. Parecerá que se ha convertido en uno con ella y que la "entiende". Sus pensamientos y emociones se convierten en los suyos. Encuentra la unidad entre su mente y el simbolismo de la Madre. Esto es pura resonancia.

Ahora, vuelva al asunto de la intuición. Su intuición le confirmará que la resonancia que siente es real. Le hará saber que está en presencia de la divinidad femenina en persona. Su intuición puede ser una voz suave en su interior. Puede sentirse como un fuerte conocimiento. A menudo, aparecerá utilizando el lenguaje de los sentimientos. Cuanto más avance en su viaje con la Virgen Negra, más fuerte se hará su intuición y más profunda será su conexión con ella. Escuche su voz interior. Ella sabe hacia dónde debe ir. Si se lo permite, será guiado. Es como una mano invisible sobre su hombro; su tacto es suave mientras le conduce por el camino correcto. Puede ser un impulso de aprender aún más de lo que sabe sobre la Madre Oscura. Puede ser un deseo de cerrar las puertas, cerrar los ojos y sentarse en silencio a contemplar su gracia y su amor. Sea lo que sea lo que sienta, confíe en ello. La intuición es su alma hablándole a través del lenguaje de sus sentimientos.

Cómo fortalecer la intuición

Ahora entiende que la intuición es importante y que sólo le serviría mejorar en su uso. Entonces, ¿de qué formas prácticas puede fortalecer sus músculos intuitivos?

Pruebe la meditación. ¿Cómo? La meditación es una práctica de atención plena en la que se concentra en una cosa durante un tiempo y en nada más. Normalmente, los meditadores se concentran en su respiración o en algún otro sonido constante. Puede hacer lo mismo o tomar una foto u otra representación visual de la Virgen Negra y mantener su atención en ella. Cuando su mente se desvíe de aquello en lo que ha decidido concentrarse, vuelva a centrarse en ello con suavidad. Castigarse por perder la concentración es una pérdida de tiempo y le hará retroceder. La meditación consiste en dominar la atención y la conciencia, y el hecho de que se dé cuenta de que se ha distraído es bueno para usted. Con el tiempo y la práctica, verá que los momentos de distracción disminuyen. Las personas que han meditado durante años incluso desarrollan la capacidad de meditar en el caos del tráfico congestionado. Sin embargo, necesita tiempo para llegar a este punto. Sólo disfrutará de los beneficios de la meditación si practica todos los días. Por lo tanto, reserve de cinco a diez minutos en los que pueda sentarse en silencio a meditar. Con el tiempo, puede aumentar la duración de sus sesiones.

Diario. Cuando lleva un diario, se pone en contacto consigo mismo. Está comprobando dónde se encuentra en relación con dónde ha estado.

Entable un diálogo consigo mismo a través del papel. Su diario debe contener los acontecimientos del día, cómo se siente al respecto, cómo se siente consigo mismo, su viaje espiritual, las percepciones que recibe de su interior, los mensajes intuitivos, los sueños, los patrones que ha observado y cualquier otra cosa que le venga a la mente. Al llevar un diario, fortalece la conexión entre su mente y su alma, lo que le permite captar más fácilmente los mensajes intuitivos y distinguirlos de los pensamientos aleatorios.

Pase tiempo en la naturaleza. La naturaleza es una herramienta excelente para ayudarle a ser una persona más intuitiva. Puede estar en lo alto de las montañas, en lo más profundo del bosque o junto al murmullo de un arroyo. No importa, siempre que esté rodeado de naturaleza. La naturaleza hace maravillas con la intuición. Le aleja del estrés y del caos diario que exige su atención. En cambio, está en presencia de la Madre Naturaleza. Está sentado con la mismísima Virgen Negra. Cuanto más tiempo pase con su energía en la naturaleza, mejor sabrá escuchar su llamada y responderla.

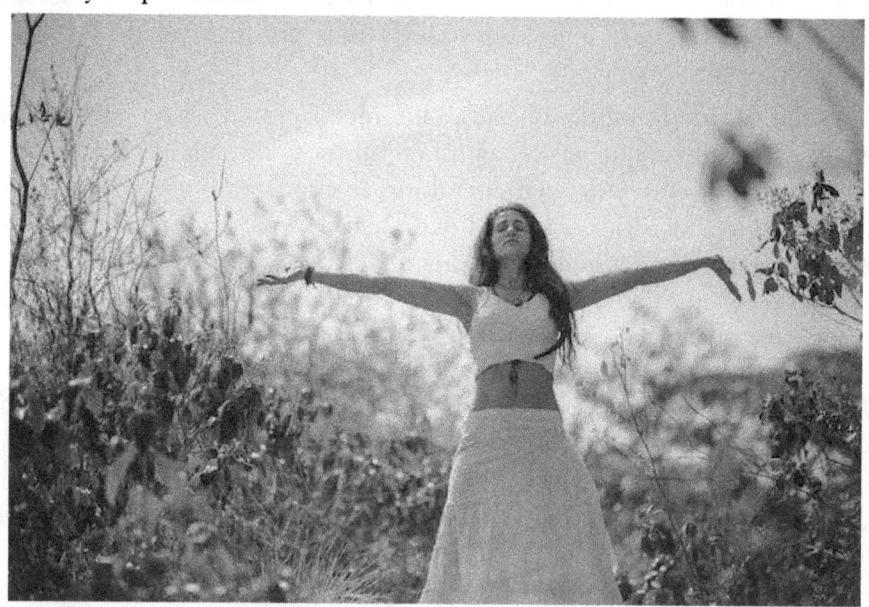

La naturaleza es una herramienta excelente para ayudarle a ser una persona más intuitiva[48]

Preste atención a sus sueños. No hay mejor medio para que su alma o el mundo espiritual lleguen a usted que a través de sus sueños. Lleve un diario de sus sueños. Cuando se despierte, no tenga prisa por abrir los ojos y salir de la cama. No se mueva. Quédese donde está y deje que le llegue la última imagen de su sueño. Después, puede ir retrocediendo. Cuando lo haya recordado todo, puede escribir un diario. Si se levanta demasiado rápido, se mueve demasiado o deja que su mente empiece a preocuparse y a planificar el día, es posible que olvide sus sueños.

Si es una de esas personas que no pueden recordar sus sueños, o cree que no sueña, ¿qué debe hacer? Permanezca en la cama, con los ojos cerrados, el cuerpo quieto y relajado, y preste atención a cómo se siente. Siéntese con esa sensación y escríbala en su diario. No se sorprenda cuando empiece a recordar sus sueños. Cuanto más los anote en su diario, más fácil le resultará recordarlos, porque habrá enseñado a su subconsciente que es importante recordar sus sueños. Así, le será más fácil recordar sus sueños.

Observe lo que hace su cuerpo. A veces, tendrá una sensación intuitiva tan fuerte que la sentirá en el cuerpo. Su cuerpo tiene sabiduría. Es más sabio de lo que cree. Así que, cuando tenga que tomar una decisión, fíjese en cómo se siente. ¿Siente opresión o pesadez en el pecho? Eso podría indicarle que hay algo mal en la opción que ha elegido. ¿Siente el pecho ligero? ¿Su respiración es profunda y segura? Lo más probable es que haya elegido el mejor camino para usted en este momento, así que debería seguir adelante con su decisión y confiar en ella. Algunas personas sienten un dolor de cabeza o de barriga instantáneo cuando se encuentran con personas que no son buenas. ¿Es su caso? Recuerde momentos en los que haya tenido que tomar una decisión crítica. Piense en cuando conoció a alguien que acabó siendo tóxico. ¿Recuerda cuándo conoció a las personas con las que se siente más a gusto? ¿Puede recordar cómo fueron esas experiencias? ¿Puede recrearlas en su mente y prestar atención a la sensación que siente en su cuerpo? Así dominará las señales intuitivas de su cuerpo.

Decida confiar en su intuición. Algunas personas reciben mensajes intuitivos, pero los descartan como si no fueran nada. No actúan en consecuencia. Cuando ignora los mensajes de su interior, debilita su capacidad para percibirlos. Lo mismo ocurre cuando duda de lo que le dicen. Así que decida confiar en su instinto, independientemente de cómo se desarrolle. Cuando tenga un presentimiento fuerte o se sienta empujado a hacer algo, hágalo sin hacer preguntas y sin expectativas. Sentirá la tentación de actuar con lógica. Sin embargo, debe aceptar que la lógica está severamente limitada cuando se trata de asuntos del espíritu. No puede intentar contener la indecible e inimaginable inmensidad del espíritu en la pequeña y rígida jaula de la lógica. De lo contrario, no sólo será incapaz de sentir cuando su intuición le está diciendo algo, sino que también vivirá una vida innecesariamente difícil.

Sea cual sea el camino que elija para desarrollar su intuición, debe ser paciente consigo mismo. Este desarrollo llevará tiempo. Suponga que intenta precipitar el proceso o que se enfada consigo mismo por no ver resultados antes. En ese caso, sólo conseguirá ralentizar su progreso o detenerlo por completo.

Una práctica de meditación guiada

La meditación guiada es similar a la meditación, salvo que su atención se centrará en lo que diga su guía. Se le pedirá que visualice o sienta cosas. Si le preocupa no poder visualizar, entienda que no es diferente a imaginar algo en su mente. Algunas personas pueden utilizar todos sus sentidos en su imaginación sin ningún problema, mientras que otras pueden ser mejores sintiendo, oyendo u otra cosa. Sea cual sea su caso, puede seguir trabajando con esta meditación guiada imaginando que es verdad, incluso si sus visualizaciones internas u otros sentidos no son tan claros.

Empezando: Necesita estar en un lugar tranquilo. Si hay otras personas a su alrededor, pídales que le dejen en paz durante los próximos diez o quince minutos. Apague todos sus dispositivos, ya que quiere evitar que una notificación inoportuna le saque de esta meditación. Póngase ropa cómoda que no le pique ni le apriete demasiado, y siéntese o túmbese cómodamente. Si está sentado en una silla, apoye los pies en el suelo. La espalda debe estar recta, pero no incómoda. Imagine un cable conectado a la parte superior de su cabeza. Imagine que alguien tira de él y le hace enderezar la postura. Si se sienta en el suelo, puede adoptar la posición de loto. También puede sentarse con los pies estirados hacia delante o en cualquier otra postura que le permita relajarse. Cierre los ojos y empiece a respirar profundamente. Mientras respira, deje que su mente se aquiete y que su cuerpo se relaje. Recuerde su intención: quiere invitar a la Virgen Negra a su espacio y a su vida.

Visualizando: Imagínese en un bosque. Los verdes son vibrantes, los sonidos agradables y el aura de ese espacio es de tranquilidad. Le encanta estar aquí. Disfruta observando el cálido y dorado sol que baila en el suelo a medida que atraviesa las hojas susurradas por el viento, que se siente delicioso en su piel. Se siente atraído a mirar hacia arriba y cede al impulso. Al hacerlo, siente la presencia de la Virgen Negra. Ya no está lejos. No puede estarlo. Ella es la razón de que exista este espacio sagrado.

Sigue caminando por el sendero del bosque, que está sembrado de hojas marrones a ambos lados. Algunas de esas hojas también están en el sendero. Crujen bajo sus pies, aumentando la sensación de serenidad y santidad del bosque. Se detiene al ver una figura femenina ante usted. Su figura está adornada con una túnica que fluye con elegancia. Su rostro es la imagen de la paz y la serenidad. La mira a los ojos, dos orbes oscuros llenos de sabiduría ancestral y conocimiento de cosas demasiado maravillosas para capturarlas con palabras. Nota que su piel es oscura. Es como si le susurrara que encierra los misterios más profundos. Le dice que nutre el cosmos y que también puede nutrirle a usted. Este ser es la Virgen Negra.

Estableciendo la conexión: Ahora, permítale sentir su energía. Deje que le inunde en cuerpo y alma. Fíjese en su calidez. Le recuerda a cuando de niño le envolvían en mantas suaves y reconfortantes. La siente a su alrededor, abrazándole suavemente. Su amor le impregna y lo siente en el pecho. Nota que su corazón se llena de amor por ella, y se da cuenta de que ella también le está llenando de su amor. Mientras permanece abrazado a ella, se siente uno con ella. Siente una conexión que nunca antes había tenido con nadie. Es una conexión profunda, como si el suelo ya no estuviera bajo sus pies. En vez de eso, está en el corazón del océano del amor de la Madre Oscura. Cada respiración hace que su cuerpo se estremezca de alegría y éxtasis. Desearía poder profundizar este sentimiento, este amor que siente en su abrazo. En respuesta, siente su presencia y su consuelo aún más intensamente, ya que conoce sus deseos incluso antes de que se los pida. Nota que las lágrimas brotan de sus ojos, y le parece bien. Siente que la conoce desde hace muchas vidas, y la verdad es que sí.

Conversando: La conexión se ha completado. Usted y la Virgen Negra están ahora unidos. Ella forma parte de su vida y está dispuesta a escucharle. Así que hable con ella. Puede hablar en voz alta, en su mente o en voz baja. Haga lo que le resulte más natural. Hágale saber lo que hay en su corazón. Puede hacerle preguntas, decirle lo que desea, o simplemente hacerle saber que sólo está aquí para disfrutar de su presencia y pasar tiempo con ella. Puede pedirle sabiduría y guía sobre un asunto específico, curación o cualquier otra cosa. Si no sabe qué pedirle, puede seguir dándole las gracias en espera de las maravillas que hará en su vida.

Escuchando: Ahora es el momento de sentarse en el silencio. Siéntese a la expectativa y la Virgen Negra responderá. Ella puede usar palabras reales o comunicarse con usted a través de sentimientos. Puede evocar símbolos, cuyo significado se le hará evidente en ese momento o más adelante. Puede simplemente inundar su corazón con su paz y su amor. Así es como le ofrece su guía y afirma que ha escuchado y tratado sus preocupaciones.

Hágase uno con la Madre: Ahora, sienta su propia energía. Luego, cambie su atención a la energía de la Virgen Negra. Mueva su atención de un lado a otro, de su energía a la de ella, sentándose con cada una de ellas durante un momento. Finalmente, permita que su energía y la de ella se fusionen. Observe cómo se crea algo nuevo. Note el conocimiento intuitivo de que ahora es una persona diferente, que ha sido bendecido espiritualmente y que esa bendición se manifestará en otros aspectos de su vida. Al fusionar vuestras energías, solidificáis y fortalecéis vuestro vínculo con la Madre.

Muestre gratitud: Cuando sienta que ha llegado el momento, agradezca a la Virgen Negra que haya aparecido por usted. Dele las gracias por guiarle y amarle incondicionalmente. Dele las gracias porque sabe que el hecho de que esta meditación esté llegando a su fin no significa que vaya a estar lejos de usted. Al contrario, ahora está tan cerca como usted lo está de su corazón palpitante. Sienta su amor fluyendo por su cuerpo y su mente mientras le expresa su amor y su gratitud.

Para terminar: Tan despacio como pueda, vuelva a centrar su atención en su espacio físico tomando conciencia primero de su respiración. Después, concéntrese en su cuerpo y note cómo se siente en él. Tras unas cuantas respiraciones más, puede abrir los ojos. Respire profundamente unas cuantas veces más y habrá terminado. Ya ha aceptado oficialmente la invitación de la Virgen Negra. Ahora lleva su presencia con usted, todo el día, todos los días, en todas partes. Puede seguir fortaleciendo el vínculo entre vosotros utilizando esta meditación guiada cada día.

Cuando vuelva a sus responsabilidades y planes del día, recuerde que siempre la lleva consigo. Incluso en situaciones en las que no pueda tomarse un momento para meditar, debe saber que puede comunicarse con ella en su mente. Siempre puede llegar a ella en el momento que desee. ¿Qué ocurre si no medita y se conecta con ella cada día? Aunque ella seguirá con usted, puede que le resulte más difícil notar su presencia en su vida. Por lo tanto, depende de usted mantener la conexión con ella. En cuanto a la Virgen Negra, no tiene intención de dejarle marchar. Nunca más tendrá que sentirse solo.

Capítulo 8: La curación a través de lo divino femenino

Curación divina

Cuando experimenta la curación divina, lo sabe. Es inconfundible. Lo siente en el cuerpo. Lo nota en la forma en que su mente funciona de manera diferente. Ve cómo su vida cambia para mejor. Es como si un bálsamo calmante se hubiera extendido sobre su corazón, y todos sus pedazos rotos estuvieran enteros de nuevo. Siempre que tenga problemas físicos, espirituales, emocionales o de cualquier otro tipo, la curación es lo que necesita para recuperar el equilibrio.

Lo divino femenino es la fuerza que le sana y le deja como nuevo. Hace más que curar las heridas de las que es consciente. También cura el dolor que no sabía que aún tenía, y esa es su belleza. O, dicho con más precisión, esa es la belleza de la presencia sanadora de la Madre Oscura en su vida. ¿Sabe que los niños siempre acuden a sus madres cuando están heridos, enfermos o lastimados? Bueno, es el hijo de la Virgen Negra. Puede acudir a ella. Nunca será demasiado viejo ni demasiado sofisticado para llevarle todo su dolor y pedirle que le muestre compasión y curación. Ella quiere que acuda a ella siempre que se sienta herido, para que pueda curarle y consolarle.

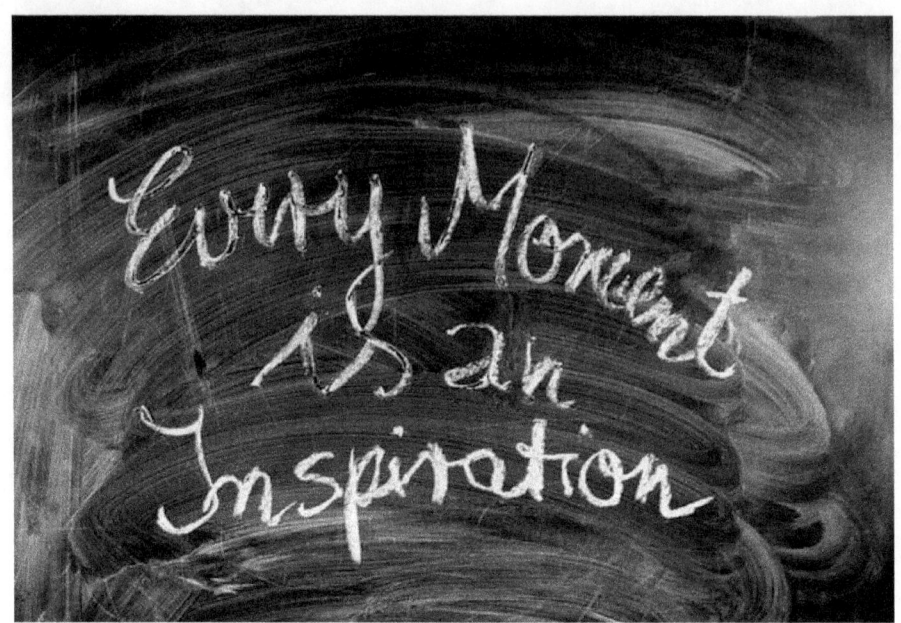

Verá, elegir permitirle entrar en su vida significa que se desprenderá de todo lo que bloquea su iluminación"

Lo que hace especial a la curación divina es que va más allá de curar sus heridas emocionales y espirituales. La Virgen Oscura hace mucho más que arreglar lo que está roto en su vida. Le transforma de dentro a fuera. Ella toma sus heridas y las utiliza para encender el proceso de renacimiento en su corazón, dándole una nueva oportunidad en la vida. No deja que se revuelque en el dolor para que aprenda alguna lección. Le enseña mientras le cura, lo que la convierte en la madre perfecta. Con el tiempo, descubrirá que ha hecho algo más que devolverle a su estado anterior: le ha ayudado a trascender la persona que era. Descubrirá que se ha convertido en algo más que las historias restrictivas que solía contar y creer sobre sí mismo.

La curación divina de la Madre se expresa con amor, compasión y empatía. No hay nada mejor que eso. Incluso si está en un lugar de la vida en el que se siente completo, al invitarla a estar con usted, se sorprenderá al descubrir que hay cosas que ella puede transformar. Verá, elegir permitirla entrar en su vida significa que se despojará de todo lo que bloquea su iluminación. Sus viejas heridas pueden resurgir para que puedan ser sanadas por completo. Dejará ir las dudas, el dolor, la ira y el miedo que ha reprimido porque era la única forma de sobrevivir.

La Madre Oscura siempre está ahí para ayudarle a ver que no está solo. Ella está con usted en todo momento. Está ahí para consolarle, escucharle sin juzgarle y ayudarle a recuperarse de lo que sea que haya roto su espíritu. Ella acoge su vulnerabilidad y le acepta tal como es. Déjela obrar sus milagros en su vida; verá cómo se corrigen todos los desequilibrios. Si presta atención, se dará cuenta de que la mayoría de la gente no vive una vida equilibrada. O trabajan demasiado o no trabajan nada. Tienen prisa o están encerrados en el sofá. Están ansiosos o apáticos. Si alguna vez ha oído a alguien decir: "O estoy aquí o estoy allí. Hago cosas extremas, nada de intermedios", esto es lo que significa vivir una vida sin equilibrio. Tal vez usted también lo haya dicho alguna vez en su vida o esté de acuerdo con ese sentimiento. Sin embargo, no tiene por qué ser así. Recuerde que la Virgen Oscura personifica el equilibrio y la integración de los opuestos. Así que puede esperar que le enseñe a encontrar la paz siendo equilibrado.

A medida que la Virgen Africana le cure, se convertirá en un profesional de la alineación de sus energías. Aprenderá a equilibrar sus emociones. Por ejemplo, algunas personas realmente no entienden cómo enfadarse con alguien a quien aman. Es como si tuviera que ser o ira o amor. No pueden entender cómo equilibrar eso. Por eso, como quieren ser buenos compañeros, reprimen sus sentimientos cada vez que su pareja hace algo que les enfada. Cuando se desahogan, se olvidan de que la persona a la que están despellejando viva es alguien a quien quieren. Cuando se han pronunciado palabras duras, y se han dicho cosas hirientes e irreversibles, sienten remordimiento, deseando haberse refrenado. Ésta es sólo una de las formas en que la Virgen le enseña a equilibrar sus sentimientos y todos los demás aspectos de la vida. Como ve, la curación divina del amor de la Virgen Negra es incomparable.

La curación de Sophie

Sophie vive en el sur de Francia desde siempre. Pregunte a cualquiera que la conociera y la describiría como un alma amable, gentil y cariñosa, una mujer con una fe profunda e inquebrantable. Su fe era digna de admiración porque, durante más de diez años, luchó contra una enfermedad debilitante. Cada día estaba lleno de fatiga y dolor. Había vivido con dolor durante tanto tiempo que ya no recordaba lo que se sentía al no tener el cuerpo dolorido y con la sensación de que se desmoronaba. Siempre creyó que algún día encontraría la curación. Sin embargo, no sabía cómo. La medicación no le hacía mucho efecto y algunos días casi perdía la fe. Aun así, perseveró.

Un día, una amiga pasó por casa de Sophie con varios libros para ella, ya que le encantaba leer. Una vez sola, cogió la pila de libros para ver en cuál se sumergía primero. Sin embargo, el de la Virgen Negra se le cayó al suelo. Cayó torpemente, abierto y boca abajo en el suelo. Con cuidado, se agachó para cogerlo. Su instinto le dijo que leyera la página en la que había caído abierto. Así lo hizo. Resultó que esa página trataba de cómo la Virgen Negra cura a cualquiera que le pida ayuda. En ese momento, sintió como si una luz se encendiera en su corazón. Supo que había estado esperando ese momento.

Al día siguiente, Sophie llamó emocionada a su amiga y le pidió que la llevara al santuario de la Virgen Negra más cercano. No fue un viaje fácil para Sophie, ya que su cuerpo estaba maltrecho y dolorido. Aun así, con una sonrisa en los labios y el corazón lleno de esperanza y expectativas positivas, lo consiguió. Cuando llegó al santuario, se quedó boquiabierta ante la estatua de la Virgen Negra. Le dejó sin aliento. Parecía llamarla para que se acercara, y la conmovió tan profundamente que se acercó a ella, con lágrimas cayendo por su rostro y oraciones brotando de sus labios. Se permitió compartir su dolor con la Virgen Negra. Gritó: "He tenido que cargar con este dolor durante demasiado tiempo. Por favor. Sé que eres la persona que he estado esperando. Sé que tenía que estar aquí ahora. Sé que puedes ayudarme, Virgen Negra. Te ofrezco mi cuerpo y te pido que me cures". Extendió la mano para tocar a la Virgen Negra y, aunque su cuerpo aún le dolía, en ese instante sintió una profunda paz. Era innegable. Sophie sabía que la Virgen Negra era real y estaba presente.

Con el paso de los días y las semanas, Sophie experimentó un cambio en su cuerpo. Se volvió más flexible. Los dolores eran cada vez menores. Incluso su piel se volvió más sonrosada y de aspecto más joven. No hizo nada diferente. No tomó nuevos medicamentos ni cambió su dieta. Cada día estaba más fuerte. En su siguiente revisión médica, la doctora quedó tan asombrada que llamó a los demás médicos para que presenciaran la milagrosa recuperación de Sophie. Se rascaron la cabeza, teorizaron y analizaron, pero no pudieron encontrar una razón científicamente sólida para la curación de Sophie. Sophie les dijo: "¡Eso es porque la Virgen Negra está más allá de la ciencia!". Por supuesto, la mayoría de ellos pensaron que estaba chiflada, pero a Sophie no le importó. Estaba curada. Ahora tiene el deber de visitar con regularidad el santuario de la Virgen Negra y compartir su historia con todo el que esté a su alcance.

La curación de Fátima

Fátima tenía una relación afectuosa con su familia. Tenían una conexión encantadora entre ellos, compartían sus sueños y esperanzas, se animaban mutuamente y disfrutaban del amor que se tenían. El hogar de su infancia era un refugio seguro, y nunca hubo un momento en el que no se sintiera querida o escuchada. Sin embargo, eso se arruinó cuando una amiga a la que había invitado a su casa le contó una mentira maliciosa. Una mentira cruel. Esta "amiga" de Fátima había acusado a su hermano, Ahmed, de abusar de ella. La mentira era tan vil que sacudió a la familia hasta la médula. La acusación era grave, así que, por supuesto, Fátima se enfrentó a su hermano. La historia era tan horrible, y su amiga era una maestra del engaño, que era difícil creer que Ahmed fuera inocente. El enfrentamiento llegó a ser tan intenso que destruyó por completo la conexión de Fátima con sus seres queridos. Creía tanto a su amiga narcisista que se sentía obligada a apoyarla. La familia de Fátima estaba tan enfadada y frustrada con ella que finalmente decidieron echarla.

Fátima se sorprendió al verse rechazada por las personas a las que llamaba familia. Ni una sola persona se molestó en llamarla después para saber cómo estaba o adónde había ido. Estaba enfadada. Estaba herida. Se sentía sola. Pensaba que podía contar con su amiga, pero acabaría descubriendo alguna de las otras mentiras de esta persona. Tuvo que cortar lazos con ellos en ese momento, así que se sintió verdaderamente sola. Las semanas se convirtieron en meses, los meses en años, y Fátima se había acostumbrado a estar sola. Se volvió desconfiada y se enseñó a vivir sola. Se convenció de que no necesitaba a nadie y reprimió su soledad. Era sólo cuestión de tiempo que la depresión de Fátima fuera demasiado fuerte.

Una noche, cansada de esconderse en la pequeña habitación del minúsculo apartamento que había conseguido alquilando, decidió dar un paseo. Los pensamientos depresivos y suicidas se estaban volviendo demasiado pesados, y había aprendido que pasear era una buena manera de manejarlos. Esta tarde, se sintió obligada a tomar una ruta diferente a la que estaba acostumbrada. Así que siguió su impulso. Mientras caminaba, vio una imagen de la Virgen Negra junto a una puerta. Curiosa, se detuvo y la contempló, hipnotizada. Un anciano abrió la puerta y sonrió a Fátima. "Ella quiere verte si tú quieres verla a ella". Le hizo señas para que entrara y se adelantó, sin esperar a ver si ella le seguía al santuario de la Virgen Negra. Fátima tuvo un breve momento en que quiso seguir caminando, pero pensó: "Bueno, si me va a quitar la vida, al menos me sacará de mi miseria". Solía ser una persona alegre y brillante, pero ahora, pensamientos como éste se habían convertido en la norma para ella.

Fátima entró y, dentro, vio una estatua de la Virgen Negra. Era de tamaño natural, pero a ella le pareció más grande que la vida. Inmediatamente se sintió atraída por la estatua. Como si estuviera en trance, caminó hacia la estatua y comenzó a golpearla, gritando y llorando. Mientras lo hacía, era como si no hubiera nadie más en la habitación con ella. Sólo estaban ella y la Virgen Negra. Nadie la detuvo. Continuó y, finalmente, dejó de golpear la estatua, la abrazó y sus gritos se redujeron a gemidos. "Por favor, cúrame. Por favor, cúranos". Repetía esta sencilla oración una y otra vez. Al final, se quedaba dormida a los pies de la Virgen Negra. Sus anfitriones eran cálidos y amables, y cuidaron de ella hasta que se marchó al día siguiente. Sentía el corazón más ligero y el paso más animado. La Madre Negra la había curado. Le enseñó a Fátima que su familia podía haberla rechazado, pero que ella siempre había estado ahí. La Madre Negra era su madre, su padre, su hermano y su hermana. Era su amiga y su confidente.

Fátima practicaba diariamente la conexión con la Virgen Negra, gozando fielmente de su presencia y recibiendo profundas percepciones. Quería hablar con su familia, pero la Madre le dijo que no era necesario. Seis meses después de la velada en el santuario de la Virgen Negra, sonó su teléfono. Era un número desconocido y, por lo general, Fátima evitaba las llamadas de números que no reconocía. Cuando sonó esta vez, sintió que el tiempo se detenía. Le pareció una cita con el destino, y lo era. Cuando contestó, la voz al otro lado era la de su padre. Habían quedado con el resto de la familia. Ni que decir tiene que la reunión fue intensa y reparadora para todos. Fátima tuvo la oportunidad de pedir perdón a Ahmed, y su familia se disculpó por haberla abandonado. Al hacerlo, sus heridas emocionales se curaron. La Madre Negra alimentó con su esencia el perdón y la comprensión entre ellos. La fe de Fátima en la Madre es ahora más fuerte que nunca.

Las historias de Sofía y Fátima son sólo dos de las miles y miles que demuestran el poder curativo divino de la Virgen Negra. No hay herida demasiado profunda que ella no pueda curar ni grieta que no pueda arreglar.

Las cualidades protectoras de la Madre Oscura

¿Le gustaría saber cómo puede cuidarle la Madre Oscura? Este es un análisis detallado de los rasgos de la Virgen Negra, concretamente en lo que se refiere a su papel de cuidadora, que es una expresión de la divinidad femenina.

Ella ofrece amor incondicional. En el momento en que decida conectar con la divinidad femenina, descubrirá que su amor le abraza. La Madre Oscura es tan tierna como poderosa. No necesita que sea o haga nada especial para mostrarle su amor. Mire a Fátima, por ejemplo. Cometió un error honesto, pero a la Madre Africana no le importó. No se enfadó por la forma en que Fátima expresó su dolor y su pena. La amaba y la sigue amando, a pesar de todo. La Madre siente lo mismo por usted

Siempre es compasiva y empática. Le entiende. Esto no es sólo una frase para hacerle sentir cálido y acogido. La Madre Oscura realmente le comprende y empatiza con usted. Más que nadie, conoce las penas que experimenta. Siente su alegría y su dolor. Así que, siempre que se sienta agobiado o sienta que la vida es demasiado, recuerde que ella está a su lado. Ella está ahí para llevar sus cargas. Si necesita a alguien que le escuche sin juzgarle, acuda a ella; le ofrecerá sus oídos y su corazón.

Ella le protege y le consuela. En medio de una tormenta, puede confiarle sus preocupaciones y miedos. Sentirá que sus miedos se desvanecen al darse cuenta de que la divinidad femenina en su interior es más grande que cualquier cosa que pueda venir contra usted. Puede sentirse reconfortado con su amoroso abrazo y permitir que alimente su corazón con coraje.

Ella le sana y renueva su vida. Ya sea que esté lidiando con una rodilla raspada o un corazón golpeado, ella le traerá sanación. Ella es tranquilidad, fluidez y rejuvenecimiento. Su presencia en su vida mantiene las cosas limpias, haciendo imposible que cualquier herida se infecte y le hunda.

Le da fuerza. Cuando se enfrenta a un reto o a una lucha, puede contar con ella para que le alimente con la fortaleza que necesita para perseverar. Justo cuando crea que está agotado, ella se convertirá en su segundo aliento y le ayudará a afrontar sus problemas con una gracia poco común.

Curación mediante la devoción

Puede utilizar la oración, los rituales curativos, la danza sagrada curativa y técnicas similares para ayudarle a conectar con el poder curativo de la Virgen Negra.

El poder de la oración

Rezando, puede conectar con la Virgen Negra. Rezar no requiere ropa ni circunstancias especiales. Es un trabajo interior, porque sólo necesita un corazón abierto con intenciones claras. Rezar implica mantener una conversación con la divinidad femenina. Puede compartir sus sentimientos y pensamientos con ella o simplemente exponer sus intenciones y pedirle que las bendiga. Puede pedirle curación y ella le responderá.

Cómo: Antes de empezar el día, tómese de cinco a diez minutos para sentarse en silencio y cerrar los ojos. Tras unas cuantas respiraciones profundas, puede empezar a hablar con la Virgen Negra. Dígale lo que le gustaría que sanara. Comparta sus sueños y temores. Es una confidente, así que puede contarle todo y cualquier cosa. Cuando termine, siéntese en silencio y espere a recibir alguna revelación. También puede sentarse en silencio hasta que sienta paz, lo que confirma que ha sido escuchado y que su oración ha sido escuchada.

Rituales de curación

Un ritual es una ceremonia con una secuencia precisa de acontecimientos y ciertos elementos que la hacen especial. Los rituales pueden ser elaborados o sencillos. Puede encender una vela, quemar incienso, montar un altar y rezar en él, o hacer todo esto y más. La idea es que los rituales hacen que la energía de la Virgen Negra llegue con más fuerza porque está siendo intencionado en su deseo de conectar con ella mientras realiza el ritual. El ritual puede demostrar su amor por la Madre y, además, es un canal que permite que su amor curativo fluya a través de usted y hacia sí mismo.

Cómo: Designe una pequeña zona de su casa como espacio sagrado. Si tiene un poco de salvia, puede quemarla para limpiar primero la energía de este espacio. Consiga una imagen o una talla de la Virgen Negra y colóquela en este espacio, en el suelo o sobre una mesa, que se convertirá en su altar dedicado a ella. Si tiene otros objetos que le recuerden a la Virgen Negra, puede colocarlos también junto a la estatua o la obra de arte. Cuando se prepare para realizar un ritual, siempre debe empezar limpiando el espacio con salvia. A continuación, encienda una vela, siéntese con los ojos cerrados durante unos instantes y respire profundamente para centrarse. Cuando esté relajado y quieto, puede abrir los ojos y contemplar a la Virgen Negra. O mantenga los ojos cerrados y rece o medite sobre su esencia. Cuando haya terminado, deje siempre que la vela se apague sola y dele las gracias por honrarle con su presencia. Por favor, nunca deje una vela o incienso encendidos sin vigilancia.

Danza sagrada curativa

Su cuerpo es inteligente. Una de las formas en que puede expresar esa inteligencia es a través de la danza. Cuando baila, se expresa. Bailar con la intención de experimentar la curación de la Virgen Negra en su vida atraerá definitivamente ese poder hacia usted. Al participar en danzas sagradas de sanación, libera las emociones reprimidas en su interior. Acepta su consuelo, curación, guía y mucho más.

Cómo: Elija cualquier música que recuerde la esencia de la Madre Negra. Debe elevarle espiritualmente y lo mejor es que no tenga letra que le distraiga. Busque un lugar privado y tranquilo en su casa o una zona apacible al aire libre. Deje que su cuerpo se mueva. Piense en la música como una pregunta y en los movimientos de su cuerpo como la respuesta. Puede desconectar el cerebro sintiendo su cuerpo mientras se mueve. Observe cómo le afectan los distintos movimientos. Deje que sus emociones salgan a través de su cuerpo como quieran. Esto no es para Broadway: esto es para permitir que la energía de la Madre Divina fluya a través de usted para que pueda sanar, así que mantenga esta intención al frente y en el centro de su mente.

Capítulo 9: Honrando a la Diosa Madre

La gente honra a la Virgen Negra de diversas maneras, ya sea en solitario o en comunidad. Entendiendo cómo la gente muestra su devoción a la Virgen, también sabrá cómo puede mostrarle su vida y su aprecio.

Altares y santuarios

En todo el mundo hay santuarios en honor de la Virgen Negra. Los santuarios públicos son lo bastante grandes como para acoger a muchos devotos a la vez. ¿Cómo se monta un altar? La gente monta altares en sus casas para honrar a la Madre, aunque no estén cerca de un santuario. En primer lugar, necesita un espacio sagrado. Cuando monte su altar, tiene que hacerlo con intención. Escoja un espacio que le parezca adecuado o significativo para usted y para los demás devotos de la Virgen Negra que le rodean. No se trata de un espacio ordinario. Es un portal que permitirá que la energía de la Madre penetre poderosamente.

Un elemento principal de un altar o santuario es el arte. Necesita representaciones de la Virgen Negra, ya sean pinturas, esculturas o ambas. Son más que representaciones de la divinidad femenina; también son portales que permiten que lo divino y lo terrenal se fusionen. Colocarlas en su santuario o en su altar ofrece a todos algo en lo que concentrarse mientras rezan, meditan o contemplan.

También necesitará velas. Ahora que tiene la presencia de la Virgen en su corazón, la llama de la vela representa la luz divina interior que brilla dentro de usted. Al encender una vela, realiza un ritual. Recurre a las energías cálidas y amorosas de la Madre y facilita que se produzca en usted una alquimia interior mientras permanece en el altar o santuario. Puesto que la Madre tiene una conexión con la naturaleza, puede incluir flores y follaje en el altar para honrar este aspecto de la Virgen Negra. Las flores frescas representan las ideas de crecimiento y belleza interior. En cuanto al follaje, representa la fertilidad de la Madre Divina y su capacidad para renovarle y bendecirle con abundancia.

Si lo desea, puede añadir otros objetos que signifiquen algo para usted o para su comunidad y que le conecten con la Virgen Negra. Puede sentirse inspirado para añadir conchas marinas, piedras y cristales especiales, vasijas de agua e incluso símbolos dibujados o tallados para atraer aún más su energía al altar o al santuario. Cuando haya montado el altar, puede hacerle ofrendas. Su ofrenda puede ser tan sencilla como un vaso de agua. También puede llevar más elaboración, como una comida bien preparada. Puede ofrecer otros objetos que le sean queridos. No importa lo que ofrezca, siempre y cuando se sienta guiado intuitivamente a ofrecer ese objeto, y lo haga con un verdadero sentido de aprecio por la Madre Negra. Cuando no esté ocupado apreciándola en el altar o santuario, puede simplemente contemplar su esencia o reflexionar sobre las percepciones que le ha dado.

Vigilias con velas

Es la luz del alma y la luz de la divinidad femenina que le nutre y le mantiene a salvo y protegido"

Los devotos de la Virgen Negra también celebran vigilias con velas en su honor. No son rituales ordinarios. Tienen por objeto venerarla y unir a todos en su amor. Cada llama representa la luz interior de la divinidad que cada devoto lleva dentro. Es la luz del alma y la luz de la divinidad femenina que le nutre y le mantiene a salvo y protegido. Las vigilias a la luz de las velas son excelentes para unificar comunidades. La energía de calidez y solidaridad es palpable. Todos permanecen juntos, mirando fijamente la llama de la vela que tienen en la mano. Si alguna vez tiene la oportunidad de participar en una vigilia, debería ir. Se alegrará de haber asistido.

Festivales y peregrinaciones

La gente honra y celebra a la Virgen Negra a través de festivales y peregrinaciones. Las peregrinaciones son viajes a lugares sagrados en los que suelen participar personas de todo el mundo. Los festivales están llenos de alegría y luz; todo el mundo es plenamente consciente de su naturaleza espiritual y de su conexión con los demás y con la divinidad. Estos festivales se celebran en todos los santuarios o lugares dedicados a la Virgen Negra. Por ejemplo, la Virgen de Altötting. Cada año, al menos un millón de fieles se dirigen a Altötting para agradecerle y rezar por sus milagros y bendiciones en Nuestra Señora Altötting, que se encuentra en la Capilla de la Misericordia o Gnadenkapelle (Capilla de la Misericordia). También puede disfrutar del Festival Gitano de Sara, que se celebra en la Camarga. Miles de gitanos acuden a este festival para honrar a la Virgen Negra.

Los festivales y las peregrinaciones son excelentes para la expresión cultural y la comunión con personas de ideas afines. Cuando se participa en ellos, se experimenta una conexión espiritual como ninguna otra. Hay ceremonias y rituales, oraciones, procesiones y mucho más. Además, siempre hay milagros y testimonios. No se puede exagerar la importancia espiritual de los lugares y santuarios de la Virgen Negra. Ofrecen puntos de contacto físicos para que tanto los que conocen a la Madre como los que no, la experimenten poderosamente. Suelen ser lugares serenos con historias interesantes y elementos naturales. Cuando viaje a estos lugares, puede considerar su viaje como una metáfora de su viaje alquímico interior. A continuación, se comparte una lista de los días festivos anuales en honor de la Virgen Negra y sus ubicaciones. Recuerde que las fechas pueden variar en función de lo que ocurra en cada lugar, y que puede haber alteraciones en los calendarios litúrgicos. Además, no se trata de una lista exhaustiva.

1. **Fiesta de Nuestra Señora de Częstochowa:** 26 de agosto, en el monasterio de Jasna Góra, Częstochowa, Polonia.
2. **Fiesta de Nuestra Señora de Lourdes:** 11 de febrero, en el Santuario de Nuestra Señora de Lourdes, Lourdes, Francia.
3. **Fiesta de Nuestra Señora de Montserrat:** 27 de abril, en el Monasterio de Montserrat, Cataluña, España.
4. **Fiesta de Nuestra Señora del Pronto Socorro:** 8 de enero, en el Santuario Nacional de Nuestra Señora del Pronto Socorro, Nueva Orleans, Luisiana, Estados Unidos de América.
5. **Fiesta de Nuestra Señora de Guadalupe:** 12 de diciembre, en la Basílica de Nuestra Señora de Guadalupe, Ciudad de México, México.
6. **Fiesta de Nuestra Señora de Regla:** 8 de septiembre, en la Basílica de Nuestra Señora de Regla, Regla, Cuba.
7. **Fiesta de Nuestra Señora de Montevergine:** 2 de febrero, en la Abadía de Montevergine, Nápoles, sur de Italia. (Este acontecimiento es muy querido por la comunidad LGBT, ya que la Virgen de Montevergine les ha ayudado históricamente, remontándose a la época medieval).
8. **Fiesta de Nuestra Señora de Einsiedeln:** 14 de septiembre, en la Abadía de Einsiedeln, Einsiedeln, Suiza.
9. **Fiesta de Nuestra Señora de Candelaria:** 2 de febrero, en la Basílica de Candelaria, Tenerife, Islas Canarias, España.
10. **Fiesta de Nuestra Señora de Altötting:** 12 de septiembre, en la Capilla de Gracia, Altötting, Alemania.
11. **Fiesta de Nuestra Señora de Tindari:** 8 de septiembre, en el Santuario de Tindari, Sicilia, Italia.
12. **Fiesta de Nuestra Señora de Walsingham:** 24 de septiembre, en el Santuario de Nuestra Señora de Walsingham, Norfolk, Inglaterra.
13. **Fiesta de Nuestra Señora de África:** 20 de abril, en Notre Dame d'Afrique, Argel, Argelia.
14. **Fiesta de María, Divina Madre (Solemnidad de María, Madre de Dios):** 1 de enero, en las iglesias católicas de todo el mundo.

Meditación y contemplación

Los devotos de la Virgen Negra reconocen la importancia de las prácticas gemelas de meditación y contemplación porque facilitan la conexión con la energía de la divinidad femenina y la mantienen fluyendo en sus vidas. Se dan cuenta de que la guía de la Virgen Negra se hace más clara cuando dedican tiempo a estas cosas. La meditación consiste en mantener la atención en una cosa, ya sea un objeto, la respiración o un mantra o afirmación, para ayudar a ser más consciente del momento y en general.

Por otro lado, la contemplación consiste en traer a la mente un interés o una preocupación concretos, sentarse con ellos atentamente, explorar todos los aspectos posibles y llegar a una visión profunda del tema. Puede contemplar a la Virgen Negra, un aspecto de su ser, un símbolo o cualquier otra cosa que desee.

Ya sabe cómo meditar. Ahora, la pregunta es, ¿cómo se contempla? Concretamente, ¿cómo contemplar a la Virgen Negra para honrarla?

Una buena forma de ajustar el ambiente del espacio sería utilizar una o varias velas en lugar de luz diurna o luz eléctrica más dura[46]

Lugar: Elija un lugar tranquilo y cómodo, sin distracciones y acogedor. Debe disfrutar estando en este lugar. Una buena forma de ajustar el ambiente del espacio sería utilizar una o varias velas en lugar de luz diurna o luz eléctrica más dura. Si enciende incienso, conseguirá que la atmósfera sea aún más sagrada. Esto es excelente para su contemplación.

Intención: Elija qué aspecto de la Virgen quiere contemplar. ¿Quiere extraer oro de la idea de integrar los opuestos? ¿Quiere hacer las paces con la oscuridad y ver qué dones tiene para ofrecerle? ¿Quiere comprender cómo permitir más la transformación alquímica o la curación espiritual de la Virgen Negra? Determine su intención.

Sea cual sea su elección, elabore una pregunta breve que resuma lo que le gustaría contemplar. Por ejemplo, podría preguntar: "¿Cómo puedo lograr más tranquilidad en mi vida con la ayuda de la Virgen Negra?". Esta será su pregunta ancla. Pronto entenderá por qué la necesita. Si quiere, también puede contemplar algo físico, como su estatua, su foto o cualquier cosa que tenga que conecte con usted y le recuerde instantáneamente a la Madre Negra. Si lo desea, puede contemplar sus ojos, su piel, sus brazos extendidos o cualquier elemento de su representación visual que le atraiga.

Contemplación: Contemple lo que haya decidido. Cierre los ojos, respire hondo unas cuantas veces para anclarse en el aquí y el ahora y sentirse quieto y centrado. Cuando note la clara paz que se produce al meditar, puede abrir los ojos y mirar lo que quiera contemplar. Si no es algo visual, mantenga los ojos cerrados y deje que su mente explore el tema elegido.

La contemplación no es algo que se fuerce. Tampoco puede precipitar el proceso. Tómese su tiempo. Si puede, hágalo en un momento en el que no tenga obligaciones para no precipitarse inconscientemente. Deje que los pensamientos y las impresiones internas surjan por sí solos en su interior. Si se da cuenta de que se desvía de su contemplación hacia otros pensamientos, utilice su pregunta de anclaje para volver a ella. Puede formular la pregunta en voz alta, en voz baja o mentalmente. Esta pregunta le anclará al propósito de su contemplación.

Es posible que le surja una nueva pregunta mientras su mente se ilumina con ideas. Puede escribirla para que sea el tema de su próxima contemplación si necesita más tiempo con el asunto actual. Sin embargo, si se siente satisfecho con lo que ha recibido hasta ahora y aún tiene tiempo, puede contemplar lo siguiente. Tenga en cuenta que lo mejor sería disponer de un diario para tomar notas. Si escribir le resulta lento y tedioso, utilice una aplicación de grabación para decir sus pensamientos en voz alta y transcribirlos más tarde. Siempre es útil tenerlos por escrito para poder leerlos cuando quiera o saltar a puntos especialmente profundos de su contemplación sobre los que le gustaría reflexionar.

Integración: Ahora que ha recibido información, es hora de hacerla útil. ¿Por qué es importante? No está contemplando asuntos espirituales simplemente por saber. Una cosa es no saber algo y no actuar en consecuencia. Después de todo, ¿cómo puede actuar con información que no tiene? Otra cosa es tener conocimientos y no hacer nada con ellos o al respecto. Aplique la sabiduría que recibe en la práctica. Escriba o diga al menos tres maneras de ponerla en práctica en su vida. Si le sirve de ayuda, considere cada parte de su vida y piense en tres cosas que hará de forma diferente en cada una de ellas, ya sea en sus relaciones personales, en su vida profesional, en su salud, en su camino espiritual, etc.

Conclusión: Cuando haya terminado de contemplar, lo sabrá. Se sentirá como estar completo, a falta de una forma mejor de describirlo. Cuando llegue a esta sensación, cierre los ojos una vez más y agradezca a la Virgen Negra su sabiduría y su guía. Agradézcale de antemano que le ayude a integrar en su vida cotidiana las percepciones que ha recibido de la contemplación. Verá, tiene su voluntad interior y su determinación, pero esas cosas sólo pueden llevarle hasta cierto punto. Obtendrá resultados fenomenales si le pide y le agradece la gracia y la fuerza para poner en práctica lo que ha aprendido.

Cuando no encuentre en su interior la fuerza para hacer lo correcto y sabio, la Virgen Oscura intervendrá y le dará la fuerza que necesita. Está expresando una confianza total en ella al agradecerle justo después de su contemplación que le ayude con esto. Le está diciendo que sabe que ella le ayudará en su misión de transformación interior. Ese tipo de fe la complace, y ella estará más que feliz de probar que estaba en lo correcto al confiar en ella incluso antes de que tuviera evidencia de su ayuda y bendición en su vida.

Por qué es importante la devoción

Necesita dedicarse a la Virgen Negra para mantener su relación con ella. A medida que exprese esta devoción, se transformará de muchas maneras y siempre para mejor. Al acercarse deliberadamente a ella, le demuestra su amor y nutre su vínculo con ella. También hace imposible que sus bendiciones y sanación no fluyan hacia usted. Cuando se dedica a la divinidad femenina, su vida espiritual se enciende, arde más, revelando más de su verdadero yo. Va más allá del mero dogma y la doctrina, ya que tiene experiencias reales de lo divino. Este es el beneficio que le ofrece la devoción.

La devoción es una forma de permitirle sanar también por dentro. Acudiendo deliberadamente a la presencia de la Virgen Negra cada día, le da espacio para que trabaje en sus heridas. Ella curará sus traumas.

Revisará el pasado y reparará lo que está roto en usted. No hay mejor espacio para dejar que ella le ayude con sus heridas emocionales que durante la devoción. La devoción es un servicio que ofrece a la Virgen Negra desde el corazón, desde la verdad y la reverencia. Algunas personas sólo piensan en ella cuando necesitan algo, pero de este modo se engañan a sí mismas. Con devoción, se acerca a ella y se relaciona con ella como lo haría con un amigo. A nadie le gusta ese amigo que sólo le llama cuando necesita algo. Obviamente, a la Virgen Negra no le molesta eso, pero es justo y correcto que convierta la devoción en una práctica diaria. Al hacerlo, experimentará más milagros y bendiciones. Obtendrá más sabiduría y su desarrollo espiritual se disparará.

Al dedicarse a la Virgen Oscura, construye un puente que le lleva del mero conocimiento de la cabeza al conocimiento del corazón de todos los asuntos espirituales. Es diferente de los que tienen talento para parecer que saben de lo que hablan, pero no tienen experiencias reales con la Madre. Usted la vive. La respira. Ella es tan real para usted como las palabras de esta página. Lo único que ocurre cuando decide dedicarse a ella es que establece prácticas diarias para recordar su presencia y su benevolencia en su vida.

La devoción hace tangible lo inefable en su vida. Sabrá, sin lugar a dudas, que hay más en la vida de lo que sus sentidos físicos pueden captar. La devoción es como beber a diario del río de vida que fluye eternamente: la Madre Negra. Le aporta paz. Le ayuda a ver más allá de las ilusiones del mundo físico, ya que facilita que la Virgen demuestre su presencia y le recuerde que no hay nadie más grande que ella. Así, cuando los retos, los obstáculos y la adversidad asoman la cabeza y parecen insuperables, se relaja. Sabe, a través de la devoción, que tiene una presencia dentro de usted que es mayor que cualquier cosa que el mundo pueda arrojarle.

Conclusión

Ahora cree que le está llamando, ¿verdad? Puede que este libro haya llegado a su fin, pero hay asuntos pendientes entre usted y la Virgen Negra. Algo flota en el aire, esperando a que usted dicte lo que sucederá a continuación. Su invitación sigue en pie, sus manos extendidas esperan, deseando que las coja con las suyas para mostrarle el camino hacia la plenitud, el crecimiento, la libertad y la alegría. Ahora ya sabe lo que implica su oferta. Sabe qué esperar de ella y comprende lo que se espera de usted. ¿Dejará este libro cuando termine y seguirá con sus asuntos como si no la viera pidiéndole que le permita embellecer su vida? ¿O dará el salto, confiando en que ella le sanará a todos los niveles? ¿Dejará que transforme su vida a mejor? ¿Aceptará su oferta de paz y tranquilidad? ¿Dejará que le enseñe lo que sabe para que pueda utilizar la sabiduría que le ofrece para crear una vida que esté en consonancia con su verdadero yo? Sólo usted puedes responder a esa pregunta.

Este libro le ha introducido en el enigma de la Madre Negra. Sabe reconocer su presencia. Siente una fuerte resonancia con ella, y no es casualidad. Ha descubierto esta fuerza benévola que puede ofrecerle transformación espiritual y mostrarle las maravillas y los misterios de la eterna divinidad femenina. Ha aprendido cómo bendice a todos y nunca discrimina al ofrecer guía, protección y profunda sabiduría a aquellos que la buscan y la invocan. Puede que haya llegado a la conclusión de este libro, pero cuando se trata de su historia con ella, sigue estando incompleta. Si quiere saber cómo sigue, tiene que confiar en ella. ¿Por qué no? Hay muchas razones para aceptarla en su vida.

La Madre Oscura es la resistencia misma. Es un testamento de que puede soportar lo peor de lo peor y aun así salir victorioso, transformado en la mejor versión de sí mismo. Esa es la belleza de tener una relación con ella. No hay límite para lo que puede mejorar. Ella se dedica a dejarle con la boca abierta de asombro y gratitud mientras le lleva de altura en altura y usted sigue honrándola con devoción. Lo ha visto todo, desde el auge y la caída de reinos e imperios hasta las pruebas y los triunfos a los que se ha enfrentado la humanidad colectiva e individualmente. Ella sabe lo fea que puede llegar a ser la humanidad, pero es igualmente consciente de su potencial para prosperar y elevarse. La Madre Divina quiere que conozca su potencial y que lo haga realidad.

Si le dice que sí, le advierto que nunca volverá a ser el mismo. Su transformación será tan brillante y hermosa que apenas podrá reconocer a la persona que era antes de leer este libro. La Virgen Negra le demostrará que no es un dios lejano que elige a quién responde a sus plegarias. Será una amiga cariñosa, una madre y una guía, a su lado, que le conducirá por los caminos que debe tomar. Puede que se arrepienta de no haberla conocido antes o de haber perdido el tiempo dudando entre entregarle su vida o no. Sin embargo, no pierda el tiempo de esta manera. Está exactamente dónde debe estar. Además, puede estar tranquilo sabiendo que a ella no le importan los calendarios ni los relojes. La Virgen Negra nunca llega tarde.

Apéndice: Lista de Vírgenes Negras

Nuestra Señora de la Consolación de los Abatidos y Oprimidos

Nuestra Señora de la Consolación de los Abatidos y Oprimidos[47]

Nuestra Señora de la Liberación

Nuestra Señora de la Liberación[46]

La Virgen María de Einsiedeln

La Virgen María de Einsiedeln[49]

Nuestra Señora de Guadalupe

Nuestra Señora de Guadalupe[50]

La Virgen de Juquila

La Virgen de Juquila[51]

Nuestra Señora de Loreto

Nuestra Señora de Loreto[63]

Nuestra Señora de Altötting

Nuestra Señora de Altötting[68]

Notre Dame de la Sarte

Notre Dame de la Sarte[54]

La Virgen Negra de Outremeuse

La Virgen Negra de Outremeuse[65]

La Virgen Negra

La Virgen Negra[56]

Marija Bistrica

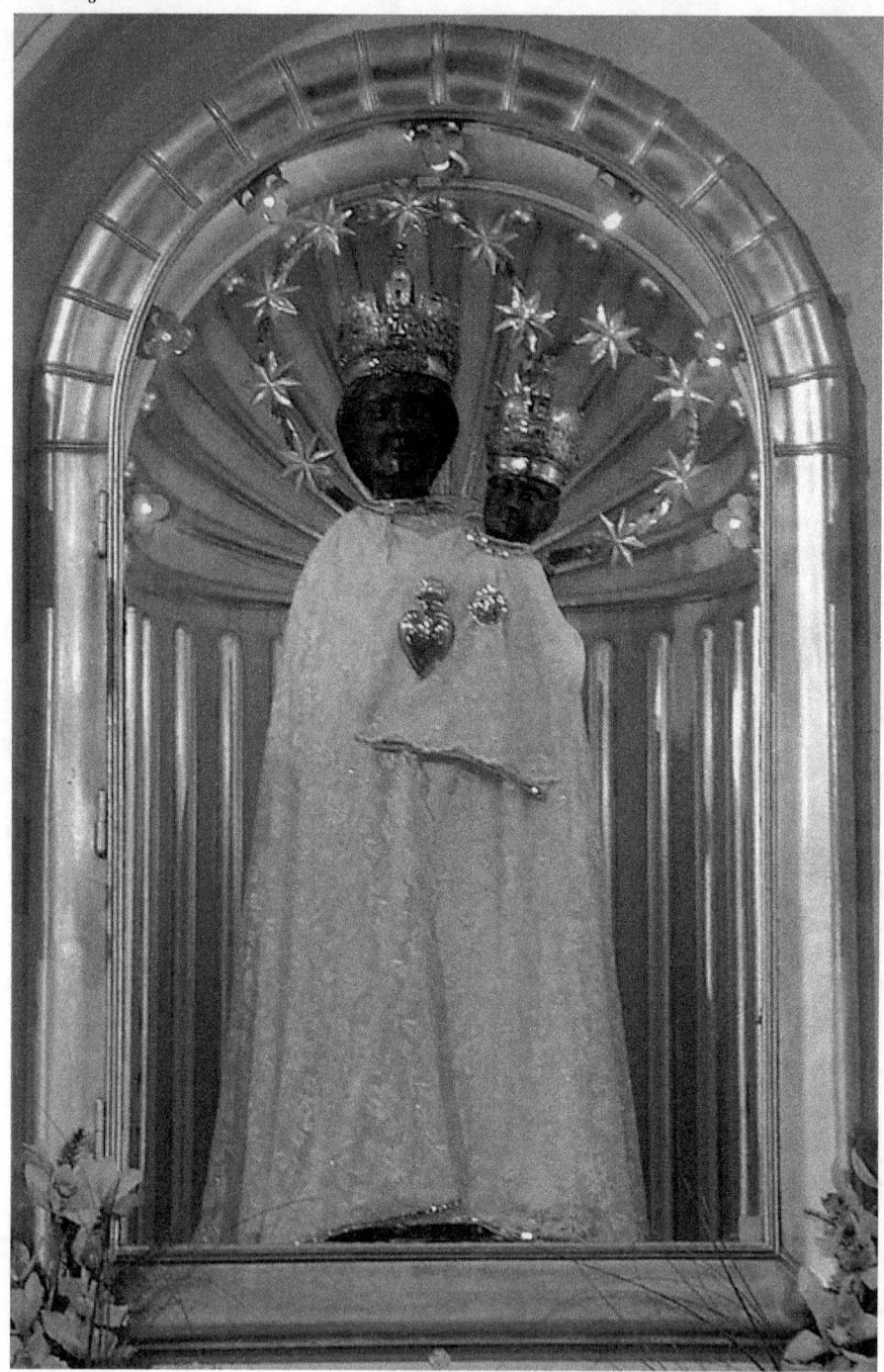

Marija Bistrica[87]

Nuestra Señora de la Caridad del Cobre

Nuestra Señora de la Caridad del Cobre[58]

La Eleousa de Kykkos

La Eleousa de Kykkos[69]

Vea más libros escritos por Mari Silva

Su regalo gratuito

¡Gracias por descargar este libro! Si desea aprender más acerca de varios temas de espiritualidad, entonces únase a la comunidad de Mari Silva y obtenga el MP3 de meditación guiada para despertar su tercer ojo. Este MP3 de meditación guiada está diseñado para abrir y fortalecer el tercer ojo para que pueda experimentar un estado superior de conciencia.

https://livetolearn.lpages.co/mari-silva-third-eye-meditation-mp3-spanish/

¡O escanee el código QR!

Referencias

Primera Parte: Diosas oscuras

(S.f.) Greekmythology.com. https://www.greekmythology.com/Other_Gods/Persephone/persephone.html

(S.f.) Greekmythology.com. https://www.greekmythology.com/Myths/Norse/Skadi/skadi.html

(S.f.) Owlcation.com. https://owlcation.com/humanities/TheCailleach

10 beneficios de construir altares en casa. (s.f.). AuthorsDen.Com. https://www.authorsden.com/visit/viewarticle.asp?id=21959&AuthorID=32186

8 fases de la Luna - The Hoodwitch. (s.f.). https://www.thehoodwitch.com/8-phases-of-the-moon

Abiola. (2016, 14 de mayo). ¡Ala, diosa igbo de la fertilidad y la imaginación! Tarjeta de afirmación de la diosa africana de hoy. Womanifest Your Power con Abiola: Espíritu, mentalidad, éxito. https://womanifesting.com/ala-igbo-goddess-creativity/

Aesthetic, H. (2022, 6 de enero). Diosa Chinnamastā o Pracaṇḍacaṇḍikā - hindu aesthetic - Medium. https://hinduaesthetic.medium.com/goddess-chinnamast%C4%81-c2786af73204

Africa, A. (2021, 27 de abril). Las antiguas creencias de las diosas africanas. Amplify Africa. https://www.amplifyafrica.org/the-ancient-beliefs-of-african-goddesses/

Ala - Enciclopedia de los Mitos - mitología, dios, serpiente, vida, pueblo, africano. (s.f.). Mythencyclopedia.com. http://www.mythencyclopedia.com/A-Am/Ala.html

Aletheia. (2015, 4 de abril). ¿Qué es el trabajo en la sombra? 7 ejercicios (+ cuaderno de trabajo gratuito). LonerWolf. https://lonerwolf.com/shadow-work-demons/

Amorim, K. (2019a, 10 de febrero). Durga - la diosa maternal guerrera. -. Komala Amorim. https://www.komalaamorim.com/durga-the-warrior-motherly-goddess/

Amorim, K. (2019b, 10 de febrero). Kali - diosa de la transformación, destrucción y energía trascendente -. Komala Amorim. https://www.komalaamorim.com/kali-goddess-of-transformation-destruction-and-transcendent-energy/

Andrews, A. M. (s.f.). Los colores divinos de Hathor. http://www.jewelry-history.com/2014/07/the-divine-colors-of-hathor.html

Angrboda (Giganta). (s.f.). Vikings Wiki; Fandom, Inc. https://vikings.fandom.com/wiki/Angrboda_(Giantess)

Bell, J. G. (2023, 1 de julio). Nyx Diosa de la Noche. Blog de la Biblioteca Hermética. https://library.hrmtc.com/2023/07/01/nyx-goddess-of-the-night/

Birch, L. (2022, 3 de marzo). El aullido helado de Morana - Una deidad para brujas no binarias enfadadas. Medium. https://lunarbirch.medium.com/moranas-frozen-howl-a-deity-for-angry-non-binary-witches-3dd05265b5a3

Cailleach - Mitopedia. (s.f.). Mythopedia. https://mythopedia.com/topics/cailleach

Cartwright, M. (2013). Kali. Enciclopedia de Historia Mundial. https://www.worldhistory.org/Kali/

Cartwright, M. (2021). Morrigan. Enciclopedia de Historia Mundial. https://www.worldhistory.org/The_Morrigan/

Chamunda Maa: La diosa hindú de la seguridad y la protección. (2023a, 22 de febrero). Pujasthan. https://www.pujasthan.com/chamunda-maa-story-mantra-history/

Chiat, J. (s.f.). Russia Maslenitsa Festival - Todo lo que puedas comer - Expat Explore. https://expatexplore.com/blog/maslenitsa-festival-russia-pancake-week/

Chinnamasta - la diosa que se cortó la cabeza -. (2021, 26 de diciembre). Hechos sobre el hinduismo; Rahul. https://www.hinduismfacts.org/hindu-gods-and-goddesses/chinnamasta/

Chinnamasta mahavidya completo. (sin fecha). Siddhaguru.org. https://www.siddhaguru.org/en/sri-chinnamasta-mahavidya

Cuba, A. pa mí. (2021a, 26 de abril). ¿Qué poderes representa el Orisha Yewá en la Religión Yoruba? Ashé pa mi Cuba. https://ashepamicuba.com/en/yewa-yoruba/

Cuba, A. pa mí. (2021b, 1 de septiembre). ¿Conocías estas interesantes cualidades de Yewá? Diosa adivina y pura. Ashé pa mi Cuba. https://ashepamicuba.com/en/orisha-yewa/

DanFF. (2022, 17 de marzo). Diosa Nyx - Diosa griega primordial de la noche. Santuario Lunar. https://www.santuariolunar.com/goddess-nyx/?expand_article=1

Las diosas oscuras en la sociedad actual. (s.f.). El cuervo velado. https://www.veiledcrow.com/service-page/dark-goddesses-in-today-s-society

Das, S. (2007, 15 de junio). 10 de los dioses hindúes más importantes. Aprender Religiones. https://www.learnreligions.com/top-hindu-deities-1770309

Das, S. (2008, 16 de abril). Kali: La diosa Madre Oscura en el Hinduismo. Aprender Religiones. https://www.learnreligions.com/kali-the-dark-mother-1770364

Davidson, L. (s.f.). Sekhmet: La antigua diosa egipcia de la guerra. History Hit. https://www.historyhit.com/sekhmet-the-ancient-egyptian-goddess-of-war/

Suprimido. (s.f.). Hecate en diferentes mitologías: r/mythology. https://www.reddit.com/r/mythology/comments/nipys7/hecate_in_different_mythologies/

DK ¡Descúbrelo! (s.f.). DK ¡Averígualo! https://www.dkfindout.com/us/history/ancient-egypt/sekhmet/

Domitrovich, M. (2015, 27 de septiembre). La invocación de Kali. EDIBLESPIRIT. https://ediblespirit.com/eatyourspirit/2015/9/27/trim-your-dingleberries-or-the-invocation-of-kali

Dunlop, S. (s.f.-a). Macha. Bardmythologies.com. https://bardmythologies.com/macha/

Dunlop, S. (s.f.-b). La maldición de Macha. Bardmythologies.com. https://bardmythologies.com/the-curse-of-macha/

Ebede, F. (2023, 3 de marzo). La energía femenina oscura: cómo abrazarla y liberar a tu diosa interior. Selfhealjourney.Com. https://selfhealjourney.com/2023/03/03/dark-feminine-energy/

Brujería ecléctica. (2023, octubre 13). Formas De Representar A Lilith En Tu Altar Pagano - Eclectic Witchcraft. https://eclecticwitchcraft.com/ways-to-represent-lilith-on-your-pagan-altar/

Ereškigal (diosa). (s.f.). http://oracc.museum.upenn.edu/amgg/listofdeities/erekigal/index.html

Establecimiento del templo de Neftis. (2021, 19 de diciembre). Isiópolis. https://isiopolis.com/2021/12/19/establishing-the-temple-of-nephthys/

Eze, C. (2023, 19 de marzo). Oya, la diosa yoruba de la lluvia. The Guardian Nigeria News - Noticias de Nigeria y el Mundo; Guardian Nigeria. https://guardian.ng/life/oya-the-yoruba-rain-goddess/

Fields, K. (2018, 20 de diciembre). Diosas oscuras: Nuestras 15 FAVORITAS de todo el mundo. Oráculo de otro mundo. https://otherworldlyoracle.com/dark-goddesses-list-descriptions/

Fields, K. (2019, 25 de noviembre). Hathor Diosa del Amor: Cómo trabajar con ella para el Amor y la pasión. Oráculo de otro mundo; FIELDS CREATIVE CONSULTING. https://otherworldlyoracle.com/egyptian-goddess-of-love/

Diosa Ala. (2012, 14 de marzo). Viaje a la Diosa.
https://journeyingtothegoddess.wordpress.com/2012/03/14/goddess-ala/

Diosa Baba Yaga. (2013, 7 de junio). Viaje a la Diosa.
https://journeyingtothegoddess.wordpress.com/2012/08/31/goddess-baba-yaga/

Diosa Hathor: Tres formas de tutelar a los muertos. -. (2020, 18 de mayo). María Rosa Valdesogo. https://www.mariarosavaldesogo.com/goddess-hathor-three-ways-mentoring-the-dead/

Collar Diosa Hécate Fase Lunar, Símbolo Triple Diosa - Bang-Up Betty. (sin fecha). Bang-Up Betty. https://www.bangupbetty.com/siren/hecate-moon-phase-necklace

Diosa Kali. (2013, 7 de junio). Viaje a la Diosa.
https://journeyingtothegoddess.wordpress.com/2012/02/24/goddess-kali/

Cabello, Hathor y luna. (2013, 7 de julio). EL CABELLO Y LA MUERTE EN EL ANTIGUO EGIPTO.
https://hairanddeathinancientegypt.com/2013/07/08/hathor-moon-and-hair/

Hannah. (2022, 14 de febrero). Comparando dioses egipcios, romanos y griegos - Hannah Fielding. Hannah Fielding. https://hannahfielding.net/egyptian-roman-greek-gods/

Hardy, J. (2023, 24 de abril). Caos y destrucción: El simbolismo de Angrboda en la mitología nórdica y más allá | Cooperativa de Historia. History Cooperative. https://historycooperative.org/angrboda/

Hardy, J. (2023a, 10 de marzo). Skadi: La diosa nórdica del esquí, la caza y las travesuras. History Cooperative; La Cooperativa de Historia.
https://historycooperative.org/skadi/

Hathor. (s.f.). Mythopedia. https://mythopedia.com/topics/hathor

Sanar el Alma a través de la Meditación. (2019, 21 de abril). Ciencia de la espiritualidad. https://www.sos.org/heal-the-soul-through-meditation/

Hel (El Inframundo). (2012, 15 de noviembre). Mitología nórdica para gente inteligente. https://norse-mythology.org/cosmology/the-nine-worlds/helheim/

Hel. (s.f.). Mitos y Leyendas Wiki; Fandom, Inc.

https://mythos-and-legends.fandom.com/wiki/Hel

Herukhuti, R. A. (2023, 14 de octubre). Nut: La diosa madre negra de Egipto. Afrikaiswoke.com. https://www.afrikaiswoke.com/nut-the-black-mother-goddess-of-egypt/

Hirst, K. K. (2019, 28 de octubre). Marzanna, diosa eslava de la muerte y el invierno. ThoughtCo. https://www.thoughtco.com/marzanna-4774267

Hoseck, N. (2023, 31 de enero). Morrigan: Una diosa del destino, la guerra y la muerte. Ireland Wide. https://www.irelandwide.com/the-morrigan/

Cómo abrazar e integrar tu yo en la sombra para una mayor sanación. (2021, 11 de noviembre). Mindbodygreen. https://www.mindbodygreen.com/articles/shadow-self

Huanaco, F. (2022, 11 de febrero). Perséfone: Correspondencias de la Diosa, Símbolos y Mito. Conjuros8. https://spells8.com/lessons/persephone-goddess/

Inana/Ištar (diosa). (s.f.). http://oracc.museum.upenn.edu/amgg/listofdeities/inanaitar/

Insight Network, Inc. (s.f.). Despierta a la Diosa Luna Oscura que llevas dentro. Insighttimer.Com. https://insighttimer.com/soulvisionary/guided-meditations/awaken-the-dark-moon-goddess-within

Iwalaiye, T. (2023, 3 de marzo). Deidades africanas: ¿Quién es la diosa Oya? Pulse Nigeria. https://www.pulse.ng/lifestyle/food-travel/african-deities-who-is-goddess-oya/q5gf7h2

Jay, S. (2022, 18 de julio). Cómo abrazar la energía femenina oscura y liberar tu poder. Revoloon. https://revoloon.com/shanijay/dark-feminine-energy

Jessica, S. (2019, 28 de julio). Angrboda mitología nórdica. Mitología nórdica y vikinga; vkngjewelry. https://blog.vkngjewelry.com/en/angrboda/

Joe, J. (2022a, 11 de enero). Neftis: La antigua diosa egipcia del aire y la traición. Timeless Myths. https://www.timelessmyths.com/mythology/nephthys/

Joe, J. (2022b, 8 de marzo). Sekhmet: La diosa guerrera y protectora de los faraones egipcios. Timeless Myths. https://www.timelessmyths.com/mythology/sekhmet/

JSouthernStudio. (s.f.). Hecate: Deidades y Demonios. JSouthernStudio. https://www.jsouthernstudio.com/blogs/esotericinsights/hecate-goddess-of-the-month-october-2019

Kabir, S. R. (2023, 12 de enero). Hel: Diosa nórdica de la muerte y el inframundo. Cooperativa de Historia. https://historycooperative.org/hel-norse-goddess-of-death/

Kabir, S. R. (2023, 20 de marzo). Morrigan: Diosa celta de la guerra y el destino. History Cooperative; La Cooperativa de Historia. https://historycooperative.org/morrigan/

Keys, K. H. (s.f.-a). Hekate y la Luna: Historia y Rituales. Keeping Her Keys. https://keepingherkeys.com/blog/f/hekate-and-the-moon-history-and-rituals

Keys, K. H. (s.f.-b). Colores, números, piedras y símbolos de Hekate. Guardando sus llaves. https://keepingherkeys.com/f/hekates-colors-numbers-stones-and-symbols

Khamesra, M. (2021, 23 de octubre). Diosa Chamunda Devi (Matrika). Manish Jaishree; Jaishree Khamesra. https://manishjaishree.com/chamunda/

Kolton, M. (2023, 23 de agosto). Trabajando con la Diosa Oscura: Un Viaje a Través de la Noche Oscura del Alma. Medium. https://alchemicalwombgoddess.medium.com/working-with-the-dark-goddess-a-journey-through-the-dark-night-of-the-soul-8bcbfe3d506e

Kyteler, E. (2023, 4 de agosto). Los Animales Sagrados de Hekate: Significados Simbólicos de Perros, Cuervos y Serpientes - Brujería Ecléctica. Brujería Ecléctica. https://eclecticwitchcraft.com/hekates-sacred-animals/

Landious Travel. (2022, 9 de abril). Diosa Sekhmet - Iconografía y simbolismo - Landious Travel. https://landioustravel.com/egypt/egyptian-deities/goddess-sekhmet/

Lee, K. A. (2022, 6 de abril). 13 Formidables Ejemplos de la Diosa Oscura para 2023. La Escuela de la Luna. https://www.themoonschool.org/divine-feminine/moon-goddess-series/what-is-the-dark-goddess-plus-13/

Arquetipo de Lilith - 10 beneficios del modelo "femenino oscuro". (2022, 24 de septiembre). Santuário Lunar (Santuario Lunar).https://www.santuariolunar.com/lilith-archetype/

Lilith. (s.f.). Fmarion.Edu. https://people.fmarion.edu/llarsen/LilithExplained.htm

Lockett, R. (2023, 1 de marzo). Cailleach: La diosa celta del invierno. Cooperativa de Historia. https://historycooperative.org/cailleach/

López, J. S. (2021, 26 de octubre). Yewa - Diosa yoruba de la virginidad y la muerte. Symbol Sage. https://symbolsage.com/yewa-goddess-of-death/

Luna, B. (2016, 22 de agosto). Sanación profunda con Una madre oscura: Trabajando con la diosa tántrica Chamunda -. The Hoodwitch.
 https://www.thehoodwitch.com/blog/2016/8/22/deep-healing-with-a-dark-mother-chamunda

Proyecto de mitología Macha ms.Mc Cormac 6ª clase. (2022, 23 de noviembre). Ennis National School. https://www.ennisns.ie/class-life-post/macha-mythology-project-ms-mc-cormack-6th-class/

Macha. (sin fecha). Brooklynmuseum.org.
 https://www.brooklynmuseum.org/eascfa/dinner_party/heritage_floor/macha

Mackay, D. (2021, 27 de junio). Todo lo que necesitas saber sobre Hecate (doncella, madre, arpía). TheCollector.https://www.thecollector.com/hecate-goddess-magic-witchcraft/

Mark, J. J. (2009). Hathor. Enciclopedia de Historia Mundial.
 https://www.worldhistory.org/Hathor/

Mark, J. J. (2010). Inanna. Enciclopedia de Historia Mundial.
 https://www.worldhistory.org/Inanna/

Mark, J. J. (2016). Neftis. Enciclopedia de la historia mundial.
 https://www.worldhistory.org/Nephthys/

Mark, J. J. (2017a). Ereshkigal. Enciclopedia de Historia Mundial.
 https://www.worldhistory.org/Ereshkigal/

Mark, J. J. (2019). Campo de juncos (aaru). Enciclopedia de la historia mundial.
 https://www.worldhistory.org/Field_of_Reeds/

Mark, J. J. (2021). Hel. Enciclopedia de Historia Mundial.
 https://www.worldhistory.org/Hel/

Mark, J. J. (2021). Orisha. Enciclopedia de Historia Mundial.
 https://www.worldhistory.org/Orisha/

Mark, J. J. (2022). Inanna. Enciclopedia de Historia Mundial.
 https://www.worldhistory.org/Inanna/

Mark, J. J. (2023). Baba Yaga. Enciclopedia de Historia Mundial.
 https://www.worldhistory.org/Baba_Yaga/

Medium. (s.f.). Medium. https://medium.com/@judithshaw20/the-dark-goddess-empowers-consciousness-shifts-part-2-10fef83b0ba8

Conoce a las Diosas Oscuras. (s.f.). El Colegio de Estudios Psíquicos.
https://www.collegeofpsychicstudies.co.uk/enlighten/meet-the-dark-goddesses/

Encuentro con Hekate en su encrucijada - Meditación guiada. (s.f.). SoundCloud.
https://soundcloud.com/thewitchespath/meeting-hekate-at-her-crossroads-guided-meditation

Miate, L. (2022). Nyx. Enciclopedia de la Historia Universal.
https://www.worldhistory.org/Nyx/

Mooney, S. (2020, 20 de junio). La diosa Macha. Cuentos del bosque.
https://talesfromthewood.ie/the-goddess-macha-warrior-mother-and-queen/

Morana (Marzanna, Marena). (s.f.). Aminoapps.
https://aminoapps.com/c/pagans-witches/page/item/morana-marzanna-marena/MQdW_bnET0I2kjkb1Lwm1mQN7nnZYPw3e4e

Morrigan, J. (2018, 20 de junio). Ritual de Litha para Neftis. Musas paganas. https://paganmuses.com/2018/06/21/litha-nephthys/

Morrigan. (s.f.). Mythopedia. https://mythopedia.com/topics/morrigan

Mitología, C. T. C. (2019, 22 de septiembre). Sekhmet. Mitología construida. https://conmyth.fandom.com/wiki/Sekhmet

Nair, N. (2023, 16 de julio). Desvelando el lado oscuro: Las diosas griegas malvadas en la mitología. Mythlok.https://mythlok.com/evil-greek-goddesses/

Neftis | Diosa egipcia de la muerte, mitología y simbolismo | Study.com. (s.f.). study.com. https://study.com/academy/lesson/nephthys-facts-mythology-egyptian-goddess-death.html

Neftis. (s.f.). https://occult-world.com/nephthys/

Neftis. (s.f.). Mythopedia.https://mythopedia.com/topics/nephthys

Revista de cultura latina de Nueva York. (2023, 11 de agosto). Yewa baila en el cementerio para ayudar a los muertos a seguir adelante. New York Latin Culture Magazine®. https://www.newyorklatinculture.com/yewa-dances-in-the-cemetery-to-help-the-dead-move-on/

Noble, B. (2021, 18 de junio). Marzanna/Morana - Diosa eslava del invierno, la peste y la muerte - sábado de mitología eslava - Brendan Noble. Brendan Noble.https://brendan-noble.com/marzanna-morana-goddess-of-winter-pestilence-and-death/

DIOSES NÓRDICOS: HEL - Ýdalir (s.f.). Ydalir.ca.https://ydalir.ca/norsegods/hel/

Mitología nórdica para gente inteligente: la guía en línea definitiva sobre mitología y religión nórdicas. (2012, 14 de noviembre). Mitología nórdica para gente inteligente. https://norse-mythology.org/

Nut - explorar deidades del antiguo Egipto. (sin fecha). Egyptianmuseum.org. https://egyptianmuseum.org/deities-nut

Nut -. (s.f.). Mitopedia.https://mythopedia.com/topics/nut

Nyx - Mitopedia. (s.f.). Mythopedia. https://mythopedia.com/topics/nyx

O'Connor, D. (2023, 15 de mayo). Cailleach - diosa irlandesa del invierno y su rastro en Irlanda. Irishcentral.com. https://www.irishcentral.com/travel/best-of-ireland/cailleach-irish-goddess-winter-trail-ireland

O'Hara, K. (2023, 29 de junio). Morrigan: La historia de la diosa más feroz del mito irlandés. The Irish Road Trip.https://www.theirishroadtrip.com/the-morrigan/

Oakes, H. (2019, 9 de abril). Chinnamasta: La figura arquetípica del inconsciente - Hayley Oakes, LM CPM. Hayley Oakes, LM CPM.https://www.hayleyoakes.com/articles/chinnamasta-the-archetypal-figure-of-the-unconscious

Ojukutu-Macauley, L. (2021, 8 de marzo). Día Internacional de la Mujer - Diosa de la tierra de África occidental. Imole Candles. https://imolecandles.co.uk/blogs/news-1/women-s-international-day-west-african-earth-goddess

OldWorldGods. (2023, 20 de octubre). La diosa celta Badb: Desvelando el misterioso poder del Cuervo de Batalla. Dioses del Viejo Mundo. https://oldworldgods.com/celtics/celtic-goddess-badb/

Oliver, C. (2022, 7 de abril). Angrboda. Vikings of Valhalla US. https://vikings-valhalla.com/blogs/norse-mythology/angrboda-norse-mythology

Onlinepuja. (s.f.). Pasos para adorar a la diosa Durga. Onlinepuja.com.
  https://www.onlinepuja.com/blog/steps-worship-goddess-durga

Productos originales. (2023, 1 de marzo). Orisha Oya: Gobernante de las tormentas y el viento. Botánica original; http://www.originalbotanica.com"\l"creator.
  https://originalbotanica.com/blog/orishas-oya-santeria

Oya, gran diosa del Viento. (s.f.). Sociedad Wicca Afroamericana.
  https://www.aawiccan.org/oya

Parikh, A. (2023, 13 de marzo). Sekhmet: La diosa esotérica olvidada de Egipto. History Cooperative; La Cooperativa de Historia.https://historycooperative.org/sekhmet/

Pascale, S. (2020, 16 de septiembre). Lo divino femenino. The Light Collective | Yoga Estudio y Formación - por Sian Pascale.https://www.thelightcollective.yoga/journal/durgamaa

Pchr, R. (2023, 23 de julio). Chamunda: Desentrañando el enigma divino. Braj Vrindavan Yatra. https://brajvrindavanyatra.com/2023/07/23/chamunda-unraveling-the-divine-enigma/

PERSEFONE. (sin fecha). Theoi.com.https://www.theoi.com/Khthonios/Persephone.html

Porteus, S. (2021, 9 de abril). Baba Yaga - Campo Creativo. Creative Countryside. https://www.creativecountryside.com/blog/baba-yaga

Rajhans, S. G. (2007, 15 de octubre). La diosa Durga: La madre del universo hindú. Aprender Religiones. https://www.learnreligions.com/goddess-durga-1770363

Ramesh. (2019, 1 de septiembre). Chinnamasta - la diosa tántrica sin cabeza de la transformación. VedicFeed. https://vedicfeed.com/chinnamasta-goddess-of-transformation/

Rhys, D. (2020, 27 de noviembre). Badb - la diosa celta de la guerra. Symbol Sage. https://symbolsage.com/badb-celtic-war-goddess/

Rhys, D. (2020, 20 de octubre). Skadi - diosa nórdica de las montañas y la caza. Symbol Sage. https://symbolsage.com/skadi-norse-goddess-hunting/

Rhys, D. (2021, 7 de enero). La diosa Kali: La madre, guerrera y protectora hindú. Symbol Sage. https://symbolsage.com/kali-goddess-of-hinduism/

Rhys, D. (2022, 18 de abril). Oya - la diosa africana del tiempo. Symbol Sage. https://symbolsage.com/oya-goddess-of-weather/

Rhys, D. (2023, 26 de abril). Neftis - diosa de la oscuridad y la muerte en la mitología egipcia. Symbol Sage. https://symbolsage.com/nephthys-goddess-of-darkness-egyptian/

Rhys, D. (2023, 7 de febrero). El profundo simbolismo y los poderes de la diosa Durga (hinduismo). Symbol Sage. https://symbolsage.com/durga-goddess-of-hinduism/

Richard. (2023, 1 de enero). ¿Quién es Angrboda en la mitología nórdica? La giganta desgarradora de penas. Mythologyplanet.com. https://mythologyplanet.com/angrboda-norse-mythology-grief-bringer/

Rokvity, A. (2019, 30 de septiembre). La diosa Durga: La encarnación de la fuerza pura. Yogapedia.com; Diosa Durga: La encarnación de la fuerza pura. https://www.yogapedia.com/goddess-durga-the-embodiment-of-pure-force/2/11758

Scarletarosa. (2019 sep 6). Ereshkigal. Tumblr. https://scarletarosa.tumblr.com/post/187530004051/ereshkigalmesopotamian-goddess-of-death-queen-of

Sekhmet. (sin fecha). Egyptianmuseum.org. https://egyptianmuseum.org/deities-sekhmet

Sever, A. (2023, 17 de febrero). Hathor, la Diosa del Amor: Poderes, Rituales, Oraciones, Ofrendas. Occultist. https://occultist.net/goddess-hathor-ritual-prayers-powers/

Shabnamdeep. (2023, 13 de septiembre). Orígenes y mitos de la diosa Durga. Goddess Gift. https://goddessgift.com/goddesses/durga/

SOMBRAS DE UNA DIOSA - Por Johnny Guthrie - Google Arts & Culture. (s.f.). Google Arts & Culture. https://artsandculture.google.com/usergallery/SgIS2pLQrfZaIQ

Sharma, M. (2023, 17 de octubre). Navratri 2023: Cómo adorar a la diosa Durga durante el festival Navaratri. Times of India. https://timesofindia.indiatimes.com/religion/festivals/navratri-2023-how-to-worship-goddess-durga-during-navaratri-festival/articleshow/104494008.cms

Shaw, J. (2023, 26 de julio). La Diosa Oscura Potencia los Cambios de Conciencia, Parte 1. Medium. https://medium.com/@judithshaw20/the-dark-goddess-empowers-consciousness-shifts-part-1-20ac63df5a63

Sir, P. (2021, 24 de octubre). Skadi diosa nórdica hechos y símbolos significado. Pirate Jewelry. https://piratejewellery.com/norse-mythology/skadi-norse-goddess-facts-and-symbols-meaning/

Skadi - la giganta que se casó con el dios del mar. (s.f.). Historiska.Se. https://historiska.se/norse-mythology/skadi-en/

Skadi (mitología). (s.f.). Heroes Wiki; Fandom, Inc.
https://hero.fandom.com/wiki/Skadi_(mythology)

Skadi, diosa del invierno. (2021, 26 de marzo). The Danish Canadian. https://www.danishcanadianmuseum.com/post/skadi-goddess-of-winter

Skadi. (2012, 15 de noviembre). Mitología nórdica para gente inteligente. https://norse-mythology.org/gods-and-creatures/giants/skadi/

Skadi. (s.f.). Newworldencyclopedia.org. https://www.newworldencyclopedia.org/entry/Skadi

Skjalden. (2020a, 11 de agosto). Angrboda. Cultura nórdica. https://skjalden.com/angrboda/

Skjalden. (2020b, 27 de agosto). Hel NO es la diosa nórdica de la muerte - Mitología nórdica. Cultura Nórdica. https://skjalden.com/hel/

Slavs, M. T., & Slavs, M. T. (2022, 14 de mayo). Marzanna o Morana: Diosa eslava de la muerte. Meet the Slavs. https://meettheslavs.com/marzanna-or-morana/

Smith, M. (2023, 10 de septiembre). Badb. Goddess Gift; The Goddess Path. https://goddessgift.com/goddesses/badb/

Stanic, Z. (2023, 7 de abril). Oya - diosa santera de la tormenta, el rayo y la muerte. Goddess Path. Goddess Gift. https://goddessgift.com/goddesses/oya/

Stanic, Z. (2023b, 12 de septiembre). Morrigan, diosa celta de la muerte, la guerra y la transformación. Goddess Gift. https://goddessgift.com/goddesses/the-morrigan/

Stanic, Z. (2023c, 12 de septiembre). Yewa - Diosa santera de la muerte y la virginidad. Gooddess Gift. https://goddessgift.com/goddesses/yewa/

Sullivan, K. (2016, 26 de noviembre). La mitología de Nut, madre de dioses. Ancient Origins. https://www.ancient-origins.net/myths-legends/mythology-nut-mother-gods-007084

Tea & Rosemary. (2021, 21 de abril). 8+ Increíbles Diosas Oscuras y Cómo Trabajar con Ellas. Tea & Rosemary. https://teaandrosemary.com/dark-goddesses/

Terravara. (2022, 22 de diciembre). Trabajando con Sekhmet: Ofrendas, Hierbas, Cristales y Más. Terravara. https://www.terravara.com/working-with-sekhmet/

La diosa oscura como arquetipo. (2010, 1 de noviembre). Rounwytha.
https://rounwytha.wordpress.com/2010/11/01/the-dark-goddess-as-archetype/

La Diosa Oscura: Una interpretación postjungiana. (2018, 19 de octubre). El proyecto de estudios religiosos.
https://www.religiousstudiesproject.com/response/the-dark-goddess-a-post-jungian-interpretation/

Editores de la Enciclopedia Británica. (1998, 20 de julio). Baba Yaga | Características, Familia y Travesuras. Enciclopedia Británica.
https://www.britannica.com/topic/Baba-Yaga

Editores de la Enciclopedia Británica. (1998, 20 de julio). Ereshkigal | Inframundo, Reina, Sumeria. Enciclopedia Británica.
https://www.britannica.com/topic/Ereshkigal

Editores de la Enciclopedia Británica. (2023a, 8 de septiembre). Hathor | Diosa Madre, Diosa del Cielo, Diosa de la Vaca. Enciclopedia Británica.
https://www.britannica.com/topic/Hathor-Egyptian-goddess

Editores de la Enciclopedia Británica. (2023b, 25 de septiembre). Skadi | Diosa, Jotun, Caza. Enciclopedia Británica. https://www.britannica.com/topic/Skadi

Editores de la Enciclopedia Británica. (2023c, 23 de octubre). Nut | Cielo, Luna y Estrellas. Enciclopedia Británica. https://www.britannica.com/topic/Nut-Egyptian-goddess

Editores de la Enciclopedia Británica. (2022). Ishtar. En Enciclopedia Británica.

Editores de la Enciclopedia Británica. (2022). Niflheim. En Enciclopedia Británica.

Editores de la Enciclopedia Británica. (2023). Skadi. En Enciclopedia Británica.

La Secta del Dios Cornudo. (2023, 25 de febrero). El arquetipo de la Diosa Oscura. La Secta del Dios Cornudo.
https://www.thesectofthehornedgod.com/?p=5624

Thebacchichuntress. (2015, 20 de agosto). Ofrendas a Nyx. Tumblr.
https://thebacchichuntress.tumblr.com/post/127160005123/offerings-to-nyx

Tlredmond. (2017, 6 de diciembre). Características - Baba Yaga.
https://diorite.roanoke.edu/students/Fall2017/INQ270G3/tlredmond/?p=94

Tolentino, C. (2023, 3 de febrero). Macha: Diosa de la Guerra de la Antigua Irlanda | Cooperativa de Historia. Cooperativa de Historia.
https://historycooperative.org/macha/

Tolentino, C. (2023, 30 de enero). Macha: Diosa de la guerra de la antigua Irlanda. Cooperativa de Historia. https://historycooperative.org/macha/

Took, T. (s.f.). Lilith, diosa demoníaca sumeria y primera esposa de Adán. Thaliatook.Com. https://www.thaliatook.com/AMGG/lilith.php

Turnbull, L. (2023, 7 de abril). Nut - madre de todos los dioses egipcia. Goddess Gift; The Goddess Path. https://goddessgift.com/goddesses/nut/

Turnbull, L. (2023a, 12 de septiembre). Inanna: Ancient Sumerian Goddess of Heaven. Goddess Gift. https://goddessgift.com/goddesses/inanna/

Turnbull, L. (2023b, 12 de septiembre). Nut: Diosa egipcia Madre de todos los dioses. Goddess Gift. https://goddessgift.com/goddesses/nut/

Turnbull, L. (2023c, 12 de septiembre). Perséfone: Diosa griega de la inocencia y reina del inframundo. Goddess Gift. https://goddessgift.com/goddesses/persephone/

Twelfthremedy. (2020, 11 de abril). Ofrendas de Hécate. Tumblr. https://twelfthremedy.tumblr.com/post/615056721068605440/hecate-offerings

Dioses y diosas del inframundo. (sin fecha). Theoi.com. https://www.theoi.com/greek-mythology/underworld-gods.html

Victoria, F. (s.f.). El viaje mítico de Oya: Una exploración de la mitología africana. Oriire.com. https://www.oriire.com/article/the-mythical-journey-of-oya-an-exploration-of-african-mythology

Villines, Z. (2022, 30 de agosto). ¿Qué es el trabajo en la sombra? Beneficios y ejercicios. Medicalnewstoday.com. https://www.medicalnewstoday.com/articles/what-is-shadow-work

Galería de la Luna Blanca - Sekhmet. (sin fecha). https://orderwhitemoon.org/goddess/sekhmet/Sekhmet2.html

¿Quién es el equivalente nórdico de Perséfone? (2023, 14 de octubre). Viking Style. https://viking.style/who-is-the-norse-equivalent-of-persephone/

Wigington, P. (2019, 17 de septiembre). Introducción a la mitología eslava. ThoughtCo. https://www.thoughtco.com/slavic-mythology-4768524

Wiki, C. T. F. (s.f.). Baba Yaga. Fairytale Wiki. https://fairytale.fandom.com/wiki/Baba_Yaga

Willemain-Green, C. (2020, 9 de abril). El descenso de Inanna: Cómo abrazamos la sombra e integramos nuestra totalidad. Hijas de la Tierra. https://www.earthdaughters.org/library/innana-goddess

Willemain-Green, C. (2020, 22 de marzo). Lilith, la mujer original: Reclamando la Naturaleza Instintiva Salvaje de la Mujer. Hijas de la Tierra. https://www.earthdaughters.org/library/lilith-goddess

Witchery. (2008, 11 de febrero). Diosa Vela Colores. Witchery. https://witchery.wordpress.com/2008/02/11/goddess-candle-colors/

Yap, S. S. (2022, 9 de noviembre). Cómo usar el Símbolo de la Rueda de Hecate. Blessed Be Magick. https://blessedbemagick.com/blogs/news/how-to-use-the-hecates-wheel-symbol

Yewa: Orisha de la pureza y la castidad en la santería. (2021, 18 de octubre). Oshaeifa.com. https://en.oshaeifa.com/orisha/yewa/

Zhelyazkov, Y. (2023, 29 de junio). Macha: Diosa celta del poder, la fertilidad y la guerra. Symbol Sage. https://symbolsage.com/macha-irish-goddess/

Segunda Parte: Virgen Negra

Arain, N. (2017). Goddess Empowerment. Createspace Independent Publishing Platform.

Asavei, M. A., & Bushnell, A. M. (2022). Feminist spirituality and Roma artistic activism: the Afterlife of the uncanonised Saint Sara Kali. Identities, 1-18.

Begg, E. (2017). The Cult of the Black Virgin. Chiron Publications.

Belloni, A., & Fox, M. (2019). Healing journeys with the black madonna: chants, music, and sacred practices of the great goddess. Bear & Company.

Courtney Hall Lee. (2017). Black Madonna: a womanist look at Mary of Nazareth. Cascade Books, An Imprint Of Wipf And Stock Publishers.

Georgieff, S. (2016). The black madonna: mysterious soul companion / Stepanie Georgieff. Outskirts Press.

Grace, A. (2021). Divine Feminine Energy. Stonebank Publishing.

Gustafson, F. (2009). The Black Madonna of Einsiedeln. Daimon Verlag.

Małgorzata Oleszkiewicz-Peralba. (2007). The Black Madonna in Latin America and Europe.

Marsman, M. A. (2019). Kali: in praise of the goddess. Psychological perspectives.

Mato, T. (1994). The Black Madonna Within. Open Court Publishing.

Michello, J. (2020). The black madonna: A theoretical framework for the African origins of other world religious beliefs. Religions.

Price, I., & Judith, A. (2017). Goddess Power: Awakening the Wisdom of the Divine Feminine in Your Life. Mango Media.

Strand, C., & Lytle, W. (2022). Waking up to the dark: the Black Madonna's gospel for an age of extinction and collapse. Monkfish Book Publishing Company.

Stuckey, J. H. (2005). Ancient mother goddesses and fertility cults. Journal of the Motherhood Initiative for Research and Community Involvement

Fuentes de imágenes

1 https://pixabay.com/photos/woman-angel-raven-dark-fashion-8171684/
2 https://unsplash.com/photos/a-statue-of-a-man-and-a-woman-shaking-hands-TjPcQQxgvI8
3 Zde, CC BY-SA 4.0 <https://creativecommons.org/licenses/by-sa/4.0 >, via Wikimedia Commons:https://commons.wikimedia.org/wiki/File: Relief_triplicate_Hekate_marble,_Hadrian_clasicism,_Prague_Kinsky,_NM-H10_4742,_151724.jpg
4 Wolfgang Sauber, CC BY-SA 3.0 < https://creativecommons.org/licenses/by-sa/3.0 >, via Wikimedia Commons:https://commons.wikimedia.org/wiki/File:AMI_-_Isis-Persephone.jpg
5 https://commons.wikimedia.org/wiki/File:BnF_MS_Gr139_folio_435_verso_-_detail_-_Nyx.jpg
6 https://pixabay.com/photos/hieroglyphs-goddess-queen-pharaoh-67471/
7 FDRMRZUSA, CC BY-SA 4.0 <https://creativecommons.org/licenses/by-sa/4.0 >, via Wikimedia Commons:https://commons.wikimedia.org/wiki/File: Sekhmet_mirror.svg
8 Jeff Dahl, CC BY-SA 4.0 < https://creativecommons.org/licenses/by-sa/4.0 >, via Wikimedia Commons: https://commons.wikimedia.org/wiki/File:Nepthys.svg
9 Jeff Dahl, CC BY-SA 4.0 < https://creativecommons.org/licenses/by-sa/4.0 >, via Wikimedia Commons: https://commons.wikimedia.org/wiki/File:Hathor.svg
10 Eternal Space, CC BY-SA 4.0 <https://creativecommons.org/licenses/by-sa/4.0 >, via Wikimedia Commons: https://commons.wikimedia.org/wiki/File:Nut_(goddess).png
11 https://commons.wikimedia.org/wiki/File:Lilith_Periodo_de_Isin_Larsa_y_Babilonia.JPG

12 Sailko, CC BY 3.0 < https://creativecommons.org/licenses/by/3.0 >, via Wikimedia Commons: https://commons.wikimedia.org/wiki/File:Ishtar_on_an_Akkadian_seal.jpg

13 https://commons.wikimedia.org/wiki/File:Bilibin._Baba_Yaga.jpg

14 Dušan Božić, CC BY-SA 3.0 <https://creativecommons.org/licenses/by-sa/3.0 >, via Wikimedia Commons:https://commons.wikimedia.org/wiki/File:Morana_by_Du%C5%A1an_Bo%C5%BEi%C4%87.jpg

15 Ms Sarah Welch, CC BY-SA 4.0 < https://creativecommons.org/licenses/by-sa/4.0 >, via Wikimedia Commons. https://commons.wikimedia.org/wiki/File:3_Shaktism_goddesses_Devi_collage.jpg

16 https://commons.wikimedia.org/wiki/File:Kali_by_Raja_Ravi_Varma.jpg

17 https://commons.wikimedia.org/wiki/File:Durga_Mahisasuramardini.JPG

18 https://commons.wikimedia.org/wiki/File:Chinnamasta_above_Kama_and_Rati_on_a_lotus_flower_-_18th_century_Nepalese_painting.jpg

19 https://commons.wikimedia.org/wiki/File:Chamunda_Dancing_-_1700.jpg

20 Hammed usman, CC BY-SA 4.0 < https://creativecommons.org/licenses/by-sa/4.0 >, via Wikimedia Commons https://commons.wikimedia.org/wiki/File:A_statue_signifying_the_maternity_nature_of_iya_osun_at_the_sacred_grove_of_oshun2-1.jpg

21 Stevengravel, CC BY-SA 3.0 < https://creativecommons.org/licenses/by-sa/3.0 >, via Wikimedia Commons:https://commons.wikimedia.org/wiki/File:Oya.jpg

22 Rosemania, CC BY 2.0 < https://creativecommons.org/licenses/by/2.0 >, via Wikimedia Commons.https://commons.wikimedia.org/wiki/File:Epona.jpg

23 https://commons.wikimedia.org/wiki/File:Macha.jpg

24 Internet Archive Book Images, No restrictions, via Wikimedia Commons: https://commons.wikimedia.org/wiki/File:Wonder_tales_from_Scottish_myth_and_legend_(1917)_(14566397697).jpg

25 Internet Archive Book Images, No restrictions, via Wikimedia Commons.https://commons.wikimedia.org/wiki/File:Old_Norse_stories_(1900)_(14595035089).jpg%20

26 https://commons.wikimedia.org/wiki/File:Hel_(the_personification_of_Hel).png

27 https://commons.wikimedia.org/wiki/File:Skadi_Hunting_in_the_Mountains_by_H._L._M.jpg

28 https://commons.wikimedia.org/wiki/File:Lokis_Gez%C3%BCcht.jpg

29 Internet Archive Book Images, No restrictions, via Wikimedia Commons.https://commons.wikimedia.org/wiki/File:The_olive_fairy_book_(1907)_(14750441274).jpg

30 Rebecca Radcliff, CC BY-SA 2.0 < https://creativecommons.org/licenses/by-sa/2.0 >, via Wikimedia Commons.https://commons.wikimedia.org/wiki/File: The_Imbolc_Ritual_Altar.jpg

31 https://commons.wikimedia.org/wiki/File:Gorczyn_Black_ Madonna_of_Cz%C4%99stochowa.jpg

32 Csiraf, CC BY-SA 3.0 < https://creativecommons.org/licenses/by-sa/3.0 >, via Wikimedia Commons: https://commons.wikimedia.org/wiki/File :Black_Madonna.jpg

33 https://www.pexels.com/photo/loving-mother-with-son-in-park-5268322/

34 https://www.pexels.com/photo/2-person-holding-hands-45842/

35 https://pixabay.com/illustrations/wisdom-power-vision-feeling-mind-666135/

36 https://commons.wikimedia.org/wiki/File:Egyptian_-_Isis_with_Horus_the_Child_-_Walters_54416_-_Three_Quarter_Right.jpg

37 shakko, CC BY-SA 3.0 < https://creativecommons.org/licenses/by-sa/3.0 >, via Wikimedia Commons:https://commons.wikimedia.org/wiki/File:Ceres_(Pio-Clementino)_cast_in_Pushkin_museum.jpg

38 Getty Villa, CC BY-SA 2.0 <https://creativecommons.org/licenses/by-sa/2.0 >, via Wikimedia Commons:https://commons.wikimedia.org/wiki/File: Cybele_Getty_Villa_57.AA.19.jpg

39 Commonists, CC BY-SA 4.0 < https://creativecommons.org/licenses/by-sa/4.0 >, via Wikimedia Commons:https://commons.wikimedia.org/wiki/ File:Diana_of_Versailles.jpg

40 https://commons.wikimedia.org/wiki/File:Kali_lithograph.jpg

41 https://pixabay.com/illustrations/meditation-spiritual-yoga-1384758/

42 https://pixabay.com/illustrations/aware-awake-accepting-attuned-1353780/

43 https://www.pexels.com/photo/woman-spreading-both-her-arms-2529375/

44 https://pixabay.com/illustrations/board-writing-chalk-blackboard-953151/

45 LatakiaHill, CC BY-SA 4.0 < https://creativecommons.org/licenses/by-sa/4.0 >, via Wikimedia Commons: https://commons.wikimedia.org/wiki/File:Candlelight_Vigil_at_University_of_Chicago_for_Urumchi_Fire.jpg

46 https://www.pexels.com/photo/silhouette-of-person-raising-its-hand-268134/

47 SICDAMNOME, CC BY-SA 4.0 < https://creativecommons.org/licenses/by-sa/4.0 >, via Wikimedia Commons:https://commons.wikimedia.org/wiki/File: Our_Lady_of_Consolation_Grinstead_Great_Britain.jpg

48 Judgefloro, CC0, via Wikimedia Commons:https://commons.wikimedia.org/wiki/File:8456Marian_Healing_Exhibit_with_Saints_18.jpg

49 Martin Dürrschnabel, CC BY-SA 2.5 <https://creativecommons.org/licenses/by-sa/2.5 >, via Wikimedia Commons:https://commons.wikimedia.org/wiki/File:Schwarze_Madonna.jpg

50 https://commons.wikimedia.org/wiki/File:1531_Nuestra_Se%C3%B1ora_de_Guadalupe_anagoria.jpg

51 Virgen de los remedios, CC BY-SA 4.0 < https://creativecommons.org/licenses/by-sa/4.0 >, via Wikimedia Commons:https://commons.wikimedia.org/wiki/File:Coronada_Juquila.jpg

52 Flyer20061, CC BY-SA 3.0 < https://creativecommons.org/licenses/by-sa/3.0 >, via Wikimedia Commons:https://commons.wikimedia.org/wiki/File:Our_Lady_of_Loreto.jpg

53 S. Finner: Siddhartha Finner, Dipl.Ing.-Architektur, CC BY-SA 3.0 <https://creativecommons.org/licenses/by-sa/3.0 >, via Wikimedia Commons:https://commons.wikimedia.org/wiki/File:Gnadenbild,_Gnadenkapelle_Alt%C3%B6tting.jpeg

54 https://commons.wikimedia.org/wiki/File:Statue_Notre-Dame_de_La_Sarte.jpg

55 See page for author, CC BY-SA 3.0 < http://creativecommons.org/licenses/by-sa/3.0/ >, via Wikimedia Commons: https://commons.wikimedia.org/wiki/File:Procession_2006_-_n%C2%B06.JPG

56 https://commons.wikimedia.org/wiki/File:Black_virgin_of_russia.jpg

57 No machine-readable author provided. Severus assumed (based on copyright claims). CC BY-SA 3.0 <http://creativecommons.org/licenses/by-sa/3.0/ >, via Wikimedia Commons:https://commons.wikimedia.org/wiki/File:Marija_Bistrica.jpg

58 Hyppolyte de Saint-Rambert, CC BY-SA 4.0 <https://creativecommons.org/licenses/by-sa/4.0 >, via Wikimedia Commons:https://commons.wikimedia.org/wiki/File:Santiago_Virgen_de_La_Caridad_del_Cobre_hdsr_S5is_Cuba2_841.jpg

59 https://commons.wikimedia.org/wiki/File:Municipal_Gallery_of_Ioannina_-_Mother_of_God_Eleousa_of_Kykkos_1860.jpg